ŒUVRES DE PIERRE GASCAR

Aux Éditions Gallimard

LES MEUBLES, *roman.*

LE VISAGE CLOS, *roman.*

LES BÊTES

LE TEMPS DES MORTS

LES BÊTES *suivi de* LE TEMPS DES MORTS

LA GRAINE, *roman.*

CHINE OUVERTE

LES FEMMES

L'HERBE DES RUES, *roman.*

VOYAGE CHEZ LES VIVANTS

LA BARRE DE CORAIL *suivi de* LES AVEUGLES DE SAINT-XAVIER, *roman.*

SOLEILS, *récits.*

LES PAS PERDUS, *théâtre.*

LE FUGITIF, *roman.*

LES MOUTONS DE FEU, *roman.*

LE MEILLEUR DE LA VIE, *roman.*

LES CHARMES, *roman.*

HISTOIRE DE LA CAPTIVITÉ DES FRANÇAIS EN ALLEMAGNE

AUTO

LES CHIMÈRES

L'ARCHE

Suite de la bibliographie en fin de volume

Leurs figures

PIERRE GASCAR

BUFFON

nrf

GALLIMARD

I

D'EUCLIDE À HIPPOCRATE

Le jeune garçon est suspendu contre la tour, à mi-hauteur. Fixée à un créneau et passant en boucle sous une de ses cuisses, une corde coulissante lui permet de régler sa descente. Mais il ne descend plus. Bloquant des deux mains le va-et-vient de la corde, il reste le nez contre les pierres moussues de la tour et, par des pressions répétées du pied contre le mur auquel il fait face, se borne à imprimer à son corps un léger balancement : un de ces mouvements machinaux qui trahissent la vacuité d'esprit de celui qui s'y livre. Mais, contrairement à ce que ce jeu solitaire pourrait faire croire, le jeune garçon ne reste pas là, à osciller contre la tour, pour tromper son ennui : il médite. Il achève de formuler dans sa tête le corollaire d'une proposition d'Euclide qu'il a découvert au moment où il se laissait glisser dans le vide, et c'est seulement ce trait de lumière qui le retient maintenant à dix mètres au-dessus du sol. Il faut, au moins, Euclide pour vous faire oublier de redescendre sur terre...

En vérité, le jeune Georges-Louis Leclerc, bien que personne ne l'observe, met une certaine coquetterie, un peu de pose, à rester ainsi suspendu en l'air, les yeux fermés, échappant au vertige par celui, exaltant, du raisonnement géométrique. Il fixe ainsi l'image qui illustrera, plus tard, la précocité de son génie (dont il ne doute pas) et fera pendant à celle où l'on voit Blaise Pascal surpris, à douze ans, alors qu'il réinvente, lui, la trente-deuxième proposition d'Euclide. Ce souci de se représenter en adolescent prodige se révélera, chez Georges-Louis Leclerc, par la complaisance qu'il apportera, à partir de ce jour et sa vie durant, à évoquer cette scène où, au mépris du risque, un garçon de quatorze ans se livre à ses excentricités de jeune savant et, en choisissant pour ses méditations un endroit où personne ne peut le rejoindre, montre du même coup sa volonté de s'isoler au-dessus de ses semblables.

Pourtant, en dépit des soins de l'intéressé, cette image ne parviendra pas à prendre place dans l'iconographie des jeunes prodiges que compte l'histoire. Georges-Louis Leclerc ne sera pas un très grand géomètre ni un très grand mathématicien. Il n'évoluera pas dans le monde des sciences abstraites. Au contraire, les pieds bien sur terre, il s'attachera à l'étude de la nature. Il aura alors ajouté ou plutôt substitué à son nom celui de la terre que sa famille possède : Buffon.

La contrée que, de sa position à mi-hauteur de la tour, il domine en ce moment est cette Bourgogne des bois et des eaux vives, des prairies et des champs à flanc de coteau qui précède celle du vignoble, quand on vient de Paris. Une bonne campagne française changeant de nom au hasard des vallonnements, tantôt Tonnerrois, tantôt Terre-pleine ou Auxois, riche en fossiles, en lieux historiques, dont Alésia, en putois et en rapaces nocturnes. Né à Montbard, où son père était, il y a peu de temps encore, président du grenier à sel et possède, outre une belle demeure, les ruines du château des ducs de Bourgogne, Georges-Louis doit peut-être à ses origines campagnardes d'être porté plus vers les sciences naturelles que vers les sciences pures, malgré la passion qu'elles lui inspirent présentement et les dons qu'il y montre. Sa robustesse, sa taille qui atteindra dans peu d'années cinq pieds cinq pouces, c'est-à-dire près d'un mètre quatre-vingts, son visage coloré aux traits un peu épais et surtout une certaine lourdeur dans l'attitude et les manières, semblent le vouer au monde concret. Mais ce ne sont jamais là que de ces signes dont on découvre le caractère annonciateur après coup et qu'on ne relèverait pas si le destin du personnage en avait démenti l'apparente signification.

Il se peut que Georges-Louis se plonge dans l'étude de la géométrie et des mathématiques pour rompre avec les traditions intellectuelles de son milieu originel, où l'on s'attache surtout aux humanités, base de la formation des gens de robe. Benjamin-François Leclerc, le père de Georges-Louis, est entré, quelques années plus tôt, au Parlement de Bourgogne, après avoir, grâce à l'importante dot de sa femme, acheté une charge de conseiller et s'être anobli, en acquérant la terre de Buffon, à une lieue de Montbard. Aîné des cinq enfants, trois garçons et deux filles, que compte la famille, Georges-Louis est naturellement appelé à siéger, à la suite de son père, dans la « Chambre dorée » du Palais de justice de Dijon, où les audiences publiques se déroulent. Quelle plus heureuse destinée rêver? L'histoire a fait que dans aucune autre ville du royaume l'aristocratie parlementaire n'exerce un aussi grand pouvoir et ne jouit d'un aussi grand prestige qu'à Dijon. La « Chambre dorée » figure bien le Saint des saints d'une caste qui, nulle part ailleurs, n'a acquis un pareil éclat.

Il ne tient pas seulement aux privilèges de cette noblesse de robe, à sa richesse, à l'aspect à la fois austère et cossu de ses demeures. Il résulte aussi, et plus valablement, de ses qualités d'esprit, qu'elle a cultivées, par goût, sans doute, mais en même temps avec la volonté de constituer la véritable élite de la province et de transcender ainsi l'ordre social, où ses titres nobiliaires récemment acquis ou plutôt achetés ne sont guère pris en considération. Dijon est la ville de France où le développement de la vie intellectuelle, si sensible dans presque toutes les provinces, entre le début du XVIIIe siècle et la Révolution, a atteint le plus haut degré. Le centralisme jacobin puis napoléonien n'ayant pas encore amené les provinces à se fondre dans l'ensemble national, le progrès des lumières s'y accomplit à l'abri de la concurrence parisienne, dans un espace préservé, bien qu'ouvert aux échanges, où il peut prendre des caractères particuliers. À défaut de pouvoir acquérir une indépendance politique que leurs parlements n'osent pas réclamer ouvertement, les provinces essaient de s'ériger en entités culturelles et s'enorgueillissent, souvent avec raison, des activités de leurs académies.

On en trouve une à Angers, à Caen, à Arles, à Soissons, dans d'autres villes de moindre importance, mais aucune n'obtiendra autant de titres de gloire que celle de Dijon; elle comptera Voltaire et Buffon parmi ses membres et incitera J.-J. Rousseau à s'engager dans la carrière des lettres, en lui décernant un prix. Le passé de la Bourgogne et son importance territoriale suffisent à expliquer sa prééminence dans les activités de l'esprit. Capitale d'un duché s'étendant des contreforts du Massif central à la Champagne et ayant longtemps comporté une annexe flamande, siège d'un second pouvoir presque constamment en compétition avec la monarchie jusqu'à la mort du Téméraire, « pays d'états », c'est-à-dire province où l'impôt est réparti par les représentants locaux et non par les agents du roi, Dijon s'est doté, au cours des siècles, d'une aristocratie parlementaire en grande partie d'origine bourgeoise qui, sûre d'elle, s'échappe à l'occasion de la jurisprudence pour intervenir dans les débats intellectuels.

Le type du lettré dijonnais est Jean Bouhier, président au Parlement, auteur d'un célèbre traité sur la dissolution du mariage pour cause d'impuissance, mais également helléniste, latiniste, traducteur de Virgile et grand amateur de littérature. Il collabore au *Mercure de France,* ainsi qu'au *Journal de Trévoux,* dirigé par les jésuites, ce qui ne l'empêche pas d'entretenir une correspondance avec Voltaire, leur irréductible ennemi. La bibliothèque de Jean Bouhier comptera, à sa mort, trente-cinq mille volumes, qui en font la plus riche bibliothèque privée de France. Mais il ne s'agit pas tout à fait d'une bibliothèque privée : un certain nombre de personnes y ont accès, celles qui, une fois par semaine, se réunissent autour du Président, dans son hôtel de la rue Saint-Fiacre (aujourd'hui, rue Vauban), pour y commenter les ouvrages récemment parus et les articles de revues qui reflètent le mouvement d'idées de l'époque. Le Cercle Bouhier, dont le Président choisit les nouveaux membres d'après leurs qualités intellectuelles, mais sans se libérer tout à fait de ses préjugés de caste, représente l'embryon de l'Académie de Dijon, qui se constituera vers 1740, en se dépouillant du caractère de coterie provinciale que garde aussi peu que ce soit le cénacle de l'hôtel de la rue Saint-Fiacre.

Georges-Louis y a très tôt ses entrées, grâce aux relations à la fois confraternelles et privées existant entre son père et le Président Bouhier, qui lui a vendu la terre de Buffon. Liées par leurs fonctions, unies dans la défense de leurs privilèges, les familles qui tiennent le Parlement de Bourgogne font couramment des affaires entre elles et arrangent des mariages qui préserveront l'homogénéité du clan. Pour ce qui est de son pouvoir politique, celui-ci se satisfait du simulacre d'indépendance que constituent les droits accordés aux « pays d'états ». « La Bourgogne, tous les trois ans, se réunissait vingt jours en états pour baiser les bottes du gouverneur héréditaire, un Condé. Cinquante bourgeois, en présence de trois cents nobles et cent prêtres, ne soufflaient que pour voter des présents au gouvernement », écrira Michelet. Ces patriciens vont répétant à qui veut les entendre que, selon une tradition immuable, le roi ne peut entrer dans la ville que s'il est allé s'agenouiller dans la cathédrale Saint-Bénigne, pour jurer de respecter les privilèges de la province, promesse d'autant plus solennelle, à leurs yeux, qu'elle est faite dans un sanctuaire où plusieurs parlementaires de Bourgogne sont enterrés. C'est assez pour leur orgueil et leur tranquillité d'esprit.

Les demeures que ces grandes familles possèdent au cœur de la ville, autour du Palais de justice et non loin du Palais des États de Bourgogne, rebâti avec magnificence, quelques années plus tôt, contre la partie subsistante du Palais des ducs de Bourgogne, voisinent étroitement, comme pour attester l'esprit communautaire de leurs occupants. L'actuelle place Bossuet groupe plusieurs de leurs hôtels, dont l'hôtel Févret de Saint-Mesmin, habité par la famille de Brosses; à peu de distance, rue Saint-Fiacre, demeure, on l'a vu, le Président Bouhier; les Buffon résident dans l'hôtel Quentin, rue des Potets, tout près du Palais de justice et du collège Gondran, fondé par un jurisconsulte dijonnais de ce nom et dirigé par les Jésuites.

Georges-Louis y retrouve les garçons de sa caste : Richard de Ruffey, Charles de Brosses, Malteste de Bellay, Loppin de Gemeaux, etc., tous fils de magistrats et appelés à succéder à leurs pères. La solidarité, pour ne pas dire la complicité, qui lie leurs familles, l'espèce d'insularité du monde parlementaire dans lequel ils vivent, rendent ces jeunes garçons plus proches les uns des autres que les camaraderies de collège ne le veulent d'ordinaire et les amèneront souvent à prolonger leurs relations jusqu'à leur mort. Georges-Louis, devenu M. de Buffon, n'aura, sa vie durant, d'amis plus intimes que Richard de Ruffey et Charles de Brosses, présentement ses compagnons d'étude et de jeu.

Ici, de nouveau, la légende, vraisemblablement entretenue par celui-là même qu'elle concerne, interpose une image qui recouvre presque entièrement la vie de Georges-Louis entre 1717 et 1723, c'est-à-dire entre sa dixième et sa dix-septième année. Ennemi des confidences et ayant su imposer la plus grande discrétion à ses familiers, Buffon se bornera à laisser parvenir jusqu'à nous une scène qui s'apparente, mais sans offrir la même originalité, à celle où on le voyait suspendu contre une tour du vieux château de Montbard. Jouant à la paume avec ses camarades dans la cour du collège Gondran, Georges-Louis s'interrompt, sans raison apparente, comme il le fait souvent, « pour aller se cacher dans un coin ou s'enfoncer dans quelque allée solitaire et ouvrir les *Éléments* d'Euclide, dont il porte toujours un exemplaire sur lui » (*Le Journal de Paris* du 3 et 4 mai 1788).

Pour studieux et méditatif qu'il paraisse, Georges-Louis n'est pas, semble-t-il, un élève particulièrement brillant. Ses condisciples les mieux intentionnés à son égard n'ont jamais fait état de ses prouesses scolaires. Un seul, Le Blanc, s'écriera, quand Georges-Louis entrera, à vingt-six ans, à l'Académie des sciences : « J'ai toujours dit que c'était une bonne tête! », ce qui indique que jusque-là personne n'en était vraiment persuadé. Il se peut que, la géométrie et les mathématiques ne tenant pas une très grande place dans l'enseignement donné au collège Gondran, Georges-Louis n'ait pas la ressource de compenser par ses succès dans ces matières l'insuffisance qu'il montre dans les autres, même en lettres, l'écrivain-né qu'il est s'accommodant mal, sans doute, de la conception que ses professeurs ont de celles-ci.

S'ils doivent en partie l'amitié qui les lie à l'esprit de clan de leurs familles et à l'étroitesse du milieu social dans lequel ils ont été maintenus depuis leurs naissance, les Ruffey, les de Brosses, les Loppin de Gemeaux et autres Malteste de Bellay, sont, à l'instar de Georges-Louis, loin d'adopter les façons de penser de leurs parents et de leurs aînés, et rejettent même le traditionalisme intellectuel, nuancé d'un scepticisme de bon ton, qu'on observe dans le Cercle Bouhier. Ils sentent les limites de cette culture humaniste qui ne s'ouvre guère aux courants nouveaux et ne fait notamment presque aucune place aux sciences, si ce n'est à la botanique, et tout au plus à travers Pline, où les fables abondent. En retrouvant, chez le Président Bouhier, au milieu des habitués, le Père Oudin, son professeur au collège Gondran, qui a traduit *L'Iliade* et y reste à jamais enfermé, comment Georges-Louis ne serait-il pas enclin à voir dans l'hôtel de la rue Saint-Fiacre un lieu où règne le même dogmatisme et le même formalisme que dans la « Chambre dorée », cette salle d'audience du Palais de justice où, d'ailleurs, beaucoup de personnes ici présentes siégeaient, quelques heures plus tôt?

Georges-Louis finirait par souffrir d'un sentiment de claustration physique et morale, au cœur de cette ville où le Palais de justice, le collège Gondran et les hautaines demeures des membres du Parlement forment une cité muette assombrie de hauts murs, si les vacances ne lui ouvraient assez souvent des échappées sur la campagne, à l'occasion de séjours prolongés à Montbard. Malgré son élévation sociale, sa famille y renoue avec des habitudes quasi paysannes et ce goût des jouissances matérielles propre aux Bourguignons. La demeure des Buffon, pour imposante qu'elle soit, avec ses deux ailes et ses deux étages, n'a rien de seigneurial. Les lignes sobres de sa façade, sa porte cochère de chêne, ses chasse-roues ventrus, annoncent plus le riche notaire que le hobereau. Elle s'accorde mal, en tout cas, avec les ruines du château des ducs de Bourgogne, juste à côté, que le père de Georges-Louis a acquises ou plutôt annexées.

Ayant acheté pour treize mille livres (moins de trois cent mille de nos francs) la châtellenie de Montbard, propriété constituée de terres, de vignes et comportant des droits de pêche, il a estimé pouvoir tenir pour nulle la clause de l'acte de vente qui spécifie : « le tout sans possession du château ». Celui-ci, il est vrai, se réduit à des tours délabrées et à un donjon branlant, et personne n'osera chercher noise à un membre du Parlement de Bourgogne parce qu'il a inclus dans son bien ces vieilles pierres moussues. Les habitants de la petite ville n'en nourriront pas moins, à l'égard des Buffon, restés pour eux les Leclerc, un grief dont, beaucoup plus tard, Georges-Louis ne saura pas toujours reconnaître la marque dans les conflits qui, pour diverses raisons, l'opposeront quelquefois à eux.

Le maire de Montbard a fermé les yeux sur l'annexion des ruines du château ou, plus précisément, de la butte sur laquelle elles se dressent et qui domine la ville. Il est allié aux Leclerc et s'appelle Jean Nadault; ayant reçu de son père la charge de maire, devenue vénale, il est encore très jeune et ne peut se permettre de contrarier Benjamin-François Leclerc, son parent, devant l'autorité de qui chacun plie. Bien qu'homme de robe, lui aussi, nourri des *Institutes* de Justinien et appelé à siéger bientôt à la Chambre des comptes de Bourgogne, Jean Nadault est attiré par les sciences naturelles, notamment par la botanique et la minéralogie. Il entraîne à travers la campagne, dans ses randonnées de prospecteur, son cousin Georges-Louis, qui n'est que de sept ans son cadet, et lui fait découvrir la flore et la géologie de cette région où, jusque-là, celui-ci, tout à Euclide, s'était promené en aveugle.

Il ne faut pas cependant surestimer le rôle d'initiateur que Jean Nadault joue auprès de son jeune cousin, à Montbard, car la mutation intellectuelle à la suite de laquelle Georges-Louis se détachera partiellement des sciences abstraites ne s'accomplira que plus tard, quand il aura quitté pour un temps la Bourgogne. On peut, dès lors, se demander si son amour de la géométrie et des mathématiques vient d'une disposition naturelle de son esprit ou est né du besoin de se soustraire, par un effort constant de la pensée, une activité mentale absorbante, à un milieu familial et social dont le conformisme solennel l'irrite. Se plaît-il aux mathématiques seulement, comme Descartes, « à cause de la certitude et de l'évidence de leurs raisons » ou aussi parce qu'il y voit un moyen d'affirmer sa singularité jusqu'à la provocation? On a connu ainsi des adolescents qui avaient choisi, en manière de défi, l'étude du trombone...

Georges-Louis semble vouloir se faire de son originalité une carapace, comme s'il s'appliquait à être résolument autre, afin que ses proches ne soient pas tentés d'établir avec lui les relations que la similitude, même relative, autorise. Quelle blessure secrète, à l'origine de cette réaction? Ses parents lui ont-ils préféré un de ses frères ou ses frères et sœurs, à la fois? Son père, pour lequel il ne montrera jamais un grand attachement, s'est-il désintéressé de lui? On n'observera presque jamais chez Georges-Louis, devenu M. de Buffon, la moindre bouffée de nostalgie, le moindre sentiment attendri, quand il évoquera ses années d'enfance ou d'adolescence. Une seule fois, dans son œuvre, lui échappera le rappel « des martinets qui, par les soirs brûlants, volaient autour des flèches de Saint-Bénigne » et, trahissant une sensibilité d'ordinaire rigoureusement réprimée, quelque chose d'aussi aigu que le cri des martinets dans le crépuscule percera soudain dans ce simple souvenir.

Dans ses relations avec les jeunes gens de son âge, Georges-Louis se conduit aussi, à dessein ou non, en « original », mot chargé d'une réprobation secrètement admirative, dans son entourage. Il ne fréquente pas seulement les garçons de sa caste, contrairement à ceux-ci. Bien qu'ils soient liés les uns aux autres depuis l'enfance, ils ne se départissent jamais dans leurs rapports d'un air cérémonieux, comme s'ils éprouvaient le besoin de renforcer par ces dehors la dignité fraîchement acquise par leurs familles. Ils portent l'épée au côté, ce qui ne favorise pas la liberté des mouvements, le naturel, et le ton de leurs échanges semble se ressentir de cette raideur. Georges-Louis termine ses lettres à Richard de Ruffey, son meilleur ami, de deux ans seulement son aîné, par cette invariable formule : « Je suis, Monsieur, votre très humble et obéissant serviteur. »

Aussi, en fréquentant publiquement Jean-Bernard Le Blanc, le fils du concierge de la prison de Dijon, il cède à la fois au désir de soutenir son personnage d'original et au besoin de goûter une camaraderie moins guindée que celle qui le lie aux garçons de son milieu. Le Blanc, qui a exactement le même âge que lui, est son condisciple au collège Gondran, où – honneur aux jésuites – les études sont gratuites. Les conditions d'admission des élèves en sont d'autant plus rigoureuses, quand l'origine sociale de ceux-ci peut inspirer des craintes aux bons Pères. Il faut croire que le métier de geôlier est des plus méritants, à leurs yeux, et que le jeune Le Blanc montre une vive intelligence : ils lui ont ouvert les portes du collège, avec le projet de faire de lui un prêtre. Il deviendra effectivement un abbé, mais un abbé de cour, dans le pire sens qu'on donne à ce terme.

Pourtant, Le Blanc, dont il convient de signaler tout de suite qu'il restera un des amis les plus intimes de Buffon jusqu'à sa mort, c'est-à-dire pendant plus d'un demi-siècle, ne répond pas extérieurement à l'image que suggère l'expression « abbé de cour » : aucune préciosité, des manières plutôt rudes et même l'habitude de la pipe, propre seulement aux vieux troupiers, en ce temps. Mais, pour le fond, rien ne lui manque, ni l'aimable cynisme du libertin, ni le sens de l'intrigue, ni cette causticité d'esprit qui n'épargne que ceux dont on attend des bienfaits. Cela ne semble pas déplaire à Georges-Louis qui porte sur le monde, qu'il ignore encore presque totalement, le regard sans indulgence qui appartient au jeune âge. Mais il est bientôt privé de ce compagnon qui a le mérite de le tirer de son milieu compassé et surtout de lui vouer une amitié plus spontanée, peut-être même plus profonde, que celles qu'il peut y trouver. Le Blanc, par le dévouement, ici sans calcul, qu'il témoigne à Georges-Louis et qui ne se démentira jamais, au cours des années qui vont suivre, rachètera un peu la bassesse qu'il montrera souvent par ailleurs.

Pour le moment, il entre au séminaire, et, de son côté, Georges-Louis s'inscrit, selon les vœux de son père, à la Faculté de droit qui vient d'être créée à Dijon.

Il s'ennuie. « Vous n'avez pas tort de trouver Dijon peu amusant », écrira-t-il dans une lettre à Richard de Ruffey, un peu plus tard, quand il sera parvenu à prendre le large. Pour se distraire du droit, qui l'assomme, il se consacre autant qu'il le peut aux mathématiques et, un beau soir, réinvente le fameux binôme de Newton. Il ignore encore tout des travaux du savant anglais, dont le nom lui est à peine familier, et il va devoir les découvrir pour s'apercevoir de la prouesse intellectuelle qu'il a accomplie. Il s'abstient de la proclamer. « On ne m'aurait pas cru », dira-t-il plus tard. Personne, dans son entourage, n'est porté à voir un génie dans ce grand garçon un peu lourd, peu brillant dans la conversation et riant trop fort aux plaisanteries lestes. Mis à part ses « originalités » qui, d'ailleurs, se font plus rares, son mode de vie est empreint d'une régularité, d'une ponctualité qui, d'ordinaire, ne signalent pas les inspirés.

Georges-Louis a compris que le travail n'est pas fructueux seulement en raison de sa durée, mais aussi en raison de la stricte observation des horaires qui le règlent. D'ores et déjà, il s'impose une discipline qui va le tenir, à heures fixes, à son bureau, sa vie durant, sauf dans les périodes fréquentes et souvent prolongées où il sera appelé à l'extérieur par des travaux, des expériences, des visites, etc. « Jeune, je travaillais jusqu'à six heures du soir, racontera-t-il. J'avais alors une petite maîtresse que j'adorais; eh bien, je m'efforçais d'attendre que six heures fussent sonnées pour l'aller voir, souvent même au risque de ne plus la trouver. »

Ce n'est pas, il va de soi, dans son monde que Georges-Louis trouve ses premières amours; les mœurs y sont sévères; les jeunes filles n'y apparaissent qu'au moment d'être mariées, selon des plans dressés de longue date par les familles. Mais, du côté de la porte Guillaume, qui n'a pas encore été remplacée par un arc de triomphe, s'étend, limité par la grande rue qu'on vient de percer à partir du Palais des États de Bourgogne, un quartier populaire, avec des maisons à encorbellement et colombage, d'étroites rues dont le pavé de grès brille autant dans la lumière du matin que les tuiles vernissées des toits. Là, au milieu des couleurs des marchés en plein air, bruit une vie villageoise qui, quelquefois, les jours de foire notamment, vient battre, au cœur de la cité, le seuil des maisons patriciennes, apportant à ceux qui les occupent un écho de leurs origines désavouées, et réveillant, chez Georges-Louis, les appétits et les désirs naturels que le rigorisme de son milieu social lui interdit de satisfaire sur place. Fort de sa prestance et, dans certains cas, de son argent de poche, il noue assez facilement, aux abords de la porte Guillaume, des liaisons éphémères avec des filles d'atelier ou de boutique.

Quand il parle d'une petite maîtresse qu'il adorait, il donne – est-il besoin de le préciser? – dans l'hyperbole. Ce mot traduit, tout au plus, chez lui, un élan des sens, non les mouvements du cœur que ce mot désigne en général et que, bien sûr, le respect des horaires de travail ne pourrait réprimer. Ces mouvements du cœur, Georges-Louis, bien que « vigoureux courtisan des femmes », selon l'expression d'un de ses familiers, ne les connaît pas et ne les connaîtra de si tôt. Dans ce siècle sentimental, souvent à l'excès, il montre une égalité d'âme, une impassibilité qui peut surprendre, sinon choquer, quand elle se révèle, par exemple, à l'occasion d'un deuil. Pourtant, l'homme est bon, bien des faits l'attesteront, au cours de son existence. Mais la bonté est une attitude morale qui n'entraîne pas forcément des attachements particuliers.

Ayant, à la fin de 1726, à dix-neuf ans, terminé honorablement ses études de droit, sans être parvenu à prendre goût à cette matière, Georges-Louis obtient de son père l'autorisation de s'inscrire dans une faculté de médecine. Un tel changement d'orientation est moins étrange à l'époque qu'il ne le serait à la nôtre. Les humanités représentent l'essentiel de la culture, et ce que nous appelons aujourd'hui les études supérieures tiennent assez peu de place dans la formation de ceux qui se destinent aux professions libérales; l'apprentissage proprement dit doit y suppléer. Georges-Louis pourrait devenir avocat au Parlement, à dix-neuf ans, au bout de deux petites années de droit. Même chose ou presque pour la médecine. La voie universitaire qui conduit à une spécialisation est, dans chaque cas, si courte qu'on peut l'abandonner pour une autre, sans prendre trop de retard.

Il ne semble pas que Benjamin-François de Buffon n'ait permis qu'à contrecœur à son fils de renoncer à la magistrature. Quand il aura atteint l'âge de la retraite, il pourra, grâce au désistement de Georges-Louis, léguer sa charge à l'un de ses deux autres fils ou la vendre, si aucun d'eux n'en veut. De plus, en choisissant la médecine, Georges-Louis renoue avec une tradition familiale plus ancienne que la robe : son bisaïeul était médecin à Montbard. Ce n'est pas là évidemment ce qui détermine sa décision. Sans doute Georges-Louis a-t-il constaté qu'il n'a pas un grand avenir dans les mathématiques. En l'obligeant à se plonger dans Newton, sa réinvention du fameux binôme du savant anglais, isolée, due à une illumination fugitive, l'aura finalement amené moins à s'enorgueillir des capacités de son esprit qu'à en mesurer les insuffisances. D'où son goût soudain pour les sciences de la vie.

La médecine, encore empirique, dans sa partie clinique, les rassemble dans son enseignement fondamental, en y donnant une grande place à la botanique et à la zoologie, et en s'ouvrant à l'étude de la génération et du développement des êtres animés. Le mystère de leur genèse, de leur croissance, de leur reproduction et de leur différenciation, mystère entretenu par l'Église, qui recouvre tout de la main de Dieu, commence à être abordé, et les premières découvertes en biologie – comme on ne dit pas encore –, dont la découverte du spermatozoïde, créent une grande agitation d'esprit chez les hommes de science, comme chez les philosophes, les uns et les autres se confondant, en ce temps. À quelques années d'intervalle, Montesquieu écrit un discours sur le rôle des glandes rénales, Georges-Louis, le futur Buffon, devient étudiant en médecine, et Diderot, encore obscur, traduit, en y mettant beaucoup de lui-même, le dictionnaire de médecine de l'Anglais Robert James. Le mouvement d'idées qui vaudra à ce siècle de s'appeler le siècle des lumières montre là son orientation matérialiste.

L'influence de Jean Nadault, le jeune maire de Montbard, le botaniste et le minéralogiste amateur, n'est pas sans doute étrangère à l'évolution intellectuelle, pour ne pas dire, au revirement d'esprit, de son cousin Georges-Louis. Le fidèle Le Blanc, par-delà les murs de son séminaire, y a aussi sa part. « C'est abuser de la géométrie que de ne l'employer qu'à calculer des énigmes, estime-t-il, car j'appelle ainsi toutes ces questions arbitraires que l'on embrasse exprès pour le plaisir de les développer par le calcul et d'où il ne résulte d'autre avantage que le mérite de la difficulté vaincue. » Le Blanc ne fait là que reprendre le refrain qu'on entend partout et qui annonce, d'une façon simpliste, le matérialisme progressiste de l'*Encyclopédie.* « J'aime mieux », dit, de son côté, l'abbé Pluche, auteur du *Spectacle de la nature,* livre qui a un grand succès, « Monsieur de Réaumur occupé à exterminer les teignes de nos tapisseries avec l'huile de térébenthine que M. de Bernouilli absorbé dans son algèbre... Pour être raisonnable et savant, faut-il être toujours à mille lieues des autres? » Enfin, Voltaire, dans sa vingt-quatrième *Lettre philosophique,* va écrire : « Il y a un point passé lequel les recherches ne sont plus que pour la curiosité; ces vérités ingénieuses et inutiles ressemblent à des étoiles qui, placées trop loin de nous, ne nous donnent pas de clarté. »

En cette première moitié du XVIIIe siècle, il existe un écart considérable entre l'état d'avancement des sciences pures (par exemple, Jean Bernouilli a déjà porté très loin le calcul exponentiel) et celui des sciences appliquées, dont le public moyennement éclairé ne doute pas qu'elles soient susceptibles de développements immédiats. Il sent que le progrès matériel reste freiné par une tradition intellectuelle d'essence religieuse qui tend à maintenir la science à distance d'une réalité dont les lois, on le devine, peuvent démentir la conception du monde où l'esprit du croyant a toujours trouvé la paix. Un pas est à franchir.

« Le réel ne sera jamais produit par l'abstrait », en vient à reconnaître Georges-Louis. Mais sa conversion à une science fondée d'abord sur l'observation et l'expérimentation, les mathématiques venant ensuite, si besoin est, synthétiser les résultats de celles-ci, participe d'un profond mouvement moral de l'époque que l'abbé Pluche ou Le Blanc, défenseurs du banal « esprit pratique », et que Voltaire même, intelligence froide, ne traduisent qu'imparfaitement. La nature n'apparaît plus désormais comme déchue de l'Éden, comme un lieu de fructifications avares où la survie de l'homme est obtenue à grand-peine et où la terre n'est là surtout que pour se refermer sur lui, un jour. La nature se révèle comme un tourbillon de forces innombrables qui ne tendent qu'à croître et, en se rejoignant, à donner naissance à d'autres. Un principe de désir la domine, déterminant sans fin les échanges, les fusions, les mutations, les multiplications. Les sciences naturelles deviennent ainsi la base de toute philosophie. « Élargissez Dieu! » s'écriera bientôt Diderot, invitant ses contemporains, qui, d'ailleurs, ne l'ont pas attendu pour cela, à parvenir au sentiment du divin (ou, plus exactement, d'un divin) par la connaissance du réel.

On peut établir un parallèle entre cet appel du monde vivant auquel cèdent les savants du XVIIIe siècle et l'appel du monde dans sa réalité géographique auquel les grands navigateurs, les découvreurs de terres lointaines, sont de plus en plus nombreux à obéir. Les premiers ont besoin des sciences abstraites, les sciences naturelles devant s'accompagner d'évaluations et de statistiques; de la même façon, les seconds ont recours aux calculs astronomiques, qui les guident dans leurs périples. Mais, pour le moment, le goût de la découverte est marqué de trop d'impatience : chez les savants, en tout cas, on va souvent naviguer à l'estime.

L'absence de méthode et de rigueur dans la recherche que cet engouement pour les sciences naturelles entraîne se retrouve à son plus haut degré dans la médecine, où elle est constante depuis des siècles. Nourri d'Euclide, Georges-Louis ne peut accepter que difficilement les affirmations gratuites et les approximations qui abondent dans l'enseignement dispensé à l'École de médecine d'Angers, où il a décidé de s'inscrire, mettant, apparemment à dessein, la plus grande distance possible entre sa famille et lui (Paris, premier centre de l'enseignement médical, est plus proche de Dijon qu'Angers). Pendant un certain temps, chaque soir, Georges-Louis, ayant regagné sa chambre, chez la veuve Claveau, sa logeuse, va demander aux mathématiques, à titre d'antidote, la rigueur dont il a été privé tout le jour dans les amphithéâtres de l'École de médecine. Il s'est trouvé un maître en la personne du Père de Landreville, professeur de mathématiques au collège des Oratoriens d'Angers, à qui il a été recommandé.

Mais bientôt une controverse scientifique oppose le vieil Oratorien à Georges-Louis. Celui-ci a naturellement découvert chez Newton, abordé à cause du binôme, le principe de l'attraction universelle, qui date déjà de quarante ans, mais dont on commence seulement à parler dans un assez large public, en France, tant l'information scientifique circule mal, en ce temps, et plus encore d'un côté à l'autre de la Manche. Il est vrai que la théorie de Newton a rencontré sur le continent des adversaires qui ont jugé préférable de s'épargner la peine de la combattre, en ne la répandant pas. Ils la qualifient de « monstre métaphysique » et restent attachés à la théorie de Descartes, dite des « tourbillons ». Le Père de Landreville est de ces cartésiens aux convictions inébranlables, comme beaucoup de religieux, et c'est en vain que Georges-Louis, entrant dans cette querelle qui commence à diviser, dans notre pays, le monde scientifique, brandit sous son nez les *Principia* du savant anglais, qui, dans la poche de son habit, ont remplacé les *Éléments* d'Euclide (on conserve, à la bibliothèque de la Sorbonne, un exemplaire des *Principia* de Newton portant le nom de Georges-Louis Leclerc et la date de 1728).

Est-ce sa brouille sans retour avec le Père de Landreville qui jette maintenant Georges-Louis dans les sciences de la nature, en dehors des moments où, à l'École de médecine, on les lui enseigne, de la façon qu'on sait, c'est-à-dire plutôt mal? Il a fait la connaissance d'un jeune homme, Berthelot du Paty, qui, passionné de botanique, lui propose de l'initier à l'herborisation. Dès lors, la recherche de plantes lance les deux jeunes gens dans des randonnées de plusieurs jours, à travers les ajoncs et les genêts de la vallée du Loir ou au milieu des chênes rouvres de la forêt de Chandelais, un mulet portant leur équipement. Mais Georges-Louis ne tirera pas un très grand profit de ces excursions; il se découvre finalement peu de goût pour la botanique, pour celle, en tout cas, qui s'appuie sur l'herborisation. Sa vision du monde végétal n'embrassera jamais que l'arbre. Dans les sciences naturelles, il ne descendra jamais jusqu'à l'infime, dédaignera les insectes, comme les plantes poussant au ras du sol. Orgueilleux, mais aussi orgueilleux pour l'homme, « roi de la Création », il ne traite qu'avec ce que la nature a d'un peu imposant. Au surplus, une légère imperfection de sa vue lui rend difficile et pénible l'observation des objets de taille réduite. « J'ai le défaut d'avoir la vue fort courte et les yeux un peu inégaux », reconnaît-il. Il profitera de cet aveu pour prévenir l'impression que les gens peuvent retirer de son masque un peu lourd et généralement impassible. « Les personnes qui ont la vue courte ou qui sont louches [il l'est imperceptiblement] ont beaucoup moins de cette âme extérieure, qui réside principalement dans les yeux; ces défauts détruisent la physionomie et rendent désagréables les plus beaux visages... On juge défavorablement ces personnes, lorsqu'on ne les connaît pas; et quand on les connaît, quelque spirituelles qu'elles puissent être, on a encore de la peine à revenir du premier jugement qu'on a porté contre elles », expliquera-t-il. À n'en pas douter, Georges-Louis s'est formé cette opinion, bien peu fondée, car les myopes sympathiques abondent, afin de cesser de s'interroger sur la cause du mouvement de retrait qu'il provoque quelquefois autour de lui et qui ne lui échappe pas. Tout au long de sa vie, qui sera peuplée d'amis nombreux et fidèles, il lui arrivera d'être détesté d'emblée par certaines des personnes amenées à l'approcher. Mais qu'il ne s'y trompe pas! Si son regard y est pour quelque chose, ce n'est pas par ce qu'il a d'inexpressif, mais c'est, au contraire, par ce qu'il a d'insupportablement souverain.

Cette expression de hauteur lui vaudra, ici et là, quelques querelles. La première un peu sérieuse se produit à Angers. Georges-Louis, à qui sa vigueur physique fait rechercher les exercices du corps, y fréquente l'Académie d'équitation, une des plus renommées de France. Elle doit d'avoir acquis et de justifier cette réputation à la présence dans la ville, depuis plusieurs années, d'un régiment de Royal-Cravate, nom altéré des corps de cavalerie légère formés à l'origine sur le modèle de la cavalerie croate, à laquelle ils ont emprunté ses méthodes. Les officiers du Royal-Cravate viennent se perfectionner au manège, devenu un lieu de rencontres pour les jeunes gens de l'aristocratie et de la grande bourgeoisie locales. En outre, la ville comporte sans doute, comme toutes les villes d'une certaine importance, à l'époque, une salle de jeu où les hommes de la « bonne société » angevine peuvent passer, sans trop s'ennuyer, leurs soirées. Un salon de l'hôtel du Cheval blanc, le meilleur de l'endroit, où Georges-Louis a séjourné, avant de trouver une logeuse, peut d'ailleurs faire, à l'occasion, office de tripot. Ces supputations n'ont d'autre intérêt que d'introduire l'hypothèse, justifiée par certains indices, selon laquelle Georges-Louis aurait la passion du jeu. Beaucoup de ses travaux en mathématiques portent sur le calcul des probabilités, la détermination des chances. Plus tard, dans son *Arithmétique morale,* il dénoncera l'absurdité du jeu, avec une vigueur qui sentira son repenti. Enfin, la petite histoire rapporte que Georges-Louis, à Angers, se bat en duel avec un officier du Royal-Cravate, à la suite d'une querelle née autour d'un tapis vert.

Il est vrai que, selon une autre version, ce duel à l'épée, qui a lieu, la nuit, à la lueur d'une lanterne, dans la rue Basse, aurait pour cause une affaire de femme. Mais on imagine difficilement Georges-Louis, qui est porté, on le sait, aux amours faciles, risquant sa vie et tuant un homme pour un jupon. Car il tue son adversaire, d'après certains témoignages anonymes, que d'autres, relevant également de la tradition orale, contredisent, en réduisant à une blessure l'effet du coup d'épée reçu par l'officier. Ces derniers méritent plus de crédit : en ce temps où le duel est un délit, le meurtre d'un officier, c'est-à-dire d'un noble, ne manquerait pas de lancer la police à la recherche du coupable, lequel ne pourrait lui échapper, en se bornant à gagner Nantes, comme le fait Georges-Louis.

Car il est bien établi qu'il quitte précipitamment Angers, à la suite d'un duel. Sa hâte indique que le sang a coulé, mais pas assez cependant pour que le coupable s'éloigne de plus de quelques lieues. Il s'est lui-même banni d'Angers, interrompant ses études, et les autorités peuvent considérer qu'il s'est infligé une sanction proportionnée au délit qu'il a commis.

II

À TRAVERS LA FRANCE ET L'ITALIE

Georges-Louis, qui ne fait jamais rien étourdiment, même quand, comme ici, la nécessité le presse, se rend dans une ville où il sait être accueilli. Il s'y trouve présentement un Anglais, Lord Alexandre Gordon, dont il a dû faire la connaissance, lors d'un séjour de celui-ci dans la colonie britannique de Dijon, où l'on compte des représentants de plusieurs familles de la noblesse d'outre-Manche, parmi lesquels une Bathurst et un Rutland. Peut-être Lord Alexandre Gordon a-t-il des intérêts dans la navigation maritime, car il possède, en plus de sa résidence nantaise, un domicile à Bordeaux. Se livrerait-il à la traite des Noirs, trafic fructueux dont Nantes est un des centres? L'aristocratie anglaise, contrairement à la nôtre, ne croit pas déchoir en faisant du négoce, et certains de ses membres ne rougiraient pas de s'associer avec des négriers.

Même si ses activités sont mercantiles, Lord Alexandre Gordon reçoit à Nantes, comme à Bordeaux, les plus grands noms d'Angleterre. Au moment où Georges-Louis, un peu troublé par ce qui vient de lui arriver à Angers et, de surcroît, souffrant d'une fièvre tierce, vraisemblablement consécutive à son émotion, arrive chez Lord Gordon, celui-ci héberge Evelyn Pierrepont, second duc de Kingston, neveu de Mary Wortley Montague, qui se rendra assez célèbre par ses lettres pour être comparée, dans son pays, à notre Mme de Sévigné.

Le duc est âgé de dix-neuf ans et voyage avec un homme qui lui sert à la fois de chaperon, de précepteur et de médecin, Nathaniel Hickman. Si le jeune duc, débauché, extravagant et même sujet à des crises de frénésie proche de la démence, n'a, en dépit de sa gentillesse, rien qui puisse lui attirer l'amitié de Georges-Louis, Hickman, homme d'une grande culture, versé dans les sciences naturelles et déjà membre, à trente-cinq ans, de la Royal Society, l'équivalent de notre Académie des sciences, gagne aussitôt sa sympathie. Élan réciproque. À la faveur de quelques conversations, l'Anglais s'est rendu compte qu'il a devant lui, en la personne de Georges-Louis, ce que Le Blanc appelle « une bonne tête ». Se cherchant un compagnon intellectuellement à sa mesure pour le reste du séjour en France, qui, réduit à un tête-à-tête avec le jeune duc, risque d'être lassant, il amène celui-ci à inviter Georges-Louis à se joindre à eux, dans le long voyage qu'ils vont effectuer en France puis en Italie. « Un Anglais ne voyage pas pour voir des Anglais », dira Sterne dans son *Voyage sentimental.* Georges-Louis initiera les deux hommes, qui mettent le pied sur le continent pour la première fois, aux étranges mœurs françaises. Sans hésiter, il donne au jeune duc son accord.

Faut-il croire que le père de Georges-Louis ne s'oppose pas à la décision de son fils et continue de lui faire parvenir les subsides dont il l'a pourvu jusqu'ici? Il est plus vraisemblable que le jeune homme a reçu une part d'héritage d'un de ses aïeuls, gens très aisés, tant du côté de son père que de celui de sa mère, et peut, depuis quelque temps déjà, se passer de toute aide. Sa correspondance de cette époque ne contient, en tout cas, aucune allusion à une quelconque contrainte que son père, mécontent qu'il abandonne ses études, aurait exercée sur lui. D'ailleurs, il est communément admis que, l'enseignement de la médecine variant d'une ville à l'autre, un futur médecin passe par plusieurs écoles, afin de mieux se former. Dans l'itinéraire que les trois hommes vont suivre figure notamment Montpellier, qui reste un haut lieu de la science médicale, formule un peu solennelle pour désigner l'art des Diafoirus de ce temps.

Par La Rochelle, les trois hommes gagnent Bordeaux, où nous les retrouvons au début de 1731. C'est plus une promenade qu'un voyage. À la lenteur des transports (le duc se déplace en grand équipage, avec valets et cochers), s'ajoute la longueur des séjours dans les villes, dont nos flâneurs n'en finissent pas d'épuiser les ressources, qui nous paraîtraient souvent bien limitées, de nos jours. Nous sommes à une époque où, les voyages demandant beaucoup de temps et d'argent, rares sont les Anglais qui viennent sur le continent, et peu nombreux également les Français ayant la possibilité, au moins une fois dans leur vie, de traverser leur pays de long en large. Confinés dans leur province, quand ce n'est pas dans leur canton, ils vont de découverte en découverte, à peine ont-ils franchi quelques lieues. Il n'est pas douteux que Georges-Louis trouve en Saintonge ou dans le Médoc autant de motifs d'étonnement que ses deux compagnons venus de l'autre côté de la mer. Cette faculté d'émerveillement due à la fois aux habitudes sédentaires et à la fraîcheur d'esprit des gens de ce temps explique l'abondance des relations de voyages qui s'accumulent chez les libraires et parmi lesquelles la traversée du Périgord ou de la Thiérache suscite autant d'intérêt dans le public qu'une expédition aux Carpates. Georges-Louis, chez qui l'écrivain sommeille encore, se borne à disperser ses impressions dans ses lettres à ses amis, à Ruffey et à Le Blanc, notamment. Elles sont assez superficielles et révèlent, chez lui, plus le goût des plaisirs que celui de l'observation. La fréquentation permanente du duc de Kingston l'aurait-elle rendu frivole?

À Bordeaux, il nous apprend qu'il va à la Comédie italienne, mais qu'un soir le théâtre ambulant où elle se donne est détruit, sous ses yeux, par les flammes dans lesquelles, au dernier acte du *Festin de Pierre,* devait périr Don Juan. Ailleurs, il indique qu'on joue beaucoup, à Bordeaux, et s'étonne que chaque joueur apporte ses dés, ce qui lui fait craindre qu'ils ne soient pipés. Parmi les banalités dont ses lettres abondent, voilà qui nous remet à l'esprit la passion du jeu que certains lui prêtent. Les lois du hasard, si toutefois elles existent, continuent de le fasciner; elles orientent beaucoup des travaux de mathématiques qu'il poursuit, par amusement, pendant les temps creux du voyage. Appétit du gain que peut procurer le jeu scientifiquement dirigé ou préoccupation métaphysique, désir de découvrir la mécanique de l'imprévu? Mais les deux ne sont pas inconciliables.

Cet intérêt pour le calcul des probabilités, chez Georges-Louis, pourrait être tenu pour l'indice d'une absence de foi religieuse, indice précieux, car, tout au long de sa vie, il ne nous fera jamais nettement savoir s'il croit ou non en Dieu. « Géométrie du hasard », selon l'expression de Jacques Bernouilli, ou « analyse des sorts », comme dit Diderot, le calcul des probabilités remet en question l'existence d'une volonté divine, et si Pascal s'y est, un instant, intéressé, à l'invite du chevalier de Méré (« En combien de points peut-on espérer amener double-six avec deux dés? »), c'était bien avant d'être visité par la grâce. On peut certes soutenir que Dieu, laissant à l'homme son libre arbitre, s'absente du coup de dés sur lequel celui-ci joue sa fortune ou sa ruine, et souvent, en même temps, celle des siens. Mais quand il s'agit du terme de la vie de l'homme, peut-on imaginer que Dieu, qu'on nous a toujours montré tranchant nos destins, s'en remet, là aussi, à cette répétition assurée des effets produits par des causes fixes que le calcul des probabilités tend à dégager? Cette question se pose, car c'est surtout à propos de la longévité de l'homme que Georges-Louis se livrera bientôt, à grand renfort de statistiques, à « l'analyse des sorts ».

Laissant Bordeaux et ses joueurs aux dés pipés, ou soupçonnés de l'être, nos trois voyageurs s'engagent dans la vallée de la Garonne et font halte à Montauban, dont on lit, dans *Les délices de la France,* le premier des guides touristiques, qui paraît juste en ce moment, que « les dames y sont belles et bien faites, civiles, et d'un entretien fort doux ». Mais elles sont prudes, car, rappelle le guide, « cette ville a longtemps appartenu à Messieurs de la religion » (aux protestants). Aussi Georges-Louis, qui vient d'être un peu malade, se plaint-il, dans une lettre à Ruffey, de l'excès de sa santé revenue; elle comporte, dit-il, trop de sollicitation « pour un garçon, et surtout un garçon voyageur qui n'a pas les mêmes facilités que vous, Messieurs, citoyens d'une bonne ville, de faire évanouir son superflu ». Cette conception de la fonction sexuelle, réduite au rétablissement périodique d'un équilibre des humeurs, relève en partie du réalisme qu'un garçon de vingt ans se croit obligé d'afficher, à propos de ses relations avec les femmes, réalisme où l'on retrouve aussi le ton de l'époque, la gouaille libertine mise à la mode par la Régence, quelques années plus tôt. Mais on doit voir également dans la crudité de cette réflexion l'esprit volontairement terre à terre de l'homme de science (que Georges-Louis n'est pas tout à fait encore) soucieux de ne raisonner qu'en termes de physiologie. « La rétention trop longue de la liqueur séminale peut causer de grands maux d'esprit et de corps, la démence et l'épilepsie », écrira-t-il un peu plus tard, laissant ainsi entendre, avec cet esprit anticlérical dont il ne cessera de donner la preuve, que la bonne santé physique et morale de la plupart des gens d'église est due au fait qu'ils ne respectent pas leur vœu de chasteté.

Il est peu probable que Georges-Louis reste longtemps soumis au supplice de la continence et exposé à ses prétendus dangers. Le jeune duc de Kingston a beaucoup de goût pour les femmes et, riche et prodigue, n'a certainement pas de peine à en trouver de complaisantes sur son chemin. Comment n'associerait-il pas ses compagnons de voyage à ses débauches? « Le lord était son compagnon de plaisir », écrira le chevalier de Buffon à propos de son frère Georges-Louis, dont il s'emploiera pourtant à glorifier jusqu'à l'excès la mémoire. À Toulouse, où les trois hommes, poursuivant leur voyage vers le Languedoc, font étape, Georges-Louis note, dans une de ses lettres, que « le sexe y est tout à fait beau », sans laisser percer, cette fois, l'amertume des désirs insatisfaits.

Si ses lettres à ses amis, dans lesquelles il relate son voyage, reflètent une certaine légèreté d'esprit, voire le goût de la gaudriole, d'autres, écrites en même temps, montrent bien qu'il n'a pas renoncé à l'activité intellectuelle, dans les intervalles de ses occupations frivoles. Il en est ainsi de celles qu'il échange avec le géomètre et mathématicien genevois Gabriel Cramer, de trois ans seulement son aîné, et dans lesquelles il résout les problèmes que celui-ci soumet à sa sagacité. Ils portent aussi bien sur la géométrie que sur la mécanique, le calcul infinitésimal ou, eu égard à la marotte de Georges-Louis, sur le calcul des probabilités. C'est ainsi que Cramer va inviter son correspondant à s'attaquer au problème appelé, à cause de l'endroit où il a été exposé pour la première fois, le « paradoxe de Saint-Pétersbourg ».

Il serait fastidieux d'en rappeler les données. On retiendra seulement qu'il va fournir à Georges-Louis l'idée de son *Essai d'arithmétique morale*, qui comporte une intéressante conclusion : « Une probabilité doit être regardée comme nulle dès qu'elle n'est que de 1/10 000, c'est-à-dire qu'elle est aussi petite que la crainte non sentie de la mort dans les vingt-quatre heures... L'homme le plus faible pourrait tirer au sort sans aucune émotion, si le billet de mort était mêlé avec 10 000 billets de vie. Et l'homme ferme doit tirer sans crainte si ce billet est mêlé avec mille... En réformant et en abrégeant tous les calculs où la probabilité devient plus petite qu'un millième, il ne restera plus de contradiction entre le calcul mathématique et le bon sens. L'homme pénétré de cette vérité ne se livrera plus à de vaines espérances ou à de fausses craintes; il ne donnera pas volontiers son écu pour en obtenir mille, à moins qu'il ne voie clairement que la probabilité est plus grande qu'un millième; enfin il se corrigera du frivole espoir de faire une grande fortune avec de petits moyens. »

Georges-Louis guéri de la passion du jeu par la réflexion scientifique? Ce serait assez dans le caractère du personnage, qui, tout au long de sa vie ou presque, soumettra tous les mouvements intérieurs de son être aux lois de la raison. Il est amusant de noter que, à peu près au moment où Georges-Louis atteint à la sagesse par le calcul, Voltaire, lui, par la même voie, atteint à la fortune. Avec le mathématicien La Condamine, il a découvert le moyen de gagner à coup sûr à la loterie de la Ville de Paris. Les deux hommes empochent ainsi cinq cent mille livres (environ un milliard de centimes de nos jours). Ayant trouvé la clef de leur système, la Ville de Paris intentera une action en justice; mais il n'y a pas eu fraude, et elle sera déboutée.

Poursuivant son voyage avec ses deux compagnons et s'amusant, pendant les longues heures passées en voiture, à résoudre des problèmes du type « paradoxe de Saint-Pétersbourg », à moins que, à l'invitation de Hickman, il ne descende avec lui herboriser, le long du chemin, Georges-Louis traverse, par Montpellier, Carcassonne, Béziers et Narbonne, ce Midi dont, Bourguignon éclectique, il dit apprécier hautement les vins. Alors qu'on se dirige vers l'Italie, en août 1731, il apprend la mort de sa mère, enterrée depuis plusieurs jours déjà, car le courrier portant la nouvelle n'a pu l'atteindre qu'avec les longs délais habituels en ce temps. Il regagne alors Dijon, en compagnie du duc de Kingston et de Hickman, qui tiennent à s'associer à son deuil et souhaitent reprendre ensuite, avec lui, leur voyage.

Seule, la décision de Georges-Louis de se rendre sans tarder à Dijon, pour s'incliner sur la tombe encore toute fraîche de sa mère, nous éclaire un peu sur les sentiments que la mort de celle-ci lui fait éprouver. Il ne les a confiés à personne, du moins par écrit, et il faudra attendre le témoignage de Hérault de Séchelles pour apprendre qu'il aimait sa mère au point de vouloir lui ressembler. « Buffon avait ce principe qu'en général les enfants [plus exactement, les garçons, selon Fontenelle, à qui Buffon avait emprunté cette croyance – ce que Hérault de Séchelles ignore] tenaient de leur mère leurs qualités intellectuelles et morales... Il en faisait l'application à lui-même, en faisant un éloge pompeux de sa mère, qui avait en effet beaucoup d'esprit, des connaissances étendues, une tête très bien organisée, et dont il aimait parler souvent. »

Si l'on a quasiment la preuve, nous le verrons plus loin, que Georges-Louis ne nourrit pas une très vive affection pour son père, on ignore quels sont les sentiments qui le lient à ses deux frères et à ses trois sœurs. Il accueillera sans sembler en être très affecté l'annonce de la mort de son cadet Jean-Marc et de celle d'Anne-Madeleine qui, série tragique propre au moins à impressionner ce fervent du calcul des probabilités, disparaîtront, à peu d'intervalle, quelques mois seulement après leur mère. Il sera alors en Italie, où nous le retrouvons, après son séjour à Dijon. Le duc de Kingston et Hickman ont été accueillis dans cette ville par la colonie anglaise qui s'y est constituée et, honneur insigne, ont été invités aux réunions hebdomadaires qui se tiennent chez le Président Bouhier. Leur présence dans ce cercle a conduit certaines personnes à croire que Georges-Louis Leclerc de Buffon y a fait leur connaissance. Il est temps maintenant de désigner notre personnage par le nom sous lequel il va s'illustrer. La mort de sa mère achève de le couper de sa famille, le délivrant des liens affectifs et, grâce à sa part d'héritage, des liens matériels qui l'y rattachaient. Le long séjour qu'il va faire en Italie consacrera la totale indépendance qu'il vient d'acquérir.

Les trois voyageurs sont à Gênes, en novembre 1731; ils séjournent ensuite à Florence et arrivent à Rome au début de l'année suivante. Buffon a retrouvé dans les lettres qu'il envoie à ses amis le ton léger qu'il a adopté, un peu plus tôt, pour relater sa promenade à travers la France. À Rome, que le carnaval emplit d'une foule bruyante et colorée, on croirait, à le lire, qu'il fréquente uniquement les théâtres, en particulier les quatre opéras que la ville possède. Il vante l'excellence de la musique, la beauté des décors et s'attarde sur celle des castrats, à laquelle il feint de s'étonner de trouver les Romains si sensibles. Nous sommes loin des descriptions et des réflexions auxquelles se livrera, un peu plus tard, dans ses *Lettres d'Italie*, son ami Charles de Brosses. « Il n'y a eu que les Romains qui aient su faire des ouvrages publics. Je ne me lasse point, sur ce que j'ai vu, d'admirer leurs plans et leur exécution », écrira celui-ci, débordant d'enthousiasme. Rien de tel chez Buffon, pas une seule observation d'ordre archéologique. « Ni les chefs-d'œuvre antiques, ni ceux des modernes, qui, en les imitant, les ont souvent surpassés, ni ces souvenirs d'un peuple-roi sans cesse rappelés par des monuments dignes de sa puissance, ne frappèrent M. de Buffon; il ne vit que la nature », dira Condorcet. En vérité, Buffon, en Italie, ne regarde même pas tellement la nature : l'amour des mathématiques semble de nouveau le posséder tout entier.

Par son apparente, plus que réelle, indifférence devant les vestiges de la civilisation romaine, amplement et même surabondamment glorifiés dans notre pays, depuis plus de deux siècles, Buffon entend rappeler que l'Italie n'est pas toute dans ses antiquités ou dans les chefs-d'œuvre de sa Renaissance, et redonner sa place à celle qui reste un grand foyer des sciences, l'Italie de Léonard de Vinci ingénieur, de Galilée, de Cardan.

N'est-elle pas le pays où l'on peut dire, sans nier cependant les apports antérieurs des Grecs et des Arabes, que l'algèbre est née? Les Ceva, les Saccheri, les Grandi maintiennent cette tradition scientifique, et leurs ouvrages font autorité dans toute l'Europe savante. Mathématicien amateur, Buffon en a jusqu'ici ignoré l'existence; il rattrape maintenant ce temps perdu et va même compléter ses lectures en rendant visite, à Pise, où il enseigne, au Père Grandi, qui joint à la qualité d'expert en logarithmique celle de religieux camaldule, du nom d'un des ordres les plus anciens et à la règle la plus rigoureuse. C'est là, de la part de Buffon, manifester une bien grande ferveur pour une science dont il ne va pas tarder à se détacher. Dans les mois qui vont suivre, tout au plus continuera-t-il de correspondre de loin en loin avec Cramer, à qui il a rendu visite à Genève, en allant en Italie, et avec le mathématicien prodige Alexis-Claude Clairaut, qui n'a pas encore vingt ans et appartient déjà à l'Académie des sciences.

Il est intéressant d'observer que la carrière de Buffon, qui sera une des plus brillantes de ce siècle, commence sur un faux départ, par une vocation qui tourne court. Les influences de l'époque, l'intérêt nouveau pour les sciences appliquées, ont pu le détourner des mathématiques, mais ne sont pas pour tout dans son renoncement. Son milieu originel, composé de robins et d'humanistes, l'a tenu isolé dans ses travaux, ses ambitions, sans lui montrer ne fût-ce qu'un semblant de compréhension, et l'a conduit à l'espèce d'auto-asphyxie qui menace le chercheur solitaire. Clairaut n'a peut-être réalisé ses précoces prouesses que parce que son père enseigne les mathématiques et l'a soumis à un dressage voisin de celui dont Mozart enfant a été l'objet. Mais Buffon était-il réellement prédestiné aux sciences abstraites, cédait-il vraiment, en s'y consacrant, à une exigence intérieure, un besoin particulier de son esprit, ou celui-ci était-il en proie à une avidité aveugle, sans limites, comme Mme Necker l'affirmera? « Il ne voulait pas qu'un homme pût entendre ce qu'il n'entendait pas lui-même, écrira-t-elle. Il ne voulait rien ignorer de tout ce qu'il pouvait savoir, dans quelque genre que ce fût. » Là, est l'explication de l'indétermination de Buffon. Souvent, dans une vocation, le hasard ne fait que canaliser une force qui vise à l'universalité.

« Il n'y a qu'une science, la science de la nature », dira Condillac. Tournant le dos aux mathématiques (mais il y retournera, de temps en temps), Buffon fait sienne cette maxime, avant même qu'elle n'ait été formulée, et la répétera souvent. Aussi, quand, dans l'été de 1732, il se rend à Paris, c'est chez Gilles-François Boulduc, apothicaire du roi, professeur de chimie au Jardin du roi (le futur Jardin des plantes) et membre de l'Académie des sciences, qu'il va loger. Il n'a pu être recommandé à cet homme de science que par le Président Bouhier, dont le renom s'étend dans tous les milieux intellectuels de France et même d'Europe. Il est d'ailleurs traditionnel que des professeurs prennent en pension chez eux un ou deux de leurs étudiants, dont ils connaissent les proches et en qui ils placent des espoirs; vivant sous le toit du maître, ils sont un peu plus que des étudiants; ils font figure de disciples.

Mais Buffon, on l'a compris, n'est pas de la race des disciples, et la protection de Boulduc aura surtout pour avantage de l'introduire à la fois dans le monde scientifique et dans le monde tout court. Pour commencer, la maison de Boulduc étant située rue des Boucheries, près de l'emplacement de l'actuel carrefour de l'Odéon, en plein cœur du Paris de la rive gauche, Buffon découvre la capitale où, à vingt-cinq ans, il n'avait jamais encore mis les pieds. Il n'en reçoit pas une très vive impression; même après en avoir fait un de ses principaux séjours, il ne parviendra pas à aimer cette ville. La cohue qui emplit ses rues, la désinvolture, souvent proche de l'impertinence, de ses habitants indisposent ce notable de province peu habitué à être confondu dans la foule et à ne pas y être l'objet de marques de respect. Au surplus, il est, par tempérament, un homme des libres espaces et, comme on l'a vu, il n'a cessé, au cours de son enfance et de sa jeunesse dijonnaises, de rêver à ceux que lui ouvraient ses vacances à Montbard. Heureusement, il accompagne souvent Boulduc au Jardin du roi, où il retrouve le grand air (le Jardin est encore extra-muros), le silence et les arbres.

Il y fait la connaissance de son surintendant, Charles du Fay, qui est à la fois chimiste, botaniste, astronome et géomètre, diversité dans les compétences qui ne peut surprendre, à une époque où, dans chaque discipline scientifique, le champ du savoir reste borné. Il rencontre aussi, au Jardin du roi, le chimiste Jean Hellot, dont, dans quelques années, l'appui lui sera des plus précieux. Enfin, il est présenté à Fontenelle qui, à soixante-quinze ans, est dans la verdeur de l'âge, car il deviendra le plus beau centenaire (à quelques semaines près) que le monde intellectuel aura jamais compté. Il est important pour Buffon, qui a des ambitions, que la plupart de ces personnages soient des membres, et des membres souvent influents, comme Fontenelle, de l'Académie des sciences. Elle n'est pas exclusivement le temple de la consécration, et quelquefois la nécropole, qu'elle deviendra plus tard. Si elle compte des membres chenus, elle ouvre souvent ses portes aux très jeunes hommes de science montrant des dons exceptionnels; Clairaut y a été admis à dix-huit ans, Maupertuis à vingt-cinq. Elle ne représente pas seulement le point où l'on arrive – et souvent dans quel état! comme dira quelqu'un –, mais aussi le point d'où l'on part. Buffon le sait et commence à compter ses chances.

En rejetant, à leur grand honneur, les préjugés de l'âge et en accueillant parmi eux des jeunes gens aux têtes bien formées, les membres les plus anciens de l'Académie des sciences n'ont pas cependant toujours compris qu'ils introduisaient dans leur sanctuaire l'esprit nouveau. Le newtonisme en est l'expression la plus actuelle et, défendu avec ardeur par Clairaut et Maupertuis notamment, jette la discorde au sein de la docte assemblée. Voltaire n'a peut-être pas tort, quand, dans son *Dictionnaire philosophique,* il affirme que Newton aurait été persécuté, en France, à cause de sa théorie de l'attraction universelle, en 1687, au moment où il l'a formulée. Mais elle ne commence à se répandre dans notre pays que quarante ans plus tard, à une époque où l'intolérance de l'Église n'est plus tout à fait aussi grande qu'auparavant. Au sein de l'Académie des sciences, l'opposition à la théorie du savant anglais n'est pas de nature religieuse, cette théorie n'apparaissant pas plus impie que celle des tourbillons, due à Descartes et à laquelle les anti-newtoniens restent fidèles. Aussi, pour virulente qu'elle soit, cette opposition ne présente pas le caractère excommunicateur que prenait souvent jusqu'ici, dans les conflits d'idées, l'attitude des défenseurs de l'orthodoxie, laquelle reflétait le dogme religieux. On assiste, pour la première fois, à une pure querelle scientifique.

C'est Maupertuis, homme doué d'une grande énergie et plein d'audace, comme il le prouvera bientôt en dirigeant une expédition au pôle Nord, qui a pris l'initiative de l'attaque, en présentant à l'Académie un mémoire sur l'attraction universelle, non sans avoir, il est vrai, demandé assez hypocritement à ses vieux collègues « grâce pour la nouveauté de ses conjectures ». Il est revenu à la charge, un peu plus tard, dans son *Discours sur la figure des astres,* et a soulevé une tempête de protestations. Elles n'ont fait qu'accroître sa combativité. Il mobilise ses troupes, un groupe important de jeunes hommes de science que son intelligence, son autorité et son verbe ont subjugués. Ils se réunissent presque chaque jour, autour de lui, au Café Procope, qui préfigure les cafés intellectuels du quartier de Saint-Germain-des-Prés. Un peu plus tôt, c'était un écrivain, Lamotte-Houdar, qui y régnait, installé dans son fauteuil roulant, car il était impotent et aveugle. Au milieu d'un cercle d'écrivains, parmi lesquels on voyait souvent Marivaux, il défendait avec chaleur son opinion dans la fameuse querelle des Anciens et des Modernes qu'il venait de rouvrir, en désacralisant Homère dans ses écrits. Il est significatif qu'en ce lieu même, en l'espace de deux ou trois années, un débat scientifique se soit substitué à un débat littéraire, dont il fait ressortir sans peine la futilité. Mais il ne faut pas voir là une discipline, à savoir la science, qui évince sa rivale, les belles-lettres; elles vont bientôt contracter la plus fructueuse des unions, chez Buffon notamment. Dans cette révolution dont le Café Procope est le théâtre, c'est simplement le sérieux, la profondeur du XVIIIe siècle, qui apparaissent soudain. Noyé dans l'artifice – dont celui de la Cour –, le siècle de Louis XIV pouvait être celui de la querelle des Anciens et des Modernes, où l'on se bornait, ou peu s'en faut, à remettre en question les règles de la prosodie. Le siècle suivant, que nous faisons commencer seulement à la mort du Régent, s'ouvre sur une querelle dont le newtonisme, c'est-à-dire la loi de l'univers, est le centre. On aborde enfin l'essentiel.

Les jours de séance publique à l'Académie des sciences, Maupertuis, après avoir retenu à déjeuner quelques-uns des plus ardents de ses jeunes fidèles, les conduit au Louvre, où l'Académie se réunit dans la grande salle appelée aujourd'hui Salle Henri II. Là, il les lâche « pleins de gaieté, de présomptions et de bons arguments », selon les termes de La Beaumelle, contre ses adversaires. Des rires, des lazzi, des exclamations ironiques, partent de l'assistance, pendant les discours des académiciens du clan cartésien. Mais, plus qu'à cette petite guerre, la conversion au newtonisme de nombre d'hommes de science traditionalistes sera due aux brillants exposés de Maupertuis sur l'attraction universelle.

Buffon est devenu un habitué du Café Procope, un familier

de Maupertuis, mais les relations qu'il entretient avec plusieurs membres de l'Académie des sciences l'empêchent de s'associer aux chahuts des jeunes newtoniens. Un tel comportement ne serait pas d'ailleurs dans sa nature qui le porte à un souci de dignité extérieure déjà près de tourner à la componction. Il n'y a guère que dans sa correspondance qu'il se défait de sa prudence et de sa retenue. Encore n'y exprime-t-il pas ses opinions d'une façon directe, n'y expose-t-il jamais clairement ses sentiments. Il ne le fait que par le détour des personnalités auxquelles il se livre; il ne trahit ses idées, ses principes, à propos de la religion, par exemple, que dans l'acrimonie systématique qu'il montre à l'égard de ceux qui en défendent d'opposés. Ainsi, il n'avouera jamais son athéisme – son agnosticisme, pour le moins –, mais ne laissera jamais passer une occasion de vilipender la prêtraille.

En ce moment, un de ses compatriotes, le curé de Saint-Sulpice, Languet de Gercy, natif de Dijon, s'offre complaisamment à ses sarcasmes et ses insultes; « complaisamment », car il semblerait, par tous ses actes, s'appliquer à susciter l'anticléricalisme, si celui-ci, masque de l'incroyance, à une époque où elle ne peut aller à visage découvert, n'existait déjà et depuis bien longtemps. C'est Languet de Gercy qui, avec l'approbation de l'archevêque de Paris, a refusé que la tragédienne Adrienne Lecouvreur fût enterrée dans un cimetière; c'est lui qui mène avec le plus d'énergie le combat pour l'annulation du droit d'appel dont dispose le Parlement, dans les cas d'abus ecclésiastiques; c'est lui qui s'introduit, avec une audace sans exemple, dans la société des gens haut placés pour y pousser les affaires de l'Église et celles de sa paroisse, en premier lieu. Afin de trouver les fonds nécessaires pour l'achèvement de l'église Saint-Sulpice, il n'hésite pas à placer des troncs sur la voie publique et à organiser une loterie; projetant de faire fondre une statue de la Vierge en argent, il met délibérément son couvert dans sa poche, à la fin des repas auxquels il est convié, d'où le nom de « Notre-Dame de la vieille vaisselle » qu'on donnera, plus tard, à la statue... Buffon a dû rencontrer Languet de Gercy chez un des académiciens qui le reçoivent. Il aura ravalé sa haine, son mépris; les voici qui débordent dans une lettre à un de ses amis dijonnais, où il va jusqu'à parler des « canailleries » de ce prêtre. Mais, au mot près, Voltaire, indigné qu'on ait dû enterrer Adrienne Lecouvreur au coin d'une borne, l'a devancé...

Buffon fait la connaissance de Voltaire à cette époque. Où? Chez Du Fay, sans doute, où Voltaire, auréolé du succès tout frais de *Zaïre*, aura été invité en même temps que son ami et complice (le coup de la loterie de la Ville de Paris), le mathématicien La Condamine, un familier de la maison. À défaut d'une large interpénétration d'idées, les rencontres dans le monde n'y étant guère propices, il y a eu apparemment sympathie instinctive, entente tacite, entre Voltaire et Buffon. Celui-ci n'aura pas manqué de reconnaître dans ce gringalet aux yeux pétillants l'homme qui est en train d'ouvrir la plus féconde période de remise en cause des valeurs établies que comportera jamais notre histoire. Nous sommes en 1732. J.-J. Rousseau, qui n'a que vingt ans, est à Chambéry, chez Mme de Warens, où il poursuit des études d'autodidacte, dans les moments de liberté que ses fonctions d'employé au cadastre lui laissent; Diderot, d'un an son cadet, étudie, lui aussi, tout en travaillant chez un procureur; d'Alembert est encore au collège... Récemment revenu d'Angleterre, où il a respiré un air de semi-liberté, Voltaire met la dernière main aux *Lettres philosophiques* et, encore seul, inaugure le siècle des Lumières.

Voltaire et Buffon se sont d'autant plus vite rapprochés l'un de l'autre qu'ils se sont reconnus une amie commune, en la personne de Mme du Châtelet, dont la liaison avec le premier ne tardera pas à être publique. Buffon a fait sa connaissance à Semur-en-Auxois, localité située à trois lieues de Montbard, dont son mari, par ailleurs lieutenant général des armées du roi, est le grand bailli. Elle est la première femme versée dans les sciences que Buffon a rencontrée; au surplus, elle est newtonienne. C'est plus qu'il n'en faut pour qu'il comprenne les sentiments, fondés surtout sur une grande entente intellectuelle, que Voltaire éprouve pour elle. Sans son admiration pour Mme du Châtelet, Buffon, toujours sur son quant-à-soi, ne se serait pas lié sans doute aussi rapidement avec Voltaire.

À Paris, l'ironie, souvent amère, de Buffon ne s'exerce pas seulement à l'encontre de Languet de Gercy, le remuant curé de Saint-Sulpice; la société parisienne dans laquelle il a maintenant ses entrées suscite souvent aussi sa raillerie. Grâce aux recommandations dont il a été pourvu, à son départ de Dijon, et aux relations qu'il a nouées dans le milieu scientifique, il est invité dans plusieurs salons prestigieux où, seul, le conduit le désir d'approcher les gens en place, toujours si utiles à un débutant. On le voit ainsi chez La Popelinière, le richissime fermier général qui possède, à Passy, « une maison pareille à un théâtre, avec sa scène machinée comme un petit opéra et ses corridors remplis d'artistes, d'hommes de lettres, de virtuoses, de danseuses » (J. et Ed. de Goncourt). Il y rencontre Rameau et Piron qui, avec Crébillon, forment à Paris le trio des Dijonnais célèbres. Froid, revêche, la différence d'âge ne favorisant pas, au surplus, le rapprochement des deux hommes, Rameau ne se liera jamais avec Buffon; Crébillon pas davantage. Seul, Piron, le poète satirique, et licencieux, à l'occasion, deviendra son ami, ce qui est moins surprenant qu'il ne semble.

Buffon garde en effet, derrière son maintien facilement cérémonieux, un goût très grand pour les plaisanteries gaillardes qui transparaît, ici et là, dans ses lettres à ses amis de Dijon. La hauteur et la feinte pruderie des femmes qu'il rencontre dans les salons parisiens, où il promène une gaucherie provinciale accentuée par sa robustesse, excitent fréquemment sa verve de Bourguignon. C'est ainsi qu'il décrit longuement, dans une de ses lettres, le spectacle auquel, en ces jours d'été, il assiste, quand, par la porte Saint-Bernard, il se rend au Jardin du roi. Le long du quai, sont alignés des carrosses d'où, des heures durant, des dames contemplent les baigneurs à peu près nus qui s'ébattent dans le fleuve. « Les hommes se baignent à cet endroit, pendant les chaleurs de la canicule. Quand cette saison n'est pas venue, les femmes de la ville ne s'y promènent pas encore; et quand elle est passée, elles ne s'y promènent plus », écrivait déjà La Bruyère. Buffon, lui, a l'ironie un peu plus lourde. Il la tourne aussi contre les intellectuels du Café Procope, qui n'est pas seulement le lieu de réunion des newtoniens, mais également celui des petits maîtres, des abbés de cour et des gazetiers libérés par la fin du spectacle au Théâtre français, situé de l'autre côté de la rue. Fausses nouvelles, ragots, persiflages... L'antiparisianisme de Buffon, moitié vertu moitié dépit, trouve là sans peine à s'alimenter.

Bientôt, notre homme n'y tient plus : le voici à Montbard, avec l'intention de n'y rester que le temps de se purifier au contact de la nature. Mais ce qu'il apprend, en arrivant, jette soudain une ombre sur les paysages du pays natal : son père se remarie. Buffon, qui a des droits sur la part de patrimoine qui appartenait à sa mère, voit là une menace pour ses intérêts et commence à tempêter. « Vous pensez le tort que me ferait cette affaire, écrit-il à son ami Ruffey, et vous pouvez juger de toute la force avec laquelle je m'y oppose. » La plus grosse partie des biens de son père provient d'une donation comprenant des contrats de rente pour 78 000 livres qui avait été faite à sa défunte épouse, Christine Marlin, par un de ses oncles. Buffon n'entend pas que cet argent aille à la nouvelle femme de son père, à la mort de celui-ci. Car il mourra forcément le premier, ayant un quart de siècle de plus que sa fiancée. « A-t-on idée d'épouser une fille de vingt-deux ans [elle en a vingt-quatre, en réalité] qui n'a presque pour elle que sa jeunesse? » demande Buffon dans sa lettre à Ruffey. On croirait entendre parler un père de famille, et pas de la meilleure espèce. À propos de l'origine de sa future belle-mère, Buffon n'a certes rien à objecter : il s'agit d'une de ses lointaines cousines, Antoinette Nadault, la sœur de Jean Nadault, qui, un peu plus tôt, a initié Georges-Louis à la botanique et à la minéralogie; enfant, il a joué avec elle. Il n'importe : il va intenter un procès à son père, s'il persiste à vouloir se remarier.

L'affaire met de l'agitation dans les esprits, à Dijon. En général, la conduite de Buffon fils est approuvée. Le Président Bouhier, homme éclairé et modéré entre tous, n'hésite pas à parler du « sot mariage » projeté par Benjamin Buffon. Ce n'est pas la différence d'âge entre ce dernier et Antoinette Nadault, dont on reconnaît par ailleurs qu'elle appartient à une très honorable famille, laquelle a même des attaches avec le Parlement de Bourgogne, qui choque; on est à une époque où il est courant que des barbons épousent des jouvencelles, et Benjamin Buffon n'a jamais que cinquante ans, c'est la spoliation dont Buffon fils risque d'être la victime. À Dijon, comme ailleurs, on montre une grande rigueur dans les affaires d'héritage.

Mais Benjamin Buffon n'est pas un mauvais père ni Antoinette Nadault une femme cupide; un arrangement intervient, aux termes duquel Georges-Louis, en compensation de sa part du bien maternel qu'il abandonne, devient propriétaire de la terre de Buffon et de la maison de Montbard; afin d'équilibrer tout à fait les comptes entre les deux parties, il versera une petite pension à son père, sa vie durant. Buffon est un village de soixante-dix à quatre-vingts feux (deux cent soixante communiants, selon un recensement effectué par le clergé, quelques années plus tard); il est situé au confluent de la

Brenne et de l'Armançon, au flanc d'un coteau calcaire riche en eaux d'infiltration, auxquelles le lieu doit son nom (*bis fons :* deux fontaines). Des bois épais s'étendent derrière le village, qui domine la vallée, où passe la route de Paris à Genève. Ils sont, en grande partie, inclus dans le domaine dont Buffon vient d'entrer en possession et vont être pour lui, outre une source de revenus, un champ d'observation et d'expériences.

Buffon, qui doit travailler à sa carrière, à Paris, ne s'installe pas tout de suite dans ses terres. Il ne va même pas vivre constamment à Montbard, durant ses séjours en Bourgogne. Il rejoint sa famille et ses amis à Dijon, cette ville à laquelle le rattachent ses premières années, encore si proches de lui. Il retrouve là une vie de société plus conforme à sa conception des rapports humains et moins guindée, plus simple, que celle qu'il a découverte à Paris. Qu'on en juge d'après ce passage d'une de ses lettres à Ruffey, retenu, pour le moment, dans la capitale, par ses études de droit : « Au concert de dimanche, le conseiller de Malteste rencontra Mme Jolivet sur l'escalier, et lui mit, à ce qu'on dit, quoi? direz-vous : la main dans la gorge jusqu'au nombril. Elle se retourna et, justement courroucée, lui donna un soufflet sanglant... Autre aventure : un jeune trésorier que bien vous connaissez eut, dimanche, un soufflet au bal. Il n'y avait heureusement que deux dames et cinq putains. Les deux premières furent obligées de sortir, parce qu'on exploitait les autres derrière leur dos... » En vérité, la vie de société, à Dijon, garde en général plus de tenue. Les concerts que le conseiller de Malteste, un ami d'enfance de Buffon, lui aussi, organise, tous les dimanches, chez lui, avec des musiciens professionnels, sont d'une grande qualité, et les privautés auxquelles le maître de céans se laisse aller avec des dames ne se répètent pas chaque fois. De Brosses, le futur président au Parlement, pris d'émulation, donnera bientôt, lui aussi, un concert par semaine. Les soirées théâtrales sont fréquentes : « Nous achevons notre Carême ici avec une fort bonne comédie et une très agréable danseuse », écrira, un peu plus tard, de Brosses.

L'humeur volontiers grivoise de Buffon, qui y donne libre cours dans ses lettres à Ruffey, afin de distraire son ami « en exil » à Paris, quitte à donner une image un peu déformée des distractions des Dijonnais, s'accorde, il va de soi, avec sa conception sommaire des rapports entre les hommes et les femmes. Il ne mêle guère de sentiments aux plaisirs de l'amour et, pour éviter qu'ils tirent à conséquence, il choisit celles qui les lui fournissent parmi de très jeunes filles du peuple, leur infériorité sociale leur interdisant d'exiger qu'il les épouse ou les avoue pour maîtresses attitrées. « Il cherchait des jouissances dans une classe de femmes peu faites pour l'enlever à la gloire, sa grande maîtresse, et qui ne lui prenaient de temps que les deux minutes où les anges, dit-on, se couvrent de leurs ailes pour n'être pas jaloux de nos plaisirs », écrira le chevalier Aude, qui sera, un moment, son secrétaire.

La gloire, Buffon y vise déjà, mais il compte l'atteindre avec méthode, sans chercher les coups d'éclat ou espérer les découvertes prodigieuses, d'ailleurs assez rares dans les sciences. Son plan est tracé : d'abord l'Académie des sciences, hors de laquelle il est presque impossible d'acquérir un début de renommée; ensuite, s'il se peut, des fonctions officielles qui lui laisseraient le temps de poursuivre ses travaux personnels... Il sait qu'il ne peut se présenter à l'Académie dans la section des sciences naturelles, bien que ce soit dans ce domaine qu'il a l'intention de faire son chemin : il manque encore par trop de connaissances. Aussi il rédige un mémoire sur un problème de mathématiques, celui que pose le jeu dit du franc-carreau, lequel consiste à lancer une pièce de monnaie sur un sol carrelé, en essayant de la faire s'immobiliser sur une intersection des lignes du carrelage. Il s'agit, une nouvelle fois, du calcul des probabilités, qui, chez Buffon, dont on peut penser qu'il ne fréquente plus, depuis longtemps, les salles de jeu (si toutefois il les a jamais fréquentées) et n'est donc pas à la recherche de « martingales », prend le caractère d'une hantise métaphysique. Qui n'a rêvé d'enfermer la fatalité dans une équation? Celles qu'il développe dans son mémoire, si elles n'abolissent pas le hasard, témoignent, en tout cas, chez celui qui les formule, d'une agilité d'esprit assez remarquable pour que les commissaires de l'Académie (parmi lesquels figurent Maupertuis et Clairaut, amis de Buffon) retiennent sa candidature.

En fait, il semble bien que le règlement de l'Académie ne soit que la couverture d'un système de cooptation consistant à choisir les nouveaux membres non tant d'après la valeur du travail qu'ils soumettent aux académiciens que d'après la réputation dont ils sont précédés. Au début de l'année 1733, le Président Bouhier, toujours bien informé, écrit à un de ses amis : « Buffon est sur le point d'être reçu à l'Académie des sciences. » Il l'est effectivement moins d'un an plus tard (il n'a pas encore vingt-sept ans). Une intervention de Maurepas, secrétaire commandeur des ordres du roi, ministre de la marine et membre honoraire de l'Académie des sciences, l'a permis. Officiellement interprète de la volonté de Louis XV, qui lui abandonne entièrement les affaires de ce genre, Maurepas a fait passer dans la classe d'astronomie un membre qui siégeait dans celle de mécanique où, de ce fait, une place s'est trouvée vacante. Buffon l'occupe, dès la séance suivante, avec le titre d'associé, non sans jouer la surprise et la confusion : « On m'a fait mille fois plus d'honneur que je ne mérite, écrit-il au Président Bouhier. On a hâté la vacance de la place que je remplis à l'Académie. On m'a préféré à des concurrents distingués. » Il craint apparemment que son élection ne sente par trop le favoritisme, et préférerait qu'on y voie un coup de chance et, pour un peu, le résultat d'un malentendu, d'une erreur. Il sait très bien que l'intervention de Maurepas, qui le connaît pour l'avoir peut-être rencontré chez La Popelinière, n'était pas fortuite. Pas gratuite non plus. Les faveurs de ce ministre, comme celles de beaucoup d'autres, comportent toujours une contrepartie.

III

L'ÉCOLE DE LA FORÊT

Non loin du confluent de l'Armançon et de la Brenne, quand on vient d'Ancy-le-Franc, dans cette Bourgogne sentant un peu le Morvan qui précède celle du vignoble, on aperçoit çà et là, au milieu d'un bois, des arbres aux troncs clairs. Ils n'ont pas la blancheur crue de ceux des bouleaux, mais la couleur du bois nu qui a déjà pris une patine blonde, et dressent de hauts fûts comme déjà prêts pour la charpenterie. Portant cependant encore toute leur ramure, tout leur feuillage, ils offrent l'image insolite d'un bois d'œuvre qui continue de végéter. Comme par l'effet d'une survie ou d'une résurrection, l'arbre, alors qu'il est déjà devenu matériau, garde sa frondaison, et celle-ci jaillit du corps inerte que figure le tronc, comme un bouquet du col du vase qui enferme ses tiges.

On découvre, en s'approchant, que ces arbres sont d'assez gros chênes dépouillés de leur écorce jusqu'à la hauteur de leur branchage et ayant eu le temps, depuis leur dénudation, évidemment due à la main de l'homme, car aucune plaque d'écorce, à leur pied, ne témoigne d'une mue spontanée, de durcir à l'air leur aubier mis à vif. Leurs troncs, s'ils ont pris la teinte clair du bois déjà travaillé, offrent sous la main, au lieu de la surface que le rabot a rendu lisse, le relief d'une peau gercée, la contraction cicatricielle des tissus ligneux que cet écorcement a exposés au grand jour et aux intempéries. Bien qu'on soit au début de l'été, le feuillage de ces chênes aux troncs dépouillés de leur écorce montre, du côté du midi, un flétrissement qui, chez quelques-uns, amène la frondaison à prendre prématurément les couleurs de l'automne. Ces signes de dépérissement, on l'apprendra plus tard, varient selon que l'écorcement du tronc a eu lieu au dernier printemps, au moment de la montée de la sève, ou l'année suivante. Il ne peut pas remonter à une époque plus ancienne, car un arbre, aussi vigoureux qu'il soit, ne survit guère plus de deux ans à cette opération. Elle condamne ces chênes à une mort lente qui s'accomplit sous la forme d'un durcissement progressif de leur bois. Mis à nu, l'aubier, d'abord tendre et un peu gluant, a laissé s'évaporer la sève, et une couche de bois inerte, devenu déjà matériau, bon à travailler et de la couleur des solives neuves, a commencé de s'épaissir, gagnant peu à peu vers le cœur. On peut mesurer son accroissement en enfonçant une vrille jusqu'au centre de l'arbre et en constatant à partir de quelle profondeur elle ramène de la sciure humide de sève, ou encore en frappant le tronc à l'aide d'un maillet et en appréciant la matité du son qu'il rend.

Quand il n'est pas attaqué par le pourrissement, un arbre sur pied meurt par suite du resserrement progressif des couches externes de son bois durci par le tarissement de la sève. C'est un mouvement inverse de celui qu'a représenté, dans la phase de croissance, la multiplication des couches concentriques de son tronc, qui se propageaient alors à la manière des cercles produits dans l'eau par la chute d'une pierre. Il faut imaginer ces ondes revenant à leur point de départ, pour se résorber finalement dans le centre d'où elles sont jadis parties. La mort vient du dehors; il suffit, pour lui donner accès, de dépouiller l'organisme vivant de l'enveloppe qui le protège contre une atmosphère et une lumière sclérosantes. Dans les bois de

Buffon, si sombres, c'est comme si régnait un invisible soleil des tropiques, desséchant, ossifiant toute espèce vivante, une fois qu'elle a été écorchée. À la vue de ces chênes sans écorce, l'homme lui-même éprouve un sentiment de vulnérabilité, sent son corps exposé à l'action destructrice du milieu naturel, à cette insidieuse morsure à laquelle il n'oppose que le rempart dérisoire de sa peau. Là-dessus, ces coups de maillet que des bûcherons assènent aux arbres en train de mourir, pour savoir où ils en sont, et qui résonnent sourdement, comme les gongs de bois d'une cérémonie barbare...

On pourrait dire qu'ils marquent l'entrée de Buffon dans les sciences de la nature, entrée longtemps différée par son désir de se faire une réputation dans les mathématiques. Avec ces chênes dépérissants et aux troncs d'une pâleur fantomatique, nous sommes loin des images d'églogue dont son siècle fait une si grande consommation. Mais, pour déplaisante, sinon cruelle, qu'elle soit, l'opération à laquelle on se livre sur les arbres, dans les bois de Buffon, selon les directives du maître des lieux, a le mérite d'être tout à fait significative du passage de la fausse poésie à laquelle jusqu'ici les meilleurs esprits se laissaient souvent prendre au réalisme expérimental.

Il est justifié, dans le domaine de l'activité forestière, par l'augmentation des besoins de la France en bois d'œuvre, en particulier pour la marine, dont l'extension de notre commerce dans le monde, nos relations avec nos colonies et la puissance que nous devons montrer sur mer, face à l'Angleterre, exigent le développement. En 1731 déjà, Maurepas a demandé à l'Académie des sciences de chercher des procédés qui permettraient d'obtenir un séchage rapide du bois abattu et qui en assureraient la conservation, surtout dans ses utilisations maritimes. Une commission a été nommée, à l'Académie, pour se livrer à ces recherches, mais celles-ci sont restées infructueuses.

Buffon, avant même d'entrer à l'Académie, a été informé

de ces recherches et a sans doute fait savoir à Maurepas qu'il souhaitait y être associé. Il possède des bois, donc un champ d'expérimentation; il dit avoir de solides notions de sylviculture et montre beaucoup d'allant; c'est assez pour lui valoir la confiance du ministre. On peut même supposer que celui-ci, pour attiser le zèle de Buffon, a fait en sorte qu'il entre à l'Académie, avant même de se mettre à l'ouvrage.

L'y voici. Il va appliquer une méthode qui a pour effet d'augmenter non seulement la durée du bois, mais aussi sa dureté, sa solidité. Elle consiste simplement « à écorcer l'arbre du haut en bas dans le temps de la sève, et à le laisser sécher entièrement sur pied avant de l'abattre ». Modestement ou plutôt honnêtement, car, seule, sa profonde loyauté, son horreur du mensonge, peuvent faire taire son orgueil, Buffon indique qu'il n'a rien inventé, que Vitruve parle dans son *Architecture* d'un procédé semblable et que celui-ci est utilisé, depuis longtemps, dans certaines régions de l'Angleterre. Selon lui, personne n'y a eu encore recours en France parce que les règlements concernant les forêts fixés par la sévère ordonnance de 1669 l'interdisent, sous peine de poursuites, sans qu'on sache très bien pourquoi. « Je n'aurais pu les enfreindre, écrit Buffon, si les attentions de M. le comte de Maurepas pour les sciences [pure flatterie : le ministre se soucie de sa marine, non des sciences] ne m'eussent procuré la liberté de faire mes expériences, sans avoir à craindre de les payer trop cher. » Il va poursuivre ses travaux avec Duhamel du Monceau, un membre éminent de l'Académie des sciences, de sept ans son aîné, qui s'est attaqué depuis longtemps au problème posé, et il apportera une hâte, que certains jugeront discourtoise, à publier avant son collègue les conclusions qu'il aura tirées de ses expériences.

Mais ces conclusions et celles qui viendront les compléter, au cours des années suivantes, comptent peu, comparées aux enseignements nombreux qu'il va devoir à la découverte du monde de la forêt. Il s'agit là, certes, d'un milieu que son enfance semi-campagnarde lui a rendu familier, mais il l'aborde maintenant avec une curiosité scientifique qui va lui permettre de percer les secrets des formes de vie multiples dont il est peuplé. C'est par la forêt que Buffon prend pied réellement dans les sciences naturelles, et elle restera toujours un des meilleurs lieux d'observation pour le zoologue qu'il deviendra. Elle ne sera pas que cela : le poids de son ombre, la présence vivante des arbres, leur rumeur et, par moments, cette retombée du silence, venue sur celle du vent, lui apporteront, dans toute sa force, ce sentiment de l'existence du monde dont notre propre vie nous distrait constamment. Buffon, dans ses bois, n'échappe pas à la rêverie philosophique, pour ne pas dire : à l'émotion poétique, formule qu'il déteste, mais, fidèle à lui-même, et bien que cette rêverie se nourrisse, on le sent, de perceptions confuses qui en font le prix, il va l'enfermer dans un apologue. Ce sera le parallèle entre la mort du chêne (la mort naturelle, pas celle qui résulte de son écorcement) et la mort de l'homme, dans l'*Histoire naturelle,* texte d'une grande sérénité, mais où, effet d'une grande prudence, sans doute, l'interrogation essentielle manque.

Les expériences visant à la découverte de procédés susceptibles d'augmenter la durée et la solidité du bois conduisent peu à peu Buffon à s'occuper de sylviculture proprement dite, dans l'intérêt de la France et dans ses propres intérêts. Il connaît l'état de la forêt française, qui, en dépit des règlements, notamment du dernier, celui de 1725, interdisant, sauf dérogation, de couper les futaies, présente une grave dégradation. Après Réaumur, qui s'en est alarmé, voici quelques années déjà, Buffon propose des remèdes : plantations, ensemencement, prolongation de la durée de la révolution des taillis, etc. Conseils du forestier quasi professionnel (il vend du bois) et du bon citoyen conscient des besoins de son pays, où l'accroissement de la construction, par suite de l'augmentation de la population, le développement de la métallurgie, encore mal approvisionnée en houille, et celui de la marine, chère à Maurepas, ont déjà amené la forêt à ne plus couvrir que 15 % du territoire national.

Mais l'intervention humaine qu'il préconise ne se justifie pas seulement, à ses yeux, par son utilité matérielle immédiate; elle est dans l'ordre du monde et doit s'accomplir indépendamment même du profit recherché. La nature n'a pas de sens, tant que l'homme n'y a pas imprimé les marques de son action, de son génie, pense Buffon. « La nature brute est hideuse et mourante, écrira-t-il; c'est moi, moi seul, qui peux la rendre agréable et vivante... Qu'elle est belle, cette nature cultivée! Que, par les soins de l'homme, elle est brillante et pompeusement parée! » On pourrait faire observer que, dans les bois de Buffon, les chênes dépouillés de leur écorce, dépérissant lentement, spectres dans le crépuscule, à cause de la pâleur de leurs troncs, ne concourent guère à l'embellissement du paysage; lorsqu'on connaît la cause de leur métamorphose, ils nous portent à accuser l'homme de détériorer la nature, au lieu de la parer. Le naturaliste nous répondrait que nous nous trouvons dans un champ d'expérimentation où l'homme essaie de vérifier son pouvoir, quitte à le tenir ensuite dans de justes limites. Buffon ne peut imaginer que le génie humain – puisque c'est le nom qu'il donne à l'esprit utilitaire – nous amènera, un jour, à les franchir, au risque d'aller droit à notre perte.

L'aire où s'accomplit l'heureuse alliance de la nature et de l'homme, thème du rêve de ce siècle, se situe présentement à Montbard. À peine Buffon est-il devenu propriétaire en titre de l'ancienne demeure familiale, à la suite du partage consécutif au remariage de son père, qu'il s'est mis en devoir d'étendre ce domaine, en acquérant des maisons et des parcelles voisines, et d'en transformer complètement l'aspect. Il fait d'abord raser les ruines du château des ducs de Bourgogne, n'en conservant que le donjon et l'une des tours, qui est susceptible d'être restaurée et qui deviendra son cabinet de travail d'été. Puis, secondé par Le Blanc, de retour de Paris, et par Benjamin Nadault, un frère d'Antoinette, sa jeune belle-mère, il dessine des jardins, en s'inspirant de ceux de l'Isola Bella, la « perle » du lac Majeur, qu'il a visitée, lors de son séjour en Italie. Se trouvant au flanc d'une butte, les jardins consisteront en quatorze terrasses que relieront des chemins bordés d'arbres : pins, sycomores, tilleuls, etc.

Ces travaux, qui s'étendront sur plusieurs années, nécessitent l'emploi de plusieurs dizaines d'ouvriers, en général embauchés sur place, ce qui conduira plus tard les thuriféraires de Buffon à prétendre que cette entreprise avait pour but principal de fournir de l'ouvrage à la population locale. Buffon pourra dire, au terme de ces travaux : « Mon jardin m'a coûté aussi cher que s'il était entièrement recouvert d'écus de six francs », ce qui ne paraît pas exagéré, quand on sait qu'on y a déplacé quatre-vingt mille tombereaux de terre, mais il n'osera pas affirmer, s'il fait le sourd, quand ses familiers et admirateurs le proclament, que sa philanthropie était pour tout dans cette dépense. Bien qu'il n'ait encore presque rien publié et qu'il ne soit pas en société un homme à l'esprit éblouissant, il est très recherché, très entouré, et compte déjà de nombreux fidèles. Il a suffi que des autorités intellectuelles telles que Maupertuis, Clairaut, La Condamine, Mme du Châtelet ou Voltaire, se soient portées garantes de son génie. Il émane de sa personne une telle intelligence et une telle sûreté de soi qu'il voit, sans se mettre en frais, se ranger autour de lui des hommes dont il accueille, avec un plaisir visible, les marques d'admiration.

L'abbé Le Blanc est, pour le moment, le personnage le plus souvent présent, au sein de ce petit cénacle. Viril, pas le moins du monde « abbé de cour », encore qu'il le soit effectivement de profession, dépourvu de toute afféterie, fumant la pipe à longueur de jour, au grand déplaisir du maître, qui déplorait déjà cette habitude chez Hickman, son compagnon de voyage en Italie, il surveille l'exécution des travaux qui vont bouleverser de fond en comble le tertre de Montbard. Le jeune Helvétius (il n'a guère plus de vingt ans) l'envie : « Ne désirez-vous pas venir m'embrasser à Paris? lui écrit-il. Mais enfin vous êtes avec Buffon. En son nom, tout vous est pardonné; il vaut mieux que moi et tout Paris. En attendant le bonheur de le voir, nous jouissons du plaisir de parler de lui avec Montigny [un avocat littérateur], Clairaut, Maupertuis, Mme du Châtelet... » Bientôt, le futur auteur de *De l'esprit* n'y tient plus et débarque à Montbard, où Buffon le retient plusieurs jours. « Peut-être ma lettre ne vous trouvera pas à Montbard, écrit Voltaire à Helvétius. Si vous y êtes encore, tâchez de quitter M. de Buffon. Je sais combien il vous en coûtera à tous deux... » Un peu plus tard, Helvétius se trouvant de nouveau auprès de Buffon : « Si je n'étais pas avec Mme du Châtelet, je voudrais être à Montbard », lui écrit Voltaire.

Déjà, dans les marques d'amitié, d'affection ou d'admiration dont il est l'objet, Buffon ne se dissocie plus, aux yeux de ceux qui les lui prodiguent, du lieu dont il a fait sa résidence, dans les intervalles de ses séjours à Paris. Montbard entre dans la chronique, et déjà dans l'histoire, en même temps que lui. Il n'est pas encore un grand naturaliste, du moins par ses œuvres, et il se trouve déjà lié à un site, un paysage. C'est parce que sa personne même, par son ascendant physique, sa stature, l'impression de sérénité qui s'en dégage, appelle cet environnement; il tient à la nature, comme, sur une toile, le portrait à son fond.

Voltaire, Helvétius, même si celui-ci n'est encore qu'un philosophe obscur, Mme du Châtelet, La Condamine, Maupertuis... Parmi les amis de Buffon, l'abbé Le Blanc mettrait, en un autre temps, une fausse note. Il vient de passer quelques années à Paris, comme chapelain de M. de Nocé, ancien favori du Régent, à qui, écrit Saint-Simon, « il [M. de Nocé] avait plu par sa haine de toute contrainte, par sa philosophie toute épicurienne ». Épicurien lui aussi, auteur de poésies légères, dont l'une est intitulée *Le baiser,* Le Blanc a été pour le vieux débauché un chapelain tout à fait à sa convenance. Il va d'ailleurs, nous le verrons, poursuivre sa carrière auprès d'autres personnages titrés, eux aussi amis des plaisirs. On peut donc s'étonner que Buffon, homme animé d'une ardeur intellectuelle qui le conduit aussi bien à s'attaquer aux problèmes les plus ardus de la géométrie qu'à essayer de percer le mystère des origines de la terre et de la vie, sous ses formes multiples, éprouve autant d'amitié pour cet abbé, dont l'intelligence et la culture, pour indéniables qu'elles soient, peuvent difficilement faire passer le cynisme.

C'est ne pas voir que de l'ardente curiosité scientifique de Buffon, manifestation d'un affranchissement total de l'esprit, marque du doute métaphysique, découle la philosophie de l'homme qu'on appelle, en ce temps, le libertin, et chez qui la pensée apparaît libre de tous les interdits, qu'ils portent sur l'essentiel – Dieu, la survie de l'âme – ou sur des sujets secondaires – les mœurs, la morale. Que le libertinage se traduise surtout, chez l'abbé Le Blanc, par la recherche du plaisir ne peut choquer Buffon, qui est loin de le dédaigner et qui, dans les moments, judicieusement espacés, il est vrai, où il s'y livre, y apporte la parfaite tranquillité d'esprit du « roué ». Il le fait passer après le travail, sa seule religion, mais ainsi, en se le mesurant, lui garde tout son attrait. « Sa passion pour l'étude, en l'empêchant d'être maîtrisé par son ardeur pour le plaisir, contribuait plus à la conserver qu'à l'éteindre », fera remarquer Condorcet, avec beaucoup de finesse et un peu de malignité.

L'amitié de Buffon pour le duc de Kingston, un vrai libertin, lui, au sens banal du terme, c'est-à-dire sans l'excuse de la philosophie, témoigne également de l'existence, chez lui, d'une morale libérale, au nom de laquelle il ne condamne vraiment que le tort causé au prochain. La prudence, une de ses vertus majeures, l'incite cependant à dissimuler son goût du plaisir, qui inclut notamment celui de la table. (Dans une lettre au duc de Kingston, à qui il envoie du vin, il se livre à des appréciations œnologiques qui ne doivent pas tout, on le devine, à la science.) D'où cet air de gravité et cette attitude qui confine quelquefois à la raideur. Son ambition sociale, qui le conduit à se rapprocher le plus qu'il le peut des Grands, lui commande ce comportement un peu cérémonieux qui, dans ses rapports avec eux, donne du poids à ses marques de déférence.

En 1735, les États de Bourgogne se tiennent, comme tous les trois ans, à Dijon, sous la présidence de Louis-Henri de Bourbon, prince de Condé, qui, bien qu'en disgrâce auprès du cardinal Fleury, pour inconduite et incapacité, reste gouverneur de la province. Buffon ne manque pas de présenter ses respects à celui qu'on appelle à la Cour « Monsieur le Duc » et dans les bonnes grâces de qui il est entré, un peu plus tôt, en lui envoyant des pierres destinées à sa collection de minéraux. Écarté des affaires, le prince de Condé, dans son château de Chantilly, en est réduit à ce passe-temps plus ou moins scientifique et a invité tous les Bourguignons un peu versés en minéralogie à lui faire parvenir des spécimens. Buffon n'a pas été celui qui a montré le moins de zèle. Le prince de Condé lui en est reconnaissant et l'en remercie en lui confiant la création et l'administration d'une vaste pépinière qui, établie à Montbard, fournira gratuitement des plants aux paysans. L'idée ne peut venir que de Buffon lui-même; on sait que, sincèrement soucieux des intérêts de la France, il en préconise sans relâche le reboisement. Il se trouve – mais le prévoyait-il? – que la chose est loin d'être désavantageuse pour lui. La pépinière sera située sur un terrain qui lui appartient et dont l'État se rend acquéreur, tout en maintenant sur place son ancien propriétaire, devenu directeur aux appointements de mille deux cents livres par an.

Cette activité, qui n'a rien d'une sinécure, car la pépinière produira jusqu'à cinq mille plants par an, s'accorde parfaitement avec les études que poursuit actuellement Buffon. Il vient de traduire et de publier l'ouvrage du naturaliste, physicien et chimiste anglais Stephen Hales, *La statique des végétaux,* dans lequel, pour la première fois, la transpiration des feuilles de la plante est présentée comme un élément capital de la physiologie végétale et permet d'assimiler, d'ailleurs un peu témérairement, la circulation de la sève à celle du sang chez les animaux et chez l'homme. Dans cette traduction, Buffon a pris ici et là quelques libertés avec le texte original, pour rendre à la fois l'exposé plus clair et le style plus harmonieux. L'écrivain perce enfin. Que ce soit à l'occasion d'une traduction indique le caractère essentiel de ce don littéraire, qui se manifeste tardivement; il sera toujours considéré par celui qui le possède comme un moyen et non comme une fin en soi; il ne servira jamais qu'à la transmission des connaissances, celles de l'auteur ou, comme ici, celles d'autrui; il n'aura d'autre destination que didactique, et l'on voit que Buffon n'en a guère usé avant l'âge de trente ans, c'est-à-dire avant le moment où il croit enfin savoir quelque chose digne d'être communiqué. Mais ce souci constant de l'utilité n'empêchera pas que la chaleur, l'éloquence, le lyrisme et, par endroits, quelque chose d'assez voisin de la poésie marquent ses écrits. On en vient même à se demander si, en lui, l'écrivain ne trouve pas avant tout dans la science une justification, une excuse.

Buffon doit sa première formation de naturaliste à deux ouvrages anglais qui traitent de la vie végétale sous deux angles différents; l'un est cette *Statique des végétaux* de Stephen Hales, qu'il vient de traduire et qui s'attache à la physiologie de la plante, à la circulation de la sève, etc., l'autre est *Sylva* de John Evelyn, un précis de sylviculture, où quelques considérations d'ordre esthétique trouvent place. Ces deux livres offrent un parfait exemple de la complémentarité de la science fondamentale et de la science appliquée, à une époque où, dans la plupart des domaines de la recherche, cette union est loin d'être réalisée. L'auteur de *La statique des végétaux* donne un prolongement aux découvertes de Malpighi et de Grew, qui ont révélé la structure cellulaire de la plante, tandis que John Evelyn résume les connaissances concernant les arbres qui ont été accumulées, au cours des siècles, par les hommes de science, mais aussi par les amoureux de la nature et par les paysans, les forestiers. Il complète cet historique par des avis personnels sur la manière de composer et d'entretenir une forêt, voire un parc d'agrément, donnant ainsi une base théorique au goût anglais qui ne va pas tarder à dominer, en France, dans l'aménagement des espaces naturels.

Les conceptions de Buffon se situent entre ces deux visions de l'arbre, l'une purement scientifique, l'autre « pratique »; il ne se sert pas du microscope, comme Hales ou Malpighi, afin d'observer la vie cellulaire et vasculaire de l'arbre; il ne se borne pas non plus, comme Evelyn, à analyser et résumer les observations de dix générations de bûcherons : il soulève des questions inattendues. Ainsi, pourquoi les couches ligneuses d'un tronc d'arbre horizontalement sectionné apparaissent-elles plus épaisses d'un côté que de l'autre? Réponse : elles sont plus épaisses du côté de la plus grosse racine ou de la plus grosse branche. Nouvelle question : pourquoi? Et ainsi de suite. Ce géomètre, ce newtonien commence à ne plus penser en termes d'analogie, de symétrie; en un mot, il commence à devenir naturaliste.

Il poursuit, parallèlement à ces études, ses expériences sur l'écorcement des arbres. Des tas d'écorce de chêne lui restant de ce fait sur les bras, il essaie d'en tirer quelque enseignement, et c'est un mémoire présenté à l'Académie des sciences sur la manière de tanner les cuirs, mémoire dans lequel il en vient d'ailleurs à la conclusion que le bois de chêne tanne mieux que son écorce. Il essaie, au même moment, de créer des houblonnières à Montbard, envisage de construire des forges, au confluent de l'Armançon et de la Brenne, projet qu'il réalisera beaucoup plus tard, dirige les travaux d'aménagement de la pépinière d'État et ceux qui se poursuivent dans ses jardins, au flanc du tertre... Activité multiforme (il écrit beaucoup aussi) qui ne l'empêche pas, le soir, de faire venir, comme il dit, une « petite fille ». « Il ne voyait que des petites filles [ces termes désignent, à cette époque, de jeunes servantes], les femmes lui auraient dépensé trop de temps », dira Hérault de Séchelles, qui recevra, plus tard, ses confidences. « Mais il se levait cependant à cinq heures. »

La rigueur de la discipline qu'il s'impose est illustrée par une anecdote qui viendra prendre place dans les livres à l'usage des petites classes, mais qu'il ne faut pas cependant rejeter, car certaines attitudes édifiantes du personnage, dont nous ne saurons jamais s'il ne les force pas intentionnellement, font partie de sa vérité complexe. Enfin, la gloire appelle ces images qui l'humanisent et qui, sans lui enlever rien de son prestige, rendent le génie familier.

Buffon est un grand dormeur, même quand il n'a pas reçu, le soir, la visite d'une « petite fille », et il ne sortirait que très tard de son lit, si l'on ne venait l'en tirer. Son valet, Joseph, à qui il en a donné l'ordre, n'y apporte pas, par respect, toute l'énergie souhaitable, d'autant plus que, souvent, son maître, furieux d'être réveillé, l'insulte et le menace de le congédier, avant de se replonger dans son somme. Afin d'amener Joseph à ne pas céder devant cette résistance, qui va quelquefois jusqu'aux coups, Buffon lui a promis un petit écu pour chaque victoire. Il mise ainsi à la fois sur l'intérêt du valet et sur le sien propre, car, sans être avare, il est ménager de son argent. Le résultat est que, un matin, Joseph, de guerre lasse, lui jette une cuvette d'eau froide à la figure. « Je dois à ce pauvre Joseph plusieurs volumes de l'*Histoire naturelle* », reconnaîtra Buffon, un peu plus tard.

Cette anecdote, par-delà sa morale enfantine, se rattache à la comédie du maître et du valet, qui, à la fin du XVIIe siècle (dans le *Don Juan* de Molière, par exemple), mais surtout au XVIIIe siècle (chez Marivaux, chez Regnard ou dans *Jacques le fataliste* de Diderot), apporte l'image d'une sorte de libertinage social, où l'opposition des classes se fortifie finalement de la familiarité, voire de la complicité, qui semble, par moments, l'abolir. Dans ces faux rapports égalitaires, le plus faible perd, sans aucun réel profit, sa dignité d'inférieur.

Il faut s'attarder encore un instant dans la petite histoire. On y voit Buffon ne s'asseyant jamais, le matin, à son bureau, pour y passer souvent une douzaine d'heures, sans avoir consacré de longs moments à sa toilette, revêtu un habit brodé, mis des manchettes de dentelle et s'être coiffé d'une perruque poudrée. « J'aime être net pour me mettre au travail », dit-il. Ce sont surtout les manchettes de dentelle qui lui vaudront des railleries, et jusqu'à nos jours; proches de la main qui tient la plume, la dentelle va un peu trop bien avec le style quelquefois endimanché de l'écrivain. « Il répond plutôt à l'idée d'un maréchal de France qu'à celle d'un homme de lettres », dira de lui David Hume, le philosophe anglais. Il porte ce goût de l'apparat, qui le relie au siècle précédent, à l'époque du Roi-Soleil, à laquelle il tient par certains autres traits de son caractère, alors que, intellectuellement, il est à la pointe de son époque, dans beaucoup de ses actes. Ce n'est qu'en compagnie de ses familiers qu'il se laisse aller, s'abandonne à son goût des conversations relâchées, des propos libres, et retrouve ses tics de langage, ses fréquents « pardieu! » et cette expression : « vous comprenez bien... », qui revient sans cesse dans sa bouche (Hérault de Séchelles).

En 1736, l'occasion lui est fournie de se conduire publiquement en grand seigneur. Le prince de Condé, le gouverneur de la Bourgogne, vient d'être père d'un garçon, et Buffon, qui tient à renforcer les relations, déjà excellentes, qu'il entretient avec le prince, présentement de passage dans sa province, donne une grande fête à Montbard, pour fêter cette naissance. Il a fait venir des canons qui tirent des salves, à l'arrivée de Condé, tandis que, sur la place principale de la petite ville, battent les tambours de la garde municipale. Le soir, devant la maison de Buffon, où se donne un grand souper, coule une fontaine de vin pour le peuple, auquel on distribue des échaudés. Tout se termine, comme il se doit, par un feu d'artifice.

Mais ces illuminations, ces réjouissances populaires organisées à grands frais, ne peuvent faire illusion : Buffon n'est pas devenu le seigneur de la petite ville, en dépit des efforts qu'il fait pour en accréditer l'idée et de l'habitude qu'on a prise à Paris, comme à Dijon, de lier son nom à celui de Montbard. La prééminence dont il y jouit et que symbolise assez bien la situation de son cabinet de travail au sommet de la butte qui domine la bourgade ne prendra jamais un caractère réellement seigneurial et sera due moins aux pouvoirs qu'il détient, et qui sont ceux d'un simple notable, qu'à l'admiration inspirée à la population par son œuvre ou plutôt par sa renommée.

Au lendemain de la fête en l'honneur du prince de Condé, tout ne va pas pour le mieux entre celui qui est en train de devenir la gloire de Montbard et une partie des habitants de la commune. Un litige, comme il en surgira beaucoup par la suite, oppose le « hobereau » Buffon à ses voisins. Il a surpris une dizaine de bêtes à cornes appartenant à ceux-ci, les frères Godin, qui pâturaient dans une prairie de son domaine. Il a aussitôt porté plainte, et les deux hommes ont été condamnés à une amende de dix livres chacun. Comme ils ont refusé de la payer, on a dû opérer une saisie chez eux, après avoir forcé la porte de leur maison, où ils s'étaient barricadés. L'huissier a emporté « quatre coffres de bois de chêne, un oreiller de plumes avec ses taies, une paire de chenets et une table », saisie dont la modestie dit assez celle de l'avoir des deux hommes. Leur résistance à la loi est évidemment déterminée par leur conviction d'être les victimes d'un déni de justice. C'est une vieille contestation que leurs vaches vagabondes ont ranimée, et les frères Godin trouvent autour de Montbard, dans la ville et même parmi les édiles, de nombreux défenseurs.

Les bois et la terre de Buffon vendus par le Président Bouhier à Benjamin Buffon, en 1718, avaient été acquis, quarante ans plus tôt, par un autre magistrat dijonnais, le Président Jacob. Mais il ne s'agissait pas alors d'un achat proprement dit. Ce domaine appartenait à la couronne, comme nombre de propriétés, dans toutes les régions de France, et avait été cédé au Président Jacob par « engagement », nom donné à la cession temporaire d'un bien-fonds. L'État en accordait la jouissance et l'exploitation à « l'engagiste », « sous la condition expresse et perpétuelle de la faculté de rachat », selon les termes de la loi. Donc, Buffon n'est pas réellement propriétaire de son domaine; le prix, assez bas, que son père l'a payé (cinquante et un mille livres plus une rente annuelle de cent quarante livres au vendeur) indique assez qu'il ne s'agit pas là d'un bien libre de tout droit.

À en croire le maire, le syndic et les plus anciens habitants de Buffon, la cession par engagement dont le domaine a été jadis l'objet comporte pour ses acquéreurs certaines servitudes, notamment pour les paysans du village le droit « de faire paître dans toute la prairie dudit lieu depuis la première herbe levée jusqu'à la Notre-Dame de Mars » (jour qui ne figure que dans les almanachs de l'époque et, de plus, seulement, sans doute, dans les almanachs bourguignons). Mais le maire et le syndic, qui ont fait appel du jugement rendu contre les frères Godin, preuve que Buffon est loin de figer dans le respect ses concitoyens, ne parviennent pas à retrouver dans les archives de la commune les documents qui établiraient le bien-fondé de leur affirmation. Ils sont déboutés, et Buffon va continuer de se considérer comme le propriétaire de plein droit du domaine qu'il a reçu de son père. Cependant, se rendant compte sans doute que sa situation n'est pas parfaitement nette et que, en dépit de son prestige, il ne dispose pas d'un pouvoir seigneurial, il se montrera désormais moins pointilleux, au sujet des empiétements des vaches de ses voisins.

Il poursuit ses études sur les arbres – « j'ai passé des années dans les bois », pourra-t-il dire – et ces activités l'amènent à fréquenter quotidiennement des hommes, forestiers, bûcherons, paysans, dont son rang le tiendrait éloigné. Il regagne ainsi en partie la sympathie que l'affaire des frères Godin lui avait fait perdre. Mais, pour lui, le vrai profit n'est pas là. Il réside dans tout ce qu'il apprend de ces hommes : les différents degrés de dureté du bois de chêne sous la cognée, selon qu'on a fait dessécher ou non l'arbre sur pied (les expériences auxquelles il soumet le bois, en laboratoire, ne le renseignent pas aussi précisément), « les effets que produisent sur les végétaux les grandes gelées d'hiver et les petites gelées du printemps », titre de sa communication du 25 mai 1737 à l'Académie des sciences, etc. C'est aussi à ces hommes, en compagnie desquels il arpente les bois, qu'il va devoir sa découverte de la vie animale. Avec eux, cela part toujours, il va de soi, de considérations tout à fait terre à terre, en particulier de la constatation des méfaits de tels ou tels petits hôtes des bois. Propriétaire attentif à ses intérêts, Buffon comprend parfaitement ce langage. C'est par de la zoologie pratique, on pourrait même dire par de la zoologie « intéressée » que « l'immortel auteur de l'*Histoire naturelle* » aura commencé.

« On n'imaginerait pas jusqu'à quel point les seuls mulots peuvent détruire un semis de chênes. J'en avais fait un, il y a deux ans, de quinze à seize arpents; j'avais semé au mois de novembre : au bout de quelques jours, je m'aperçus que les mulots emportaient tous les glands. Ils habitent seuls ou deux à deux, et quelquefois trois ou quatre dans un même trou. Je fis découvrir quelques-uns de ces trous, et je fus épouvanté de voir dans chacun un demi-boisseau et souvent un boisseau de glands que ces petits animaux avaient ramassés. » Mais le monde animal ne comporte pas que des déprédateurs. Voici que, sous les yeux de Buffon, dont l'expérience ne cesse de s'enrichir, il s'ordonne de la manière un peu tranchée, un peu manichéenne, qui prévaudra constamment dans les classifications morales du naturaliste. Au mulot haïssable, s'oppose, providentiel par sa maladresse, le geai.

« J'avais observé dans un champ qui, depuis trois ou quatre ans, était demeuré sans culture, qu'autour de quelques petits buissons qui s'y trouvaient fort éloignés les uns des autres, plusieurs petits chênes avaient paru tout d'un coup; je reconnus bientôt par mes yeux que cette plantation appartenait à des geais qui, en sortant des bois, venaient d'habitude se placer sur ces buissons pour manger leurs glands, et en laissaient tomber une grande partie, qu'ils ne se donnaient jamais la peine de ramasser. Dans un terrain que j'ai planté par la suite, j'ai eu soin de mettre de petits buissons : les oiseaux s'en sont emparés, et ont garni les environs d'une grande quantité de jeunes chênes. »

Ces études sur le terrain, dans les bois et les champs, en compagnie des hommes que leur travail quotidien y fixe, cette vie souvent rude, à cause des intempéries qui règnent presque huit mois par an dans cette partie de la Bourgogne, donneront à beaucoup de pages de l'*Histoire naturelle*, malgré la volonté d'objectivité scientifique qui y domine, le caractère d'une relation où l'expérience personnelle, c'est-à-dire l'expérience sensible, tient la plus grande place et où la force du souvenir rend présents, palpables, les végétaux et les animaux décrits. Qui, en lisant certaines de ces pages, ne sent entre ses mains, duveteux et chauds, en dépit de leur mort apparente, ces chats-huants engourdis par le froid que Buffon et ses compagnons dénichent dans les arbres creux? Qui n'entend, au fond du bois, dans le grand silence de l'hiver, le sabbat que mènent les renards sous l'arbre où l'on a suspendu un morceau de viande, afin de les attirer?

Cette expérience quotidienne de la nature ne détourne pas tout à fait Buffon des sciences pures. Le soir, en revenant des bois, fourbu et crotté, il travaille au rapport qu'il doit présenter devant une commission de l'Académie des sciences et qui a pour objet le mémoire d'un certain Bugtendit portant le titre prometteur de *Dissertation sur la quadrature du cercle.* Quelque temps plus tard, ce sont des *Propositions de trigonométrie* qu'il examine pour l'Académie. Il est toujours animé par sa foi newtonienne, que viendraient réveiller, si besoin était, les dernières escarmouches des cartésiens en déroute.

Pas très loin de Montbard, de l'autre côté du plateau de Langres, son amie, Mme du Châtelet, qui vit maintenant avec Voltaire, dans son château de Cirey, est occupée à traduire les *Principia* du savant anglais, et, quand elle rencontre quelque difficulté, elle ne manque pas de consulter par lettre Buffon. Il connaît presque par cœur cet ouvrage, l'ayant lu en anglais, langue qu'il possède passablement, grâce en partie à son long voyage en compagnie du duc de Kingston et de Hickman. En 1737, il se rend même à Cirey, pour apporter ses lumières à son amie et saluer Voltaire. Il trouve le château « d'une saloperie à dégoûter » (ce sont ses termes). Pourtant, Voltaire écrivait, un peu plus tôt : « Mme du Châtelet est devenue architecte et jardinière; elle fait l'ouvrage des fées, meuble Cirey avec rien. » Et, plus tard : « Nous eûmes une bibliothèque nombreuse. Quelques savants vinrent philosopher dans notre retraite. »

Voltaire, qui a consacré à sa profession de foi newtonienne ses XIVe et XVe *Lettres philosophiques,* éprouve quelque difficulté à participer aux savantes conversations entre son amie et Buffon. Il l'avoue, avec une modestie qui ne lui est pas habituelle : « Je suis l'enfant perdu d'un parti dont M. de Buffon est le chef, et je suis assez comme ces soldats qui se battent de bon cœur sans trop entendre les intérêts de leur prince. » Il n'en publiera pas moins, en cette année 1737, les *Éléments de la philosophie de Newton.*

De retour à Montbard, Buffon reprend sa vie campagnarde que sembleraient remplir ses différentes activités, les études scientifiques, les expériences de botanique, les observations zoologiques et l'exploitation forestière et agricole de son important domaine, si des soins frivoles et des amusements ne se révélaient y avoir leur place. Une de ses lettres, à la fois cocasse et énigmatique, constitue une ouverture sur sa vie privée de riche célibataire, encore qu'il faille peut-être faire dans ces lignes la part de la plaisanterie. La lettre est adressée à un correspondant parisien ou dijonnais dont le nom n'a pas été retrouvé. « Achetez-moi un pâté, des pralines, des dragées, pour douze ou quinze francs de joujoux d'enfant, une compote de marrons glacés, une boîte de cachou, six bouteilles d'eau à la reine de Hongrie, six bouteilles d'essence à la bergamote, deux bouteilles de gouttes d'Angleterre, un flacon d'eau de luce au scarabée, un petit pot de pommade de concombres, un bâton d'ébène pour servir de manche à ma bassinoire d'argent... les œuvres de Puffendorf, la *Chimie* de Boerhaave, Mariotte *De la nature de l'air,* Bayle *De ratione inter ignem et flamman,* un bon fusil, une jolie gibecière, une paire de grandes boucles de diamants pour souliers, des boucles de diamants pour jarretières, une montre à répétition, un compas, vingt livres de poudre de senteur, deux énormes pots à la fleur d'orange, deux houppes à poudre, un très bon couteau, une loupe, trois balais, un verre ardent, deux rames de papier ministre, les livres de Pierre Belon, une douzaine de bas de soie... » Buffon termine cette énumération par ces mots : « Au premier ordinaire [c'est-à-dire : courrier ordinaire], je vous écrirai pour vous envoyer une autre liste de commissions, puisque vous les faites si bien. »

Si la présence, dans cette commande, de certains objets nous amène à penser qu'il s'agit peut-être d'une commande « pour rire », bien que Buffon ait passé l'âge des distractions de ce genre, ainsi des vingt livres de poudre de senteur (à cause de la quantité), des balais (on en fabrique forcément à Montbard), de la mystérieuse eau de luce au scarabée ou des boucles de diamants (il existe, il est vrai, à cette époque, l'équivalent du strass), d'autres font croire à son authenticité. Ainsi, les livres de chimie et de physique qui y figurent et même celui du publiciste allemand Puffendorf, dont, un peu plus tard, Rousseau contestera la conception qu'il a du droit, doivent naturellement prendre place dans la bibliothèque d'un homme comme Buffon. Par ailleurs, la loupe et le verre ardent, dont il dit avoir besoin, annoncent ses travaux sur la lumière qui feront l'objet d'une de ses communications à l'Académie des sciences, dans les mois qui vont suivre, et le conduiront à reconstituer, c'est-à-dire à réinventer, car on en avait jusque-là ignoré le principe, les fameux miroirs ardents d'Archimède.

Ces recherches scientifiques divergentes et souvent sans lien entre elles, ces activités intermittentes, sans fin abandonnées et reprises, risqueraient à la longue de faire apparaître Buffon comme un touche-à-tout supérieur. En fait, il ne s'y livre qu'en attendant les circonstances qui pourront servir ses ambitions.

IV

AU JARDIN DU ROI

En 1737 et 1738, Buffon séjourne assez longuement à Paris et, entre deux séances à l'Académie des sciences, où il est des plus assidus, et deux visites au Jardin du roi, où il assiste à des cours de chimie, il sacrifie à la vie mondaine, qui lui prend surtout ses soirées. Une de ses lettres à Le Blanc, en ce moment en Angleterre, chez le duc de Kingston, nous le montre d'une humeur propre à le mettre à l'unisson des personnages qu'il rencontre dans les salons : « Tout Paris applaudit à la disgrâce de M. de Chauvelin [secrétaire d'État aux Affaires étrangères exilé à Bourges par le cardinal de Fleury qui prenait ombrage de son influence]... Mille tendres compliments à M. Hickman.. Vous ne devinez jamais combien il est regretté. Je dis : des honnêtes gens, car si l'on veut compter les putains et les peintres [Hickman est, à l'occasion, courtier en œuvres d'art], ce sont des lamentations... Don't forget to make my compliments to my dear friend M. Cotton [une connaissance de Buffon]. I have drink [*sic*] his health with champain full pumper. »

Il est de nouveau des soirées chez M. de la Popelinière, fréquente les cafés, les théâtres et est introduit dans les salons intellectuels, les « bureaux d'esprit », comme on dit par raillerie, notamment dans celui de Mme Dupin. « Mme Dupin était, comme on le sait, fille de Samuel Bernard et de Mme Fontaine.

Elles étaient trois sœurs qu'on pouvait appeler les trois Grâces... Mme Dupin était la plus belle des trois, et la seule à qui l'on n'ait pas reproché d'écart dans sa conduite », écrit Rousseau, en mettant peut-être quelque regret dans cette dernière phrase, car c'est en vain qu'il a fait, avec sa gaucherie habituelle, il est vrai, la cour à cette femme d'esprit. « Sa maison rassemblait des sociétés auxquelles il ne manquait que d'être un peu moins nombreuses pour être d'élite dans tous les genres... De Fontenelle, l'abbé de Saint-Pierre, l'abbé Salier, M. de Fourmont, M. de Bernis, M. de Buffon, M. de Voltaire étaient de son cercle et de ses dîners. »

Quoi qu'en dise Rousseau, une des deux sœurs de Mme Dupin ne le cède nullement en beauté à celle-ci et, bien dotée par son père illégitime, ce financier à qui Louis XIV lui-même empruntait de l'argent, a épousé un M. de la Touche, gentilhomme miraculeusement affranchi de tout préjugé sur la roture et la bâtardise. Mais Mme de la Touche n'aime pas son mari ou, du moins, en vient à lui préférer le duc de Kingston, de passage à Paris, qu'elle a rencontré dans le salon de Mme Dupin, sa sœur aînée, où Buffon l'aura peut-être conduit. Amoureux fou, le jeune duc ne peut se contenter des rendez-vous clandestins de l'adultère. Il emmène Mme de la Touche en Angleterre, à Thoresby, dans le Nottingham, où il possède un immense château (on y compte plus de cent domestiques). L'abbé Le Blanc, que Buffon lui a fait connaître, quelque temps auparavant, et qui lui sert de chapelain, repasse avec lui la Manche, ainsi que le fidèle Hickman. Il ne manque que Buffon retenu pour le moment en France par ses travaux et le souci de sa carrière scientifique qui, malgré les avis flatteurs que ses nombreux mémoires recueillent à l'Académie des sciences et l'estime que lui témoignent plusieurs savants, ne se dessine pas encore nettement à ses yeux. Quelle qu'elle doive être, l'Académie, les amphithéâtres du Jardin du roi, mais aussi les salons et même certains cafés de littérateurs sont des milieux où il sait que, de diverses façons, il y travaille. Mais cette vie est épuisante. « Paris est un enfer », écrit-il. Il se couche tous les jours à deux heures du matin. « Je suis fâché de n'avoir pas de goût pour les beaux embarras. J'aimerais mieux planter du houblon et faire de la bière. Et si nous ne pouvons la faire bonne, nous nous vengerons sur du bon vin. » Ses aspirations à la vie agreste, à la simplicité et à l'honnêteté des mœurs campagnardes ne l'empêchent pas d'entrer dans un petit complot qu'on dirait sorti tout droit d'un roman libertin de l'époque.

M. de la Touche est furieux qu'on lui ait volé sa femme; il intente une action en justice contre le ravisseur. Mais comment des poursuites judiciaires visant le représentant d'une des plus grandes familles d'Angleterre, qui, au surplus, a mis la Manche entre lui et ses juges ne tourneraient-elles pas court? Buffon n'en utilise pas moins les relations qu'il a au sein du Parlement de Paris, ne serait-ce qu'en tant que fils d'un conseiller au Parlement de Bourgogne, pour rendre sans effet la plainte déposée par M. de la Touche. « Nous avons fait une grande information contre le vilain petit homme [c'est ainsi que les amis du duc de Kingston désignent M. de la Touche]. Il y a déjà plus de vingt témoins d'entendus, dont plusieurs déposent des faits très favorables pour nous... Je fais et ferai de mon mieux. M. d'Arty pourra rendre compte de mon zèle. »

M. d'Arty est le mari de la plus jeune sœur de Mme de la Touche. Elle est la maîtresse du prince de Conti, ce que M. d'Arty ignore d'autant moins qu'il est au service du prince. Il pousse l'esprit de tolérance conjugale jusqu'à condamner les maris, qui, comme son beau-frère M. de la Touche, en semblent dépourvus. Nous sommes encore dans une société issue de la Régence... Mais que fait Buffon dans cette intrigue? Nourrit-il une réelle animosité contre M. de la Touche ou s'amuse-t-il simplement de l'éternelle comédie du mari trompé?

Il félicite Le Blanc pour les vers qu'il a écrits contre M. de la Touche :

Qu'à Paris on informe, on raisonne,
On fasse le charivari
Pour un vilain petit mari
Quitté pour un amant chéri
C'est là ce qui m'étonne!

Le charivari, dans cette affaire, est plutôt dû aux amis du duc de Kingston, lesquels, poussant la raillerie aux extrêmes, vont jusqu'à apposer sur la porte de Samuel Bernard, un homme de quatre-vingt-sept ans, qui mourra dans quelques mois, l'affiche suivante : « Cent louis à gagner. Belle chienne perdue, couleur châtain, avec un dogue d'Angleterre nommé Milord. » Que Buffon se place du côté des rieurs, devenant ici de mauvais plaisants, relève du parti pris de cynisme qu'il montre depuis toujours dans les affaires d'amour. On sait qu'il faut en général voir là, chez un homme, un réflexe de défense contre des sentiments dont il craint qu'ils ne fassent de lui une proie.

L'amitié de Buffon pour le duc de Kingston, dont il vient de donner des preuves, ses liens d'une tout autre nature avec Hickman et sa vieille affection pour Le Blanc expliqueraient assez qu'il éprouve le désir de rejoindre pour un temps ces trois hommes en Angleterre. Au surplus, ce pays est un peu La Mecque des intellectuels français de la première moitié du XVIIIe siècle; Montesquieu et Voltaire viennent d'y séjourner, au moment où Buffon commence à figurer parmi les remueurs d'idées de l'époque. Le voyage de l'autre côté de la Manche a parmi eux la valeur d'une intronisation. Enfin, Buffon a entrepris la traduction de la *Méthode des fluxions et des suites infinies* de Newton et a sans doute besoin de consulter, à propos des difficultés auxquelles, sachant imparfaitement l'anglais, il se heurte, quelques hommes de science britanniques, avec lesquels il correspond depuis assez longtemps déjà.

Rien cependant dans les écrits de Buffon ni dans ceux de ses proches n'atteste formellement qu'il a séjourné en Angleterre. On ne possède aucune lettre qu'il ait écrite de là-bas. Mais sa correspondance présente, à beaucoup d'endroits, de grandes lacunes... Aussi est-on autorisé à croire fondées les assertions de certains de ses contemporains selon lesquels il aurait bien passé quelques semaines en Angleterre – quelques mois, affirment même quelques-uns d'entre eux. L'y voici donc. Il y est vraisemblablement reçu par Martin Folkes, le vice-président de la Royal Society, qui l'y fera bientôt nommer. On peut également penser qu'il a des entrevues avec le mathématicien et médecin James Jurin, grand théoricien du newtonisme, avec lequel il correspond depuis déjà longtemps et qui est à même de le guider dans la traduction de Newton qu'il a entreprise.

Le profit d'ordre philosophique que Buffon aura tiré de ce séjour n'apparaîtra pas, par la suite, clairement dans ses écrits. Ce ne sera que vers la fin de sa vie, à l'âge de toutes les audaces, qu'il montrera en politique un goût pour le libéralisme, c'est-à-dire pour le régime constitutionnel. En ce qui concerne la liberté de conscience, à laquelle il est très attaché, il aura constaté qu'elle est l'objet de beaucoup moins de restrictions outre-Manche qu'en France, où elle est réduite à peu de chose. Le scepticisme religieux, pour ne pas dire l'athéisme, de Buffon se sera fortifié au contact de celui de Martin Folkes, qui, lui, peut l'afficher impunément, même au sein de la Royal Society.

Selon des témoignages anonymes et des plus imprécis, Buffon se serait battu en duel, en Angleterre, et, une fois de plus, aurait blessé son adversaire, un cousin du duc de Kingston, dit-on. Il pourrait s'agir d'Edward Wortley Montague, le fils de la célèbre Lady Montague, grand voyageur, orientaliste, mais excentrique et possédé par la passion du jeu. Cette dernière particularité serait de nature à nous éclairer sur la cause de la querelle qui l'aurait opposé à Buffon. On se souvient que celui-ci s'est battu, quelques années plus tôt, à Angers, avec un officier. À en croire certains, une contestation autour d'un tapis vert aurait été à l'origine de ce duel. Faut-il penser que la compagnie du duc de Kingston, qui n'aura pas manqué d'accueillir Buffon à Thoresby, a replongé celui-ci dans les désordres de sa jeunesse? Ce serait, dans ce cas, une ultime flambée, car, presque dès son retour en France, il entre définitivement dans la voie des honneurs et le chemin de la gloire.

Au début de l'année 1739, Buffon présente à l'Académie des sciences un nouveau mémoire où il expose les résultats des expériences visant à augmenter la solidité du bois auxquelles il se livre, depuis quelques années, à Montbard. Un second mémoire l'accompagne, qui traite non plus de l'écorcement des arbres, mais des soins à leur apporter. Il est devenu, cette fois pour de bon, aux yeux de ses confrères, l'homme de la forêt, et, une place se trouvant vacante dans la section de botanique, Fontenelle, le secrétaire perpétuel de l'Académie des sciences, l'invite très logiquement à l'occuper. La forêt menace d'emprisonner tout à fait notre homme, de lui boucher les vastes horizons – encore qu'imprécis – qui s'offraient à son ambition.

De surcroît, Louis XV, qui a entendu Maurepas vanter les capacités de Buffon, lui fait proposer la surintendance de toutes les forêts de ses domaines, poste où il sera amené, honneur suprême, à travailler directement avec lui. Selon certains, l'offre ne concernerait que la surintendance des forêts des chasses du roi, ce qui en réduit considérablement la portée et explique en partie le refus de Buffon. Car il refuse, on ne sait sous quel prétexte; peut-être en invoquant son désir de poursuivre ses expériences sur les procédés de durcissement du bois. C'est, en tout cas, pour l'y encourager que Maurepas lui alloue une pension de deux mille livres qui, s'ajoutant à celle qu'il perçoit en tant qu'administrateur de la pépinière de Montbard et à ses émoluments d'académicien, lui assurerait, si besoin était, des moyens d'existence suffisants. Mais il tire de ses propriétés des ressources beaucoup plus importantes.

Il est justement au milieu de ses bois, en juillet 1739, quand il apprend la mort de Charles du Fay, le surintendant du Jardin du roi, emporté à quarante et un ans par la petite vérole, ce fléau que la pratique de l'inoculation, encore peu répandue, n'a pas fait reculer. Aussitôt, Buffon pose sa candidature, bien qu'il s'agisse là d'un poste pourvu par le représentant du roi et qu'on n'a pas à solliciter. Il écrit à son vieil ami Jean Hellot, le chimiste, qui est bien placé pour avancer son nom, dans les cabinets où la décision doit être prise. « L'intendance du Jardin du roi demande un jeune homme actif qui puisse braver le soleil, qui se connaisse en plantes et qui sache la manière de les multiplier, qui soit un peu connaisseur dans tous les genres et par-dessus tout qui entende les bâtiments... De sorte qu'en moi-même il me paraît que je serais bien leur fait », écrit-il sans détour et non sans un peu d'esbroufe, parlant du soleil qui brille au-dessus des rives de la Seine, à la hauteur du quai Saint-Bernard, comme si l'on se trouvait sous les tropiques, et se prêtant des compétences de botaniste qu'il sait bien ne pas posséder. Il envoie par le même courrier à Le Blanc, de retour en France, une lettre dans laquelle, sachant que l'abbé s'est lié avec des personnages influents, lors de son passage chez M. de Nocé, il lui demande d'appuyer sa candidature.

Si l'on en croit le chimiste Geoffroy-le-jeune : « M. du Fay avait désigné par une lettre à M. de Maurepas, lorsqu'il se vit frappé de la petite vérole, ceux sur lesquels il pouvait jeter les yeux pour remplir après lui la place d'intendant du Jardin du roi. » D'autres affirmeront qu'il avait, avant sa mort, promis à Duhamel du Monceau de lui donner la préférence, mais que, sur l'intervention de Jean Hellot, et Duhamel du Monceau se trouvant alors en Angleterre, il a finalement placé Buffon en tête de sa liste. Il aurait fallu pour cela que Hellot connût d'avance le désir de Buffon, car la lettre où celui-ci lui demande de présenter sa candidature lui a été évidemment envoyée après la mort de Du Fay. Toujours selon certains contemporains, les deux frères Jussieu se seraient précipités au chevet du mourant pour défendre les intérêts de Duhamel du Monceau et rendre vaine la démarche de Hellot, dont il n'est pas interdit de penser que, ami de Buffon et connaissant ses qualités, en même temps que ses ambitions, il ait pu l'effectuer avant même d'avoir reçu sa lettre.

Quoi qu'il en soit, la nomination dépend en dernier ressort de Maurepas et, sachant l'estime qu'il porte à Buffon, l'on n'est pas surpris qu'il le désigne pour ce poste. Il dédommagera Duhamel du Monceau, dont il se confirme ainsi qu'il figurait en bonne place sur la liste dressée par Du Fay, en le nommant inspecteur de la marine, fonction à laquelle ses travaux sur le bois le rendent particulièrement apte, en ce temps où les vaisseaux ne sont que d'énormes coques de chêne. Il n'est pas douteux que Buffon a intrigué pour obtenir le poste de surintendant du Jardin du roi, et, vraisemblablement, il ne s'est pas borné à demander leur appui à Hellot et à Le Blanc. Il est assez conscient de ses exceptionnelles qualités intellectuelles pour revendiquer, au nom de la raison et de la justice, une place qu'aucun de ses concurrents ne remplirait aussi bien. Il va maintenant justifier ses prétentions de la façon la plus éclatante.

Au moment où Buffon en devient l'intendant, le Jardin du roi n'a pas plus d'un siècle d'existence, car, s'il a été effectivement créé en 1626, sous le nom de Jardin des plantes médicinales ou Jardin des apothicaires, il n'a été officiellement institué qu'en 1635, la même année que l'Académie française, ce qui témoigne d'un louable souci d'équilibre entre les belles-lettres et la science. « Dès le temps de Henri IV, on s'était aperçu que la botanique, si nécessaire à la médecine, devait être étudiée, non dans les livres des Anciens, où elle est fort confuse, fort défigurée et fort imparfaite, mais dans les campagnes; réflexion qui, quoique très simple et très naturelle, fut assez tardive. On avait vu aussi que le travail d'aller chercher les plantes dans la campagne était immense, et qu'il serait d'une extrême commodité d'en rassembler le plus grand nombre qu'il se pourrait dans quelque jardin, qui deviendrait le livre commun de tous les étudiants, et le seul livre infaillible », écrit Fontenelle. Mais, depuis un siècle, le temps n'a pas été mis à profit pour transformer effectivement les dix-huit arpents du Jardin (de sept à huit hectares) en plates-bandes ou en pépinières bien entretenues rassemblant les principaux spécimens de la flore. Le Jardin du roi comprend encore des terrains vagues, ainsi que des allées défoncées bordées de vieux arbres mutilés et des bâtiments vétustes datant d'avant son acquisition par l'État.

La responsabilité en revient à certains des intendants qui se sont succédé. Après avoir été intelligemment aménagé et administré par Guy La Brosse, le Jardin est passé sous l'administration de Colbert, puis de Louvois, ministres trop pris par leurs autres fonctions pour pouvoir veiller à l'entretien du Jardin et s'intéresser à l'enseignement de la botanique ou des autres sciences qui sont venues s'adjoindre à celle-ci dans ses amphithéâtres. Le roi a ensuite décidé d'en confier la direction à son premier médecin, puisque la destination principale du Jardin est médicinale. Guy Crescent Fagon, le médecin de Louis XIV, s'est assez bien acquitté de sa tâche, mais son successeur, Chirac, le médecin de Louis XV, n'a pas montré un grand intérêt pour les plantes et, en retirant à Bernard de Jussieu la charge de veiller aux cultures, a fait retourner le Jardin, en bien des endroits, à l'état de friche. Son gendre, François Chicoisneau, médecin des enfants de France, qui a remplacé Chirac, comme intendant, par le jeu de la survivance des charges, a mis quelque temps pour se convaincre de son incapacité à assurer cette fonction et a finalement appelé Du Fay, à qui il a passé la main. Ce dernier a entrepris avec beaucoup d'ardeur et d'intelligence la rénovation du Jardin, mais sa mort prématurée l'a empêché de la mener à son terme. À Buffon de la parachever.

Le Jardin n'a encore que sa superficie originelle; des terrains appartenant à l'abbaye de Saint-Victor, sa voisine, ainsi que quelques autres servant d'entrepôts à des particuliers, le séparent de la Seine. Ses pépinières s'étendent à l'est presque jusqu'à la Bièvre, qui coule à ciel ouvert et forme, un peu plus en amont, des marais. Les trois serres que comporte le Jardin, dont deux serres chaudes, sont adossées à la butte aux Copeaux, sur les pentes de laquelle seront tracées, plus tard, les allées du labyrinthe; une des serres renferme, spécimen unique en France, un cierge du Pérou si haut qu'on a dû la coiffer d'une lanterne vitrée. C'est le principal objet d'attraction qu'offre le Jardin, car les collections, qui constituent ce qu'on appelle le « Cabinet du roi », sont assez pauvres. Deux petites salles sont réservées, l'une au droguier, aux plantes médicinales, l'autre à l'herbier proprement dit. Cette dernière fait partie de l'appartement du démonstrateur de botanique. Le manque d'espace pour loger le personnel enseignant a contraint un de ses collègues à abriter dans son salon la collection de squelettes. Les animaux naturalisés (le Jardin ne possédera une ménagerie qu'à partir de la Révolution) s'accumulent également dans une salle de dimensions réduites. On y voit, dans une cage vitrée, un zèbre, appelé âne rayé du cap de Bonne-Espérance, entre les pattes duquel sont entassés divers poissons et reptiles séchés. Des marsouins, des chiens de mer, des requins, sont suspendus au plafond, où, depuis longtemps, les gardiens ont oublié de les épousseter.

Une des premières mesures prises par Buffon est de supprimer certains appartements de fonction, notamment ceux que les médecins occupent, pour les transformer en galeries d'exposition. En demandant à nos agents diplomatiques à l'étranger de lui envoyer des spécimens de la flore, de la faune, ainsi que des minéraux des pays où ils séjournent, il s'emploie déjà à développer les collections. Elles exigent de la place, d'autant plus qu'il entend les présenter en les mettant en valeur. Au-dehors, il retrouve le goût des jardins qui l'a conduit naguère à bouleverser complètement le tertre de Montbard pour y créer des terrasses, y tracer des allées et y planter des arbres. De plus, ici, il sait qu'il travaille sous les yeux du roi, des personnages les plus éminents du royaume et, d'abord, du public, puisque le Jardin est ouvert à tous deux fois par semaine (il recevra bientôt de mille deux cents à mille cinq cents visiteurs par semaine); à son ardeur naturelle, s'ajoutent les stimulations de l'orgueil.

En ces débuts, Buffon justifie son titre d'intendant du Jardin du roi plus par ses qualités d'organisateur et d'administrateur que par ses compétences de naturaliste. En botanique, il ne connaît vraiment que les arbres, on l'a vu, mais ses fonctions de directeur de la pépinière de Montbard lui ont permis d'acquérir une science qui dépasse de loin son savoir de forestier. Il se révèle déjà un grand acclimateur et va être, sinon l'introducteur, du moins le propagateur du platane en France. Soucieux d'écouler les produits de sa pépinière, il a convaincu les fonctionnaires (on dit alors : les commis) responsables de l'entretien des routes du royaume de faire planter des arbres des deux côtés de la chaussée, ce à quoi personne ne semblait encore avoir pensé. « On me demande des ormilles jusqu'à Chalon-sur-Saône! » s'écrie-t-il triomphalement dans une de ses lettres. En arrivant au Jardin du roi, un de ses premiers soins est de faire planter les deux longues allées d'arbres (ce sont d'abord des tilleuls) qu'on y voit encore de nos jours.

Il est secondé dans la rénovation du Jardin par le chef-jardinier Bertamboise, formé par Bernard de Jussieu; Jean-André Thouin lui succédera, à sa mort, en 1745. Ce sont là des hommes d'une grande expérience, capables d'initiatives, et desquels il a fait les véritables directeurs des plantations. Pour la réorganisation et l'extension du Cabinet du roi, il doit pouvoir disposer d'un adjoint jeune, actif, possédant d'assez solides connaissances en minéralogie, en botanique et en zoologie. Nourrissant l'habituelle méfiance des provinciaux à l'égard des gens de la capitale, il préférerait le recruter dans son pays natal. Miracle : il n'aura même pas à aller le chercher jusqu'à Dijon. Montbard, décidément riche en « bonnes têtes », le lui fournit, en la personne de Louis-Jean-Marie Daubenton, parent des Leclerc par sa grand-mère, une Lorain. Ce serait à croire que non seulement l'esprit de clocher, mais en plus l'esprit de clan l'emporte dans ce choix, si les qualités du jeune homme ne le justifiaient.

Daubenton est le fils du notaire de Montbard; il a vingt-six ans et a terminé, peu de temps auparavant, ses études de médecine. Il commence à peine à exercer à Montbard, quand Buffon, qui le connaît de longue date, comme il connaît Marguerite Daubenton, la cousine germaine et la future femme du jeune médecin (« la Daubenton a bien les plus beaux tétons du monde », écrit-il dans une lettre à Ruffey), le fait venir à Paris. C'est un homme plutôt chétif, assez effacé et, pour reprendre l'expression d'un de ses contemporains, « d'humeur minutieuse ». Nature tout à fait opposée à celle de Buffon; leur collaboration viendra à en souffrir, plus tard. Pour le moment, la minutie de Daubenton fait merveille, dans le Cabinet du roi, vrai temple du désordre. Daubenton prône les vertus didactiques de la muséographie, dont il pourra être considéré comme le fondateur : « Rien n'est plus capable de contribuer à l'avancement de l'histoire naturelle que la vue continuelle des objets qu'elle comprend; ils nous frappent avec bien plus de force et de vérité que les descriptions les plus exactes et les figures les plus parfaites », déclare-t-il.

Buffon lui confie l'organisation des quatre grandes salles contiguës qui vont désormais abriter les collections, les deux premières étant réservées aux animaux empaillés, la troisième aux minéraux et la quatrième à l'herbier. Daubenton est également nommé démonstrateur de botanique, aux côtés du titulaire de la chaire. Pris par les recherches vers lesquelles Buffon, l'associant déjà à la préparation de l'*Histoire naturelle,* le dirige, il appelle près de lui, pour le seconder, un de ses cousins, qu'on désignera sous le nom de Daubenton-le-jeune. Un peu plus tard, Buffon fera venir de Montbard une famille modeste à laquelle il s'intéresse : la veuve Lucas et ses deux fils, qui seront employés au Jardin. Dans ce petit cercle de familiers, Buffon, sans cependant se départir de son autorité, peut, en retrouvant certaine bonhomie campagnarde, se délasser de la pose qu'il se croit tenu d'observer dans sa vie officielle ou sa vie publique, et qui l'a fait surnommer par le jeune d'Alembert le « comte de Tuffière », personnage du *Glorieux,* la comédie à succès de Destouches.

La correspondance qu'il continue d'entretenir avec ses amis dijonnais ou avec Le Blanc lui permet aussi un relâchement salutaire. Ainsi, il mande à Ruffey, qui siège maintenant au Parlement de Bourgogne et qui se montre avide des potins de la capitale : « Toutes les comédiennes ont des rhumes, des fluxions ou des chaudes-pisses. Cela nous prive de la représentation des pièces nouvelles. Piron attend l'hiver prochain pour donner *Montezuma,* à cause de Mlle Gaudin, qui a une ou deux de ces incommodités. » Ce n'est pas là tout à fait le ton des propos échangés dans les salons et les cabinets des ministres qu'il fréquente, à Paris.

Les projets de réaménagement et d'extension du Jardin du roi que Buffon a conçus, dès qu'il a pris ses fonctions, ne devront qu'à son autorité naturelle et à celle qui découle de sa notoriété croissante de trouver un début de réalisation. Les crédits alloués par le Trésor pour l'entretien du Jardin et la rétribution de son personnel sont à peine suffisants; toute initiative visant à enrichir les collections, à rénover les bâtiments ou à développer les plantations est l'affaire du surintendant, qui ne doit attendre aucune subvention supplémentaire de l'État. Aussi Buffon se fait-il résolument quémandeur. Il envoie des lettres aux quatre coins du monde pour demander des spécimens destinés aux collections : minéraux, plantes, graines pour les essais d'acclimatation, animaux momifiés ou naturalisés... Ainsi, sans cesse sollicité, le représentant de la France en Guyane va devenir un de ses meilleurs approvisionneurs. Parmi eux, on trouve des navigateurs, des jésuites, notamment ceux qui se sont installés en Chine, des diplomates en mission, mais aussi des rois, celui de Pologne, celui de Suède, celui du Danemark et Frédéric II de Prusse, qui vient d'accéder au trône et montre un goût marqué pour les sciences et les arts.

De simples particuliers vivant à l'étranger et désignés à Buffon par ses amis et ses connaissances contribuent également à l'enrichissement des collections. Buffon les en remercie, en leur faisant accorder le titre de « correspondant du Jardin du roi et du Cabinet d'histoire naturelle », auquel, sur sa proposition, le roi a donné un caractère officiel. Un peu plus tard, quand les volumes de l'*Histoire naturelle* commenceront de paraître, Buffon prendra le soin de nommer dans leurs pages ceux de ses correspondants auxquels il devra les plus belles pièces des collections du Jardin du roi, que, très vite – est-il besoin de le préciser? – il s'est accoutumé à considérer comme siennes.

Il aura souvent moins d'égards pour certains donateurs

involontaires, dont les legs lui seront parvenus, après leur mort, à la faveur des détournements ou changements de destination que l'incurie de l'administration rend possibles. Il en sera ainsi pour Réaumur, dont quelques-unes des collections, léguées par testament à l'Académie des sciences, seront finalement transférées au Jardin du roi, sur la suggestion de Buffon. Celui-ci ne s'estimera pas tenu de rappeler, de quelque façon que ce soit, l'origine de ces pièces que son illustre confrère ne l'aura pas jugé digne de recueillir, à sa mort. Les choses se passeront de la même façon pour la collection de Pajot d'Ossembray, qui comprend, outre de nombreux reptiles en bocaux, une grosse pépite d'or du Pérou. Là encore, l'Académie des sciences, légataire en titre, laisse Buffon emporter ce qu'elle vient de recevoir. Elle ira jusqu'à le laisser s'emparer, un peu plus tard, d'une grande table florentine de marbre blanc incrustée de corail et de pierres rares, qui se trouve, au Louvre, dans l'antichambre de la salle de séances de l'Académie. On admire, chez cet homme, un tel art des ressources. En ce temps, où les différents corps de l'État et les institutions officielles, figés dans le respect des formes et l'attente des faveurs royales, s'interdisent toute initiative, toute innovation, il n'est pas mauvais qu'un homme, s'identifiant à l'organisme dont il a la charge, y montre l'égoïsme combatif d'un propriétaire et invite de la sorte à la compétition, à la concurrence, ses confrères endormis dans leurs sinécures.

L'énergie de Buffon, son goût de l'entreprise, sa recherche constante du progrès, dans les affaires qu'il mène, sont loin de déplaire à ses collaborateurs du Jardin et aux professeurs qui y occupent des chaires. Grâce à lui, l'institution à laquelle ils appartiennent revit; on en parle; un public de plus en plus nombreux fréquente le Jardin, et son renom, rejaillissant sur les professeurs, les conduit à patienter, quand ils doivent attendre assez longtemps, comme il arrive souvent, leurs appointements. Au surplus, ce sont là de vrais savants, possédés par la science parfois jusqu'à en perdre la notion des réalités.

L'un des plus connus d'entre eux, dont Diderot fait grand cas, est François Rouelle, qui occupe la chaire de chimie, depuis la mort de Boulduc, le premier protecteur de Buffon. Pendant ses cours, dont certains sont publics, il s'échauffe à tel point qu'il en arrive à enlever sa perruque, puis sa cravate, puis sa veste, et irait sans doute plus loin, si les rires de l'assistance ne venaient lui rappeler le lieu où il se trouve. Sa distraction n'est pas toujours sans danger. Présentant, un jour, une expérience, il avertit son auditoire : « Si je cessais un seul instant de remuer le contenu de ce chaudron chauffé par les flammes d'un réchaud, il s'ensuivrait une explosion qui nous ferait tous sauter en l'air. » Comme beaucoup d'hommes de science de l'époque, il ne lui déplaît pas de se donner des airs de magicien, avant de désabuser son public, en lui révélant les causes des phénomènes mystérieux et redoutables que ses manipulations menaçaient de provoquer. L'éducation scientifique du public débute par une démythification pour laquelle on recourt à des procédés un peu enfantins. Mais, en entamant ses explications, Rouelle vient de poser l'instrument avec lequel il brassait son mélange. Une énorme déflagration fait voler en éclats le matériel d'expérience et les vitres de la salle, déshabillant un peu plus le chimiste, qui ne reçoit cependant que des blessures assez légères.

Ses excentricités mises à part, François Rouelle est le type du savant de l'époque, c'est-à-dire de l'homme de science qui conduit ses recherches dans des directions diverses et souvent opposées, passant de l'essentiel au secondaire, voire à l'insignifiant. Cependant, tout en continuant d'errer à travers cet apparent désordre de la nature, où tout le surprend et le retient, il s'emploie à découvrir les principes qui lui en révéleront l'organisation et les lois. Si, par exemple, il consacre assez inutilement beaucoup de temps à s'interroger sur l'anatomie des centaures, à étudier la culture de l'arbre qui donne la cannelle ou les méthodes d'embaumement des anciens Égyptiens, il donne le meilleur de lui-même dans ses travaux sur le phlogistique, qui constitueront un pas décisif dans l'histoire de la chimie. Le phlogistique est, pour le chimiste allemand Stahl, qui l'a défini le premier, le principe présent dans toutes les matières combustibles, lesquelles le perdent en brûlant. A partir de ce postulat, plusieurs théories, assez complexes, s'échafaudent, celle qu'on doit à Rouelle se rapprochant le plus de la vérité que la conception du phlogistique renferme, à savoir l'existence de l'oxygène, qu'un élève de Rouelle, Lavoisier, démontrera bientôt.

Une fois encore, la curiosité superficielle ou l'espèce d'humilité qui amène les savants à s'attacher à des sujets sans réelle importance scientifiquement – ainsi, Jean Hellot, chimiste émérite, s'est voué entièrement, vers la fin de sa vie, à l'étude des teintures – relève de l'esprit utilitaire qui domine l'époque et ne cessera, même à travers l'Encyclopédie, de devancer, donc de concurrencer et de freiner la recherche fondamentale. « Si les hommes étaient sages, ils se livreraient enfin à des recherches utiles à leur bien-être », écrira Diderot. Faux bon sens que Buffon, bien que proche, depuis son enfance, des réalités de la nature, avec lesquelles ses activités de forestier et, depuis quelque temps, d'intendant du Jardin du roi ont achevé de le familiariser, rejette. Il sait que l'utilisation rationnelle, l'exploitation de la nature est subordonnée non seulement à sa connaissance, mais aussi à son explication; il sait que sans l'*Histoire naturelle* qu'il projette d'écrire et qui comportera une partie cosmogonique, géologique et biologique, les connaissances que va accumuler ce siècle et que l'*Encyclopédie* résumera ne constitueraient qu'un pesant fatras.

Le portrait de Buffon, dans l'intervalle de dix ans qui sépare sa nomination au poste d'intendant du Jardin du roi de la publication du premier volume de l'*Histoire naturelle,* tient dans quelques lignes d'une lettre de Voltaire à Helvétius, datée de 1740. Voltaire croit son jeune ami à Montbard, où il continue de se rendre souvent : « Ne seriez-vous pas à présent avec M. de Buffon? Celui-là va encore à la gloire par d'autres chemins [plus haut, Voltaire a dit à Helvétius : " je vous réponds que vous irez au sommet du temple de gloire par un chemin tout nouveau "], mais il va aussi au bonheur; il se porte à merveille. Le corps d'un athlète et l'âme d'un sage, voilà ce qu'il faut pour être heureux. »

« Il va au bonheur. » Que cette annonce s'appuie sur un excellent bulletin de santé de Buffon et sur un rappel de sa robustesse indique la nature du bonheur que Voltaire lui prédit et dont la sagesse ne sera que le complément : le bonheur d'un homme les pieds bien sur terre, s'abandonnant sans remords à sa sensualité et embrassant, avec un appétit à la fois physique et intellectuel, les réalités de ce monde. Il saute aux yeux que Buffon est un possesseur; il en a l'aspect et la démarche sûre, un peu pesante. Il va tranquillement vers les choses, les conquiert, force leurs secrets, les annexe; il écrira l'*Histoire naturelle* comme on dresse, avec minutie et amour, l'inventaire de ses biens... Il y a là de quoi faire rêver le personnage fragile, incertain, plus inquiet qu'il n'y paraît, qu'est Voltaire.

Se sentant né pour exercer ses pouvoirs dans leur plénitude, partant dans la paix de sa conscience, se reconnaissant sur la nature une espèce de souveraineté, Buffon ne va pas, pour de vagues raisons philosophiques, se faire un obstacle, un motif de trouble de l'ordre social existant. Il l'intègre dans sa conception sereine du monde. L'*Histoire naturelle* sera, par définition, intemporelle, anti-historique, en ce sens qu'on n'y mesurera pas le temps en siècles et même pas en millénaires et qu'on ne s'y occupera pas de l'histoire de nos sociétés, par conséquent, étrangère au politique. Voilà, comme on dit, qui simplifie les choses, car, s'il consentait à y regarder de plus près, Buffon trouverait, il va de soi, beaucoup à redire dans ce qui se passe dans le royaume, sous le règne de Louis XV, le « bien-aimé ». On sait que ce nom est donné au roi, en 1744, au moment où il se remet d'une grave maladie dont il a été atteint, alors qu'il se trouvait à l'armée, en Lorraine. Buffon célèbre cette guérison et ce second baptême à sa façon. Il organise à Montbard une fête à laquelle toute la population est conviée. Pour la régaler, il a fait cuire un bœuf énorme, dans lequel on a logé un veau cuit qui contient un mouton, lequel renferme un agneau farci de deux poules. Six futailles de vin ont été mises en perce sur la grand-place. Les échos de ces réjouissances, où le rôti-gigogne apporte une note d'originalité, parviendront jusqu'à Versailles. Buffon, on s'en doute, ne s'est pas privé de faire ce qu'il fallait pour cela.

Mais tout n'est pas forcément calcul dans cette manière d'agir. Même les esprits les plus rebelles montrent pour la personne du roi, entité, symbole, où le monarque, en tant qu'homme, se fond, un attachement apparemment en contradiction avec leurs principes, et qui, à travers cette personnalisation conventionnelle, a pour véritable objet la nation. Voltaire, toujours à l'occasion de la guérison du roi, met trois chandelles à sa fenêtre, ce qui est un peu chiche, mais, l'année suivante, écrit un poème débordant d'emphase pour célébrer la victoire de Fontenoy; un peu plus tard, Diderot n'aura pas de mots assez indignés pour qualifier le petit coup de canif porté à Louis XV par Damiens... Après dix siècles de monarchie, on ne peut s'étonner que l'image du père, vivante dans la personne du roi, résiste à la raison. Le bœuf sacrificiel de Buffon, fumant sur la grand-place de Montbard, témoigne en partie de cette religion obscure. En partie seulement. Les marques de respect que Buffon prodigue à ceux et celles qui entourent de près le roi relèvent aussi d'une démarche plus délibérée. Au lendemain de la victoire de Fontenoy, Louis XV a fait officiellement de Mme de Pompadour sa favorite, et Buffon ne va pas tarder à être dans ses bonnes grâces, non sans y avoir mis un peu du sien.

V

PREMIERS VOLUMES DE L'« HISTOIRE NATURELLE »

C'est un traité sur la génération, auquel, dès 1746, Buffon déclare travailler, qui constitue le premier élément de l'*Histoire naturelle.* Le plan de celle-ci ne semble pas être encore tout à fait établi, puisqu'elle s'ouvrira, lors de sa publication, non par ce traité, mais par une « Histoire et théorie de la terre », comme la logique l'impose. Impatient de prendre parti dans le grand débat qui s'est institué autour du mécanisme de reproduction des êtres vivants, Buffon a délibérément négligé l'ordre dans lequel il sait qu'il devra, un peu plus tard, présenter son œuvre monumentale. Ce traité sur la génération, qui ne sera pas cependant donné au public séparément et par anticipation, mais qui trouvera sa juste place dans les premiers volumes de l'*Histoire naturelle,* représente le premier engagement effectif de Buffon dans les grandes controverses scientifiques de son temps. Celle que le newtonisme a entretenue a déjà pris fin, sans que Buffon, alors très jeune et encore peu connu, y ait eu une part active; il n'a rien écrit sur la théorie de l'attraction universelle et n'a attaché son nom qu'à celui de Newton pur mathématicien, dont il a traduit la *Méthode des fluxions.*

Deux observations récentes incitent Buffon à se lancer dans un débat qui ne reposait jusqu'ici que sur de simples conjectures, celle, due au naturaliste suisse Abraham Tremblay, portant sur le pouvoir de scissiparité de l'hydre d'eau douce et celle, due à son compatriote Charles Bonnet, qui révèle le même pouvoir chez certains vers aquatiques. Que des créatures vivantes, comme ces dernières, puissent se reproduire en perdant une partie d'elles-mêmes, qui devient dès lors un être complet, a de quoi jeter le trouble dans l'esprit des hommes de science. Avec une témérité qu'il montrera souvent, mais qui ne sera pas toujours des plus heureuses, Buffon bâtit, à partir de ces observations, une théorie selon laquelle « ...un individu n'est qu'un tout uniformément organisé dans toutes ses parties intérieures, un composé d'une infinité de figures semblables et de parties similaires, un assemblage de germes et de petits individus de la même espèce, lesquels peuvent tous se développer de la même façon, suivant les circonstances, et former de nouveaux touts complets comme le premier » (on remarquera l'emploi de « tout » au pluriel).

Réaumur, à qui Buffon ne tardera pas à s'opposer, avec une vigueur où le conflit des générations a sans doute sa part, car le créateur de l'entomologie pourrait être son père, a raisonné d'une façon voisine, dans son *Mémoire sur les diverses reproductions qui se font dans les écrevisses, les homards, les crabes, etc., et, entre autres, sur les pattes d'écrevisses qui repoussent.* « Tout ce que nous pouvons avancer de plus commode et peut-être de plus raisonnable », écrit Réaumur, avec une modestie, une prudence, qu'on aimerait trouver chez Buffon, « ce serait de supposer que ces petites jambes que nous voyons naître étaient chacune renfermées dans de petits œufs, et qu'ayant coupé une partie de la jambe, les mêmes sucs qui servaient à nourrir et faire croître cette partie sont employés à faire développer et naître l'espèce de petit germe de jambe renfermé dans cet œuf. » Buffon ne fait pas sienne cette hypothèse des « germes préexistants » et lui oppose celle des « germes accumulés », lesquels, indifférenciés, au lieu de contenir potentiellement toute la partie intéressée n'en recèlent que les éléments constitutifs. La découverte des mécanismes de la reproduction et de la division cellulaires a, depuis bien longtemps déjà, de nos jours, démontré la puérilité de ces hypothèses, qui ne valent que par l'interrogation ardente, passionnée, qu'elles traduisent. Quel homme de science, en ce temps, ne céderait à un délire d'imagination, devant le mystère de la vie, dont il pressent que le voile est sur le point de se déchirer?

Sur sa lancée, Buffon en vient à nous montrer des molécules organiques en liberté dans la nature, qui, dans « certaines conditions », s'associeraient à des molécules brutes pour donner naissance à un être vivant. Il ressuscite ainsi, avec une assurance admirable, le mythe de la génération spontanée, enterré depuis les démonstrations du naturaliste italien Francesco Redi, quelque quatre-vingts ans plus tôt. Aberration surprenante chez un homme qui réinvente les équations de Newton, jongle avec les intégrales, perce certains secrets de la vie végétale, jette (on ne va pas tarder à le voir) les fondements de la paléontologie et de l'anthropologie... Le désir, au début de sa carrière de naturaliste et de philosophe, de frapper un grand coup, d'imposer sa conception du monde et des mécanismes de la vie, avant de s'engager dans la description de la nature, explique sans doute ses audaces de pensée, ses improvisations, qui lui vaudront bientôt de justes critiques. Il a beau prendre pour adage : « Rassemblons des faits pour nous donner des idées », il s'en remet pour le moment plus à son imagination et à son intuition qu'à l'observation et à l'expérimentation. Une confiance exagérée dans les possibilités de son esprit l'amènerait pour un peu à compter d'abord sur l'inspiration. Ayant montré un minéral dont il ignore la nature au chimiste Guyton du Morveau et celui-ci lui ayant proposé d'en faire l'analyse en le calcinant, il répond : « Le meilleur creuset, c'est le génie! », formule qui, pour n'être pas dénuée de vérité, risque de valoir des déboires à l'homme de science qui en fait sa devise.

Il est bon pour Buffon que ses fonctions au Jardin du roi ou les travaux auxquels il se livre, durant ses fréquents et longs séjours à Montbard, soit en tant que directeur de la pépinière, soit en tant qu'exploitant agricole et forestier, soit en tant qu'amateur de jardins en terrasses, activités que, le plus souvent, il mène de front, l'arrachent à ses cogitations scientifiques, qui pourraient quelquefois mériter le nom de rêveries. C'est en faisant son métier, sous ses aspects divers, qu'il oriente utilement ses recherches. Ainsi, continuant de presser ses correspondants à l'étranger pour qu'ils lui envoient tout ce qui est susceptible d'enrichir les collections du Jardin, il lui vient à l'esprit de demander au représentant de la France en Guyane de lui faire parvenir les fossiles qu'il pourra trouver dans ce pays, s'il en existe. L'existence de fossiles sous les Tropiques serait un de ces faits d'où Buffon entend tirer des idées, comme il le dit dans la formule dont il veut faire sa règle de conduite, en l'occurrence, des idées qui auraient trait à l'histoire de la terre, sujet auquel il vient de s'attaquer et qui fournira la matière de la première partie de l'*Histoire naturelle.*

On ne sait quand il peut travailler à cet ouvrage, tant ses fonctions d'intendant du Jardin le requièrent, ainsi que les initiatives qu'il ne cesse de prendre : création de nouvelles cultures, construction de bâtiments, etc. De plus, ces travaux de rénovation rendent son existence matérielle souvent incommode. Il a quitté son appartement d'intendant, qui, selon ses plans, doit être transformé en galeries d'exposition, et il campe dans un recoin. Il n'en invite pas moins ses amis dijonnais à venir lui rendre visite : « Je vous logerai, écrit-il à de Brosses, bien que je sois à peine logé moi-même. » Les Bourguignons, de Brosses, Ruffey, Guéneau de Montbéliard, natif de Semur-en-Auxois, continuent d'être ses amis les plus chers et priment sur ses relations parisiennes les plus flatteuses.

Il cultive cependant celles-ci avec soin, encore que sans bassesses; son orgueil ne s'y plierait pas. Sa réputation et ses titres l'ont introduit à la Cour, où Maurepas chante ses louanges. Ce patronage d'un ministre qu'elle déteste et fera bientôt chasser n'empêche pas Mme de Pompadour d'accorder à Buffon les « petites entrées » de sa chambre (la différence entre les grandes et les petites entrées est dans l'heure plus ou moins matinale où l'on est admis). Elle s'étonne qu'il ne profite pas plus souvent de cette faveur; elle a de la sympathie pour lui, et, pour sa part, il semble loin de porter un jugement défavorable sur elle; seules, ses occupations l'empêchent de se montrer plus souvent à Versailles, raison qui n'y est pas très bien comprise, on s'en doute. La courtisanerie a assez peu de part dans l'attitude de Buffon à l'égard de la favorite; elle reste dans les limites d'un comportement social naturel, en ce temps. Mme de Pompadour est un reflet de la personne du roi, qui, créature de droit divin, aux yeux de ses trente millions de sujets, a la vertu de transmettre sa dignité même à l'objet de sa concupiscence, aurait-il été jugé méprisable jusque-là. Voltaire, esprit frondeur pourtant, se montrera, du moins dans ses lettres, plus empressé que Buffon, auprès de la favorite. Il est vrai qu'elle est devenue une protectrice de l'esprit. Son ascendant physique sur Louis XV ayant été d'assez courte durée, conséquence sans doute de la phtisie qui la mine et lui enlève beaucoup de sa séduction, elle l'a remplacé, bien que médiocrement intelligente et peu cultivée, par un ascendant intellectuel, facilement obtenu sur un homme aussi borné que le roi.

Comme toutes les personnes peu averties en littérature, elle est pour ce qu'on y trouve de plus neuf, de plus audacieux, voire proche de la subversion, et c'est en grande partie par goût du dernier cri, par snobisme, comme on ne dit pas encore, qu'elle soutient Montesquieu, Voltaire, et soutiendra les Encyclopédistes. Buffon n'est donc pas en mauvaise compagnie dans la chambre aux lambris d'or de celle dont Michelet écrira : « Quelque peu digne qu'elle en fût, il est sûr qu'elle fut, pendant près de dix ans, de 1745 à 1755, un centre pour les arts et les lettres, et moins une maîtresse qu'un ministère. » C'est vraisemblablement Mme de Pompadour qui invite Buffon, lequel lui a parlé de ses travaux les plus récents, à se livrer au château de la Muette, en présence des gens de la Cour, à une expérience à l'aide de miroirs ardents. Car, tout en poursuivant ses multiples tâches, dont la rédaction des premiers chapitres de l'*Histoire naturelle,* Buffon a mis au point une combinaison de miroirs qui recrée le dispositif au moyen duquel, si l'on en croit certains auteurs anciens, Archimède parvenait à incendier les bateaux de la flotte romaine.

Un jour de l'été de 1747, au milieu de la pelouse du château de la Muette, d'où, un peu plus tard, Pilâtre du Rozier s'envolera en montgolfière, il installe, devant un public en robes à panier ou vestes de brocart, son assemblage de trois cent soixante petits miroirs qui, à trente pieds, soit dix mètres, de distance, projettent en un point une chaleur trois fois supérieure à celle qui est nécessaire pour provoquer la fusion du fer (trois fois mille cinq cents degrés). Un morceau d'or qu'il soumet à ce rayon se met à fondre, en dégageant une fumée d'où naît une fugitive petite flamme verte, qu'on n'aperçoit jamais, affirme-t-il, lorsque l'or est porté à la fusion au moyen du feu terrestre. Notre feu, l'élément dont la nature semble universelle, invariable, ne serait-il donc que la pâle imitation de celui dont le soleil est constitué? Voilà la troublante question que soumet à son élégant public, en repliant ses petits miroirs, notre Prométhée pour garden-parties.

Il expose le résultat de ses expériences sur les miroirs dans un mémoire – encore un – destiné à l'Académie des sciences, où il apparaît déjà comme le membre le plus actif, ou le plus remuant, doivent penser certains de ses collègues; il envoie également une communication sur le même sujet à son ami Folkes, le vice-président de la Royal Society, à Londres. Puis il passe à autre chose. Les trois premiers volumes de l'*Histoire naturelle* sortent déjà des presses de l'Imprimerie royale. On attend, pour les mettre en vente, l'autorisation du service de la censure et celle de la Chambre syndicale des libraires de Paris. Il faudra ensuite, condition préalable à la mise à la disposition du public de tout ouvrage produit par l'Imprimerie royale, qu'un certain nombre d'exemplaires richement reliés soient remis au roi, à Mme de Pompadour, il va sans dire, aux princes et aux princesses du sang, aux ministres et aux plus hauts personnages de la Cour. Buffon s'irrite des délais que ces formalités imposent; il est impatient d'observer l'effet que ses thèses hardies sur la formation de la terre et sur les mécanismes de la génération chez les animaux et chez l'homme vont avoir sur l'esprit de ses contemporains. D'autres que lui, connaissant la force des préjugés de l'époque, en éprouveraient un peu d'inquiétude. Comme à l'accoutumée, il est rayonnant de certitude.

L'*Histoire naturelle* paraît sous le titre d'*Histoire naturelle générale et particulière* et sous la double signature de Buffon et de Daubenton, à la fin de 1749. On annonce que l'œuvre comprendra quinze volumes (elle en comprendra trente-six finalement). Les trois premiers volumes sont consacrés à la « Théorie de la terre », car, écrit Buffon, « l'histoire générale de la terre doit précéder l'histoire particulière de ses productions; et les détails singuliers de la vie et des mœurs des animaux, ou de la culture et de la végétation des plantes, appartiennent peut-être moins à l'histoire naturelle que les résultats généraux des observations qu'on a faites sur les différentes matières qui composent le globe terrestre, sur les éminences, les profondeurs et les inégalités de sa forme, sur le mouvement des mers, sur la direction des montagnes, sur la position des carrières, sur la rapidité et les effets des courants de la mer, etc. Ceci est la nature en grand. »

La formule « la nature en grand » vaut d'être mise en évidence; c'est là, si l'on peut dire, qu'on attend Buffon; d'une part, le public qui, depuis quelque temps déjà, commence à trouver assez peu convaincant ce qu'on lit dans la Genèse, à propos de l'origine de notre planète; d'autre part, et bien que la censure ait examiné l'ouvrage, les hautes autorités morales du royaume, qui veillent à ce que les affirmations des saintes Écritures ne soient pas contestées. L'accueil du public est sans réserve : la première édition de l'ouvrage est épuisée en trois semaines; on entreprend déjà sa traduction en allemand, en anglais et en hollandais. La fermeté, la noblesse du style donnent un caractère péremptoire au discours et aident à la persuasion. « Jusqu'ici, dit en substance Buffon au lecteur, les hommes de science vous ont surtout proposé des " systèmes ", c'est-à-dire une explication du monde à l'aide d'hypothèses. La théorie y substitue maintenant des faits réels auxquels je n'applique mon imagination que pour les combiner, les généraliser et en former un ensemble présentant à l'esprit un ordre méthodique d'idées claires et de rapports suivis. » Mais n'avoue-t-il pas de la sorte se livrer à une interprétation personnelle qui usurpe le nom de théorie et ne fait que réintroduire l'esprit de système?

Pour retracer l'histoire de la terre, il part de trois postulats : premièrement, on trouve des coquilles fossiles sur toute l'étendue du globe; deuxièmement, les matières qui composent la terre sont toujours disposées en couches horizontales et parallèles; troisièmement, les montagnes offrent partout des angles correspondants. Conclusion : la mer a jadis recouvert complètement la terre, y déposant des coquilles, des sédiments en couches successives, et, par son mouvement, érigeant et sculptant les montagnes. D'abord issue du feu originel, la terre est, selon Buffon, « l'ouvrage des eaux ».

Trois affirmations, trois erreurs. On ne trouve pas partout, il s'en faut, des coquilles fossiles. La Bourgogne certes en est riche, mais Buffon aurait gagné à voyager davantage. Ces coquilles, dont l'origine a été soupçonnée, deux siècles plus tôt, par Bernard Palissy, vont, pendant un certain temps, entretenir un débat, parmi ceux qu'on appelle les philosophes et chez qui on constate, à cette occasion, de surprenants blocages mentaux. Ainsi, Voltaire en vient presque à se brouiller avec Buffon, à propos des coquilles fossiles : « C'étaient les pèlerins qui, dans le temps des croisades, avaient rapporté de Syrie les coquilles que nous trouvons dans le sein de la terre, en France », affirme-t-il. « Comment se peut-il, s'écrie Buffon, que des personnes éclairées, et qui se piquent même de philosophie, aient encore des idées aussi fausses! » Voltaire, il est vrai, finira par reconnaître son erreur : « Je ne veux pas rester brouillé avec M. de Buffon pour des coquilles. »

La deuxième affirmation de Buffon, qui concerne les strates horizontales et parallèles présentées par les montagnes, constitue également une généralisation abusive. Seules, les montagnes relativement jeunes montrent ces couches superposées. Enfin, les angles correspondants s'observent assez rarement dans le profil des chaînes granitiques et ne sont même pas constants dans celui des montagnes secondaires. On ne peut donc pas affirmer, comme le fait Buffon, que la terre est l'ouvrage des eaux. Cette thèse a déjà été défendue par le géologue Bernard de Maillet, ce qui permet à Voltaire, qui a une petite revanche à prendre, d'écrire : « Maillet a imaginé que nos montagnes avaient été faites par le flux, le reflux et les courants de la mer. Cette étrange imagination a été fortifiée dans l'*Histoire naturelle* imprimée au Louvre, comme un enfant inconnu et exposé est quelquefois recueilli par un grand seigneur. »

Si Buffon s'est livré, à propos de la formation de la terre, à ces explications hasardées, c'est parce qu'il ne veut y voir que le résultat de phénomènes ordinaires, constamment observables; il prête ainsi au globe une histoire purement évolutive, ce qui est bien dans le caractère de cet homme d'ordre, exclut les bouleversements, les cataclysmes qui, au lendemain de la solidification de la terre, ont pu la modeler. « Ce sont là, écrit-il, des suppositions sur lesquelles il est aisé de donner carrière à son imagination; de pareilles causes produisent tout ce qu'on veut, et, d'une seule de ces hypothèses, on va tirer mille romans physiques. »

Ce « romanesque », si sévèrement condamné, va pourtant se donner libre cours dans la partie du livre consacrée à la formation des planètes. Il s'agit là, fera-t-on observer, d'un « système » et non plus d'une théorie; dès lors, les constructions de l'esprit les plus audacieuses sont permises. Buffon est loin de se les refuser. Pour lui, les planètes sont de petites parties du soleil détachées de sa masse par la chute de comètes. Mais encore faut-il que la chute se soit produite selon un certain angle pour avoir eu cet effet. « Si la chute de la comète se fait dans une direction fort oblique (et non pas d'aplomb), ce qui doit arriver plus souvent de cette façon que de l'autre, alors la comète ne fera que raser la surface du soleil ou la sillonner à une petite profondeur, et, dans ce cas, elle pourra en sortir et en chasser quelques parties de matière... » On admirera l'assurance avec laquelle Buffon, afin de faire tenir son raisonnement, écrit, à propos de la direction oblique de la comète : « ... ce qui doit arriver plus souvent de cette façon que de l'autre ». Mais, encore une fois, les affirmations gratuites sont permises, quand il ne s'agit que de bâtir un « système ». Fragments du soleil, les planètes, projetées dans l'espace, se sont peu à peu refroidies, et la terre, pour sa part, est devenue un bloc compact à base de verre. Les vapeurs produites par son refroidissement se sont condensées et ont formé les mers, lesquelles, comme on l'a vu plus haut, ont, par leurs mouvements, déterminé sa configuration externe...

En fait, Buffon emprunte nombre de ses hypothèses aux savants qui l'ont précédé, à John Woodward qui, en 1695, a affirmé que les coquilles fossiles, vestiges du Déluge, se trouvaient sur toute l'étendue de la terre; à Stenon, naturaliste danois qui, au siècle précédent, n'a vu que des strates dans la masse terrestre; à Descartes qui a expliqué la formation de la terre par la solidification d'une matière fluide; à William Whiston, l'astronome anglais, qui prête aux comètes un rôle important dans le processus cosmogonique... Il ne fait ainsi qu'apporter sa contribution à la vaste entreprise intellectuelle apparue depuis près d'un siècle en Europe et qui vise à la révélation de l'origine de l'univers. En l'absence d'observations et d'analyses scientifiques, les savants se livrent à des déductions à partir des rares faits vérifiables, c'est-à-dire s'abandonnent à leur imagination, en se gardant cependant de contredire tout à fait la Genèse. Buffon n'a pas toujours pris cette précaution.

Un article très sévère dans *Les Nouvelles ecclésiastiques,* le journal des jansénistes, semble donner le signal de l'offensive religieuse contre les premiers volumes de l'*Histoire naturelle. De l'esprit des lois* de Montesquieu, paru un peu plus tôt, y est également attaqué. Schismatiques, les jansénistes sont considérés comme hors de l'Église, et celle-ci ne va pas leur laisser le privilège de cette dénonciation.

« Qu'allez-vous répondre? » demande Montesquieu à Buffon, avec qui il est lié, depuis assez longtemps.

« Rien du tout », répond le philosophe naturaliste.

« Le Président [Montesquieu] était furieux, racontera plus tard Buffon. Il ne pouvait pas concevoir mon sang-froid. »

En vérité, Buffon commence à éprouver de l'inquiétude. « Le sieur Buffon [beaucoup d'aristocrates ne reconnaissent pas son titre de noblesse], auteur d'une *Histoire naturelle*, a la tête tournée du chagrin que lui donne le succès de son livre. Les dévots sont furieux et veulent le faire brûler par la main du bourreau. Véritablement, il contredit la Genèse en tout », écrit, dans son Journal, Marc-Pierre d'Argenson, qui a, pour le moment, outre le portefeuille de la Guerre et le département de Paris, la haute main sur les Académies et l'Imprimerie royale. Il est sans doute exagéré de dire que Buffon perd la tête, devant les menaces qui le visent; il n'est pas homme à s'affoler; ses lettres à ses amis révèlent simplement qu'il craint de voir son ouvrage condamné par la Sorbonne, laquelle fait souvent appel des autorisations de paraître accordées par les services de censure officiels et décrète la mise à l'index des ouvrages qu'elle juge subversifs. « J'ai tout fait pour ne pas mériter et éviter les tracasseries théologiques, que je crains beaucoup plus que les critiques des physiciens et des géomètres », répète-t-il, comme s'il ne savait pas que sa « Théorie de la terre » s'écarte notablement de celle que constitue la Genèse. Il a choisi pour tactique de faire l'innocent.

Est-ce que ce sera suffisant? Son affaire vient pour lui à un mauvais moment. Le clergé tient d'autant plus à rappeler qu'il est le défenseur du dogme, le mainteneur des valeurs chrétiennes sur lesquelles la monarchie et l'ordre social tout entier reposent qu'il se trouve présentement en butte aux entreprises de certains auxiliaires du pouvoir. Le contrôleur général des finances, Machault d'Arnouville, n'exige-t-il pas que l'Église paie le vingtième, l'impôt sur les revenus fonciers qu'il vient d'instituer pour remédier au déficit chronique du Trésor? Le haut clergé en suffoque d'indignation. « Payer serait désobéir à Dieu! » proclame, sans ciller, un évêque. On veut donc affaiblir l'Église, ce rempart moral sans lequel il n'y aurait plus bientôt ni roi, ni noblesse, ni bourgeoisie, ni France! S'alarmer publiquement des hérésies venues sous la plume de l'auteur de l'*Histoire naturelle* est, pour l'Église, une occasion de rappeler son rôle irremplaçable et la constance avec laquelle, même quand elle risque d'être payée d'ingratitude, elle l'assure; plus on cherche à lui nuire, comme en ce moment, plus son zèle, sa vigilance s'accroissent. Déjà, au mois de juillet de cette même année, à son instigation, d'Argenson a fait enfermer à Vincennes un certain Diderot qui, dans sa *Lettre sur les aveugles,* formulait une hypothèse impie, à propos de l'origine de l'homme.

Se sentant sérieusement menacé, Buffon prend les devants et fait savoir aux docteurs de la Sorbonne qu'il est prêt, s'ils le jugent utile, à revoir le texte de son ouvrage. La réponse ne tarde pas : « Nous avons été ici informés par un d'entre nous, de votre part, lui écrivent les députés et le syndic de la Faculté de théologie, que lorsque vous avez appris que l'*Histoire naturelle* dont vous êtes auteur était un des ouvrages qui ont été choisis par ordre de la Faculté de théologie pour être examinés et censurés, comme renfermant des principes et des maximes qui ne sont pas conformes à ceux de la religion, vous lui avez déclaré que vous n'aviez pas eu l'intention de vous en écarter, et que vous étiez disposé à satisfaire à la Faculté de théologie sur chacun des articles qu'elle trouverait répréhensibles dans votre dit ouvrage. Nous ne pouvons, Monsieur, donner trop d'éloges à une résolution aussi chrétienne, et pour vous mettre en état de l'exécuter, nous vous envoyons les propositions extraites de votre livre qui nous ont paru contraires à la croyance de l'Église. »

Buffon s'empresse de fournir les explications qu'on lui réclame. Mais est-ce que ce sont là vraiment des explications? « Je déclare, écrit-il notamment, que je n'ai jamais eu aucune intention de contredire le texte de l'Écriture; que je crois très fermement tout ce qui y est rapporté sur la Création... et que j'abandonne ce qui, dans mon livre, regarde la formation de la terre, et en général tout ce qui pourrait être contraire à la narration de Moïse, n'ayant présenté mon hypothèse sur la formation des planètes que comme une pure supposition philosophique... »

Mais il n'y a pas que la partie cosmogonique de son ouvrage qui scandalise les théologiens de la Sorbonne; ce qui s'y rapporte à la nature de l'homme leur semble également condamnable. Sur ce point aussi, Buffon les apaise, après s'être livré à une profession de foi générale : « Je déclare qu'il y a des principes évidents et des conséquences évidentes dans plusieurs sciences, et surtout dans la métaphysique et la morale, que tels sont en particulier, dans la métaphysique, l'existence de Dieu, ses principaux attributs, l'existence, la spiritualité et l'immortalité de notre âme; et dans la morale, l'obligation de rendre un culte à Dieu... Que quand j'ai dit que l'âme était impassible par son essence [c'est là un des grands griefs des théologiens à l'égard de Buffon], je n'ai pas prétendu dire autre chose, sinon que l'âme, par sa nature, n'est pas susceptible des impressions extérieures qui pourraient la détruire, et je n'ai pas cru que par la puissance de Dieu elle ne pût être susceptible des sentiments de douleur que la foi nous apprend devoir faire dans l'autre vie la peine du péché et le tourment des méchants. »

Buffon déclarera, plus tard, à Hérault de Séchelles : « Quand la Sorbonne m'a fait des chicanes, je n'ai fait aucune difficulté pour lui donner toutes les satisfactions qu'elle a pu désirer : ce n'est qu'un persiflage, mais les hommes sont assez sots pour s'en contenter. » Il est vrai : la Sorbonne se déclare satisfaite : « La Faculté, dans son assemblée générale du 1er avril 1751, après avoir entendu la lecture de vos explications, les a acceptées et approuvées », fait-elle savoir à Buffon, qui, concession importante, s'est engagé à faire imprimer son pseudo-repentir dans le prochain de ses ouvrages. Est-elle vraiment dupe? Si de Brosses peut écrire : « Buffon sort d'ici [séjournant à Montbard, il a poussé jusqu'à Dijon]; il m'a donné la clef de son quatrième volume sur la manière dont doivent être entendues les choses dites pour la Sorbonne », comment les docteurs de la Faculté de théologie, exercés à flairer l'impiété ou l'hérésie à des lieues, n'auraient-ils pas décelé, sans le secours d'une « clef », le caractère évasif et spécieux des explications de notre homme?

Vraisemblablement, ils ne se sont montrés crédules, indulgents, qu'en raison de la position importante que Buffon occupe, de sa qualité de membre de l'Académie des sciences, de son poste d'intendant du Jardin du roi, et surtout en raison de la faveur dont il jouit auprès de Mme de Pompadour. Celle-ci, qui pourrait lui reprocher, intérieurement pour le moins, ses liens avec Maurepas, maintenant en disgrâce pour avoir écrit des vers satiriques sur elle, multiplie à Buffon les marques de sympathie, depuis que, par hasard (mots que rien n'autorise à mettre entre guillemets), il est devenu l'ami de son frère. Celui-ci, s'il tire quelques avantages de la position de sa sœur, leur doit des avanies qui lui en font durement sentir le coût. Marquis de Vandières, il a été surnommé le « marquis d'avant-hier », car, il y a encore peu de temps, il s'appelait Poisson, comme Mme de Pompadour avant son mariage. Elle vient de lui faire obtenir le titre de marquis de Marigny, qui le met à l'abri du méchant calembour, ainsi que le poste de directeur général des bâtiments. Ouvert aux arts, il montrera dans ces fonctions de réelles capacités, ce qui achève de justifier ou, pour mieux dire, d'innocenter l'amitié que Buffon lui montre.

Il lui a présenté Le Blanc, afin qu'il lui procure un emploi non seulement digne de ses talents, mais avouable. Car l'abbé commence à avoir à Paris une réputation fâcheuse. Selon les rapports de l'inspecteur de police Meusnier, rapports secrets établis à la demande du roi, que les potins parisiens passionnent, « l'abbé Le Blanc, homme de confiance du marquis de Voyer [Marc-René Voyer d'Argenson, directeur des haras] qui s'était épris de Mlle Guéan, actrice de la Comédie-Française, fut chargé de la négociation, et elle eut un si bon succès qu'il y parut bientôt, car la demoiselle Guéan devint grosse... L'abbé aurait également joué le rôle d'entremetteur entre le comte de Clermont et une demoiselle Leduc, fille entretenue ». Le marquis de Marigny va effectuer un voyage d'étude en Italie, en compagnie de Soufflot et du graveur Cochin; il accepte d'emmener Le Blanc, qui n'a pas manqué d'adresser des vers louangeurs à Mme de Pompadour, dont on ne sait si Louis XV lui fait lire les rapports de l'inspecteur Meusnier. À partir de ce voyage et grâce aux efforts de Buffon, l'abbé deviendra un personnage tout à fait honorable; il publiera un excellent livre sur l'Angleterre et briguera même, mais sans succès, un fauteuil à l'Académie française.

Sorti sans dommage des mains des théologiens, Buffon doit affronter maintenant les attaques ou pour le moins les critiques de certains de ses confrères, les hommes de science et les philosophes. Elles sont d'autant plus nombreuses que ses « grands airs » et son carriérisme lui ont valu souvent leur inimitié. Au début, il a dédaigné de répondre aux écrits dirigés contre son œuvre ou sa personne. « Chacun a sa délicatesse d'amour-propre, explique-t-il. La mienne va jusqu'à croire que certaines gens ne peuvent pas même m'offenser. » Il va jusqu'à interdire à ses amis de prendre sa défense et supplie Ruffey de ne pas faire imprimer la critique élogieuse qu'il a faite des premiers volumes de l'*Histoire naturelle.*

Le reproche le plus communément adressé à Buffon est de traiter de matières scientifiques dans lesquelles il n'a pas préalablement acquis une réelle autorité. « Lorsque l'ouvrage de M. de Buffon fut annoncé au public, il me parut que, sous ce titre d'*Histoire naturelle générale et particulière,* l'auteur promettait un traité complet sur chaque partie de cette science, et ce projet me sembla d'autant plus hardi que M. de Buffon n'avait pas encore paru dans le monde savant comme naturaliste; il était déjà célèbre par plusieurs mémoires lus à l'Académie sur différents sujets d'agriculture, de physique et de géométrie, mais ces différentes connaissances me paraissent autant de diversions à l'étude de la nature », écrit Malesherbes, présentement directeur de la librairie, homme d'une grande ouverture d'esprit qui va favoriser la publication de l'*Encyclopédie* et se liera bientôt d'amitié avec Buffon.

« Buffon ne s'était chargé que de donner la description du cabinet de physique du roi, écrit pour sa part d'Argenson (qui lui prête ici un projet qu'il n'a jamais eu), et il part de là pour déduire un système de physique général et hasardé, système nouveau et impossible, quoiqu'il eût lui-même déclamé contre les systèmes généraux. » C'est là un reproche mal fondé, en ce temps où l'état des connaissances, dans l'ensemble des domaines, n'est pas tel qu'un esprit un peu alerte puisse accepter de se cantonner dans un seul, s'enfermer dans une spécialité et ne pas aspirer à une omniscience que rendent possible les limites encore étroites du champ du savoir. Qu'il s'agisse de la botanique, à peine sortie des mains des « herboristes » et où Linné et les Jussieu établissent les premières classifications; de la zoologie, qui tient encore des vieux bestiaires; de la minéralogie, qui reste l'affaire des amateurs de gemmes; de la paléontologie, souvent réduite aux croyances les plus étranges, dont celle selon laquelle les fossiles seraient des créations spontanées de la nature, l'air, le ciel, étant emplis d'invisibles matrices pouvant reproduire, à partir de rien, les formes de la vie, comment ces sciences encore en enfance pourraient-elles, séparément, offrir à la curiosité de l'homme une matière suffisante pour le détourner d'embrasser le monde d'un seul et même regard?

Buffon le dit, dans la première page de l'*Histoire naturelle :* « Il y a une espèce de force de génie et de courage d'esprit à pouvoir envisager, sans s'étonner, la nature dans la multitude innombrable de ses productions, et à se croire capable de les comprendre et de les comparer; il y a une espèce de goût à les aimer, plus grand que le goût qui n'a pour but que des objets particuliers; et l'on peut dire que l'amour de l'étude de la nature suppose dans l'esprit deux qualités qui paraissent opposées : les grandes vues d'un génie ardent qui embrasse tout d'un coup d'œil, et les petites attentions d'un instinct laborieux qui ne s'attache qu'à un seul point. »

S'il est assez facile de balayer les critiques qui ne portent que sur l'ambition de l'ouvrage, en alléguant qu'on possède le courage et les moyens intellectuels suffisants pour le mener à bien, celles qui ont pour objet les idées qu'on a commencé à y exprimer vous engagent dans de pénibles débats. « M. de Buffon a, parmi les savants de ce pays-ci, un très grand nombre d'ennemis », écrit Montesquieu, qui, soupçonnant là les effets des rivalités, ajoute : « Pour moi, qui trouve dans les trois premiers volumes de belles choses, j'attendrai avec tranquillité et modestie la décision des savants étrangers. Je n'ai pourtant vu personne à qui je n'aie entendu dire qu'il y avait beaucoup d'utilité à le lire. » Jusqu'ici, Buffon n'a guère prêté attention (du moins, il l'affirme) aux propos et aux écrits de ses ennemis, dont l'anonymat rend le nombre sans importance, car qui se soucierait de l'avis de ces personnages obscurs? « Il n'y a eu que quelques glapissements [ailleurs, il emploiera le mot de clabauderies] de la part de quelques gens que j'ai cru devoir mépriser », note-t-il dans les mois qui suivent la publication des trois premiers volumes de l'*Histoire naturelle.* Ce n'est qu'un an plus tard que son œuvre, qu'on ne cesse de réimprimer, est l'objet d'une critique approfondie émanant indirectement du savant le plus célèbre de l'époque, Réaumur.

Celui-ci s'abstient de signer le livre dans lequel se trouvent réfutées les théories de son jeune confrère et où sa personne même est égratignée. Ces *Lettres à un Américain* – c'est le titre du livre – ont pour auteur avoué le Père Le Large de Lignac, ancien supérieur de l'Oratoire de Nantes et ami de Réaumur. Il reconnaît lui-même que les matériaux de son ouvrage, dont l'impression a été faite chez la duchesse du Maine, protectrice de certains écrivains, dont Voltaire, et de certains savants, notamment de Réaumur, lui ont été fournis par ce dernier et par le mathématicien et astronome Pierre Bouguer. Une antipathie spontanée et réciproque, peut-être aggravée par la différence d'âge, a, depuis le début de la carrière scientifique de Buffon, tenu les deux hommes éloignés l'un de l'autre. Dix ans plus tôt, l'abbé Bignon, le bibliothécaire du roi, a vainement tenté de les faire se rencontrer chez lui. On a pensé, à cette époque, que Réaumur était dépité de n'avoir pas été nommé intendant du Jardin du roi, à la place de son jeune confrère.

Mais on doit reconnaître que Buffon a, le premier, ouvert les hostilités, en formulant, dans l'*Histoire naturelle,* des opinions blessantes pour Réaumur, le père de l'entomologie, qui ne peut que se reconnaître parmi « ces hommes qu'une seule partie, comme l'histoire des insectes, suffit à occuper ». Sa susceptibilité personnelle mise à part, le bon sens conduit l'homme de science à s'élever contre cette condamnation de l'entomologie. « Une mouche ne doit pas tenir dans la tête d'un naturaliste plus de place qu'elle n'en tient dans la nature », osera plus tard écrire Buffon, loin de s'extasier devant la perfection de la nature, qui n'éclate pourtant nulle part mieux que dans ses plus infimes productions. Il parlera aussi, avec un mépris non déguisé, des « apologistes des insectes ». Chez un homme aussi intelligent que lui, ces attaques contre l'entomologie ne peuvent que trahir une répugnance instinctive pour les insectes, conservée depuis l'enfance, sans doute, et s'étendant maintenant par assimilation à M. de Réaumur.

Celui-ci ne cède pas à une hostilité aveugle à l'égard de Buffon, en se livrant, par l'intermédiaire du Père Le Large de Lignac, à une critique de certaines des théories exposées dans l'*Histoire naturelle.* Tout au plus, son interprète, le bon religieux, se permet-il, en prologue, quelques coups de patte, qui sont d'ailleurs dirigés surtout contre Daubenton, responsable de l'organisation du Cabinet du roi. À propos de celui-ci, l'auteur parle notamment, avec ironie, d'« un désordre sublime ». Il en vient très vite à ce qu'il appelle les « songes philosophiques » de Buffon, et en particulier à ceux qui ont trait à la génération et au développement des êtres animés. Buffon, dans cette partie de son ouvrage, imagine des « moules intérieurs », espèces de matrices où les molécules organiques viendraient s'agglomérer dans un ordre constant pour assurer l'extension de la forme originelle de l'être. La formule même de « moules intérieurs » heurte la raison, car un moule, reproduction d'une surface, ne peut être qualifié d'intérieur. Buffon le reconnaît lui-même, mais se trouve une excuse : « Quand il faut représenter des idées qui n'ont pas encore été exprimées, on est obligé de se servir quelquefois de termes qui paraissent contradictoires. » On comprend que Réaumur, par la plume acérée du Père Le Large de Lignac, n'ait aucune peine à démontrer la faiblesse des théories biologiques – comme on ne dit pas encore – de son jeune confrère.

On a vu, plus haut, que, croyant à l'existence de molécules organiques libres, susceptibles de s'associer à des molécules brutes pour former de nouveaux corps vivants, Buffon s'employait à redonner du crédit à la théorie de la génération spontanée rejetée, depuis quatre-vingts ans, par la plupart des hommes de science. « Il a dû vous paraître singulier qu'après toutes les découvertes de nos disséqueurs d'insectes [nouvelle pointe contre Réaumur], après tous les efforts des physiciens modernes pour rayer à jamais cet axiome de philosophie : *corruptio unius generatio alterius,* j'ai entrepris de le rétablir », écrivait-il à Le Blanc. « Il y a peut-être, poursuit-il, dans le tome IV des *Suppléments à l'Histoire naturelle,* autant d'êtres, soit vivants, soit végétants, qui se reproduisent par l'assemblage fortuit des molécules organiques, qu'il y a d'animaux ou de végétaux qui peuvent se reproduire par une succession constante de générations. » Pour lui, les vers de terre, les vers intestinaux, les champignons, etc., n'existent que par génération spontanée. « Dès que les molécules organiques se trouvent en liberté dans la matière des corps morts et décomposés, dès qu'elles ne sont point absorbées par le moule intérieur des êtres organisés qui composent les espèces ordinaires de la nature vivante ou végétante, ces molécules, toujours actives, travaillent à remuer la matière putréfiée; elles s'en approprient quelques particules brutes et forment, par leur réunion, une multitude de petits corps organisés, dont les uns, comme les vers de terre, les champignons, etc., paraissent être des animaux ou des végétaux assez grands, mais dont les autres, en nombre presque infini, ne se voient qu'au microscope. »

Buffon n'est pas seul dans cette entreprise visant à redonner vie à la théorie de la génération spontanée. Le naturaliste et physicien anglais John Turberville Needham vient de constater l'apparition d'êtres vivants inférieurs dans des fioles emplies d'une bouillie de farine ou de blé ergoté et hermétiquement closes. Ces fioles avaient été préalablement chauffées, afin d'y détruire tout germe. Les résultats de cette expérience sont trop troublants pour qu'on ne s'interroge pas sur les conditions exactes dans lesquelles elle a été réalisée et qu'on ne la répète pas en prenant des précautions plus nombreuses. C'est ce que fait le naturaliste italien Lazzaro Spallanzani. Au lieu de chauffer simplement les fioles, après y avoir placé la bouillie de farine ou le blé ergoté, il les ferme, non pas avec des bouchons de liège plus ou moins étanches, comme l'a fait Needham, mais avec des capsules scellées. Aucune forme de vie n'apparaît dans les fioles, au terme des délais les plus longs; vingt fois recommencée, l'expérience est toujours négative.

La théorie de la génération spontanée, après cette tentative de résurrection à laquelle il est regrettable que Buffon ait attaché son nom, est enterrée pour toujours.

Réaumur s'est constamment montré « antispontanéiste », et son porte-parole, dans les *Lettres à un Américain,* ne manque pas de reprendre sa formule : « Jadis, quand on voyait un ver dans une pomme, c'était la corruption qui l'avait engendré. Maintenant, il est bien prouvé, au contraire, que le ver est la cause de la corruption du fruit. » Ailleurs, Réaumur parle d'« animaux si petits qu'un filet de moisissure est à leur égard ce qu'une plante ou un arbre est pour une mouche qui y dépose ses œufs ». On n'est déjà pas très loin des conceptions de Pasteur et de la découverte des microbes. Comme Buffon paraît en retard! « On ne saurait prendre M. de Buffon pour guide, en matière d'observation », déclare le philosophe et naturaliste suisse Charles Bonnet, qu'aucun esprit de rivalité, aucun ressentiment personnel n'anime pourtant à son égard. « Son imagination l'emporte et il ne sait pas analyser. »

VI

LE « DISCOURS SUR LE STYLE »

« Son imagination l'emporte. » On peut évidemment répondre que, sans cela, Buffon ne serait qu'un Charles Bonnet, au mieux un Réaumur, c'est-à-dire, bien qu'on ne doive pas se méprendre sur le sens de cette nuance restrictive, un savant dont les travaux, les découvertes, s'inscrivent dans la logique du progrès des sciences et ne tendent pas, comme chez lui, à l'explication totale de l'univers et de la vie sur notre globe. C'est à cet affranchissement de la pensée, qu'on appelle sommairement l'imagination, l'intuition venant relancer le raisonnement, quand il paraît avoir atteint son terme, qu'on doit la partie réellement positive et digne même d'être qualifiée de révolutionnaire des premiers volumes de l'*Histoire naturelle.* Si les théories de Buffon, à propos de la génération, relèvent en grande partie du pur vagabondage intellectuel et si sa « Théorie de la terre » n'a d'autre excuse que de devoir beaucoup aux cosmogonistes de l'époque précédente, son « Histoire de l'homme » fait de lui le père de l'anthropologie.

Considéré seulement jusque-là en tant qu'individu, l'homme apparaît ici comme le représentant d'une espèce dont l'unité fondamentale prévaut derrière les variations qu'elle présente d'un endroit à l'autre du globe et qui sont dues aux divers climats qui y règnent, aux différentes conditions de vie des êtres humains qui le peuplent. « Si l'on admet une fois, écrit

Buffon, qu'il y ait des familles dans les plantes et les animaux, que l'âne soit de la famille du cheval et qu'il n'en diffère que parce qu'il a dégénéré, on pourrait dire également que l'homme et le singe ont eu une origine commune, comme le cheval et l'âne, que chaque famille, tant dans les animaux que dans les végétaux, n'a eu qu'une seule souche et même que tous les animaux sont venus d'un même animal qui, dans la succession des temps, a produit en se perfectionnant et en dégénérant toutes les races des autres animaux. » Le principe de l'évolution des êtres vivants, c'est-à-dire le transformisme, tel que le définira Lamarck, est déjà dans ces lignes. Il était nécessaire de remonter aux origines ou, du moins, jusqu'aux grands carrefours des différenciations pour démontrer l'unité de l'espèce humaine.

C'est en étudiant les récits des grands voyageurs que Buffon a pu établir une nomenclature des principales races; il va prouver que les différences qu'elles présentent ne résultent que des influences du milieu et que des peuples très éloignés géographiquement les uns des autres se ressemblent souvent parce qu'ils vivent sous des climats identiques et de la même façon. Ses explications, notamment celles qui ont trait à la couleur des nègres, sont un peu hasardées et rencontrent le scepticisme de certains de ses familiers (ainsi, il s'étonne que son ami Charles de Brosses les accueille avec réserve); elles n'en balaient pas moins pour toujours les légendes qui, naguère, affirmaient l'existence, au fond des contrées sauvages et quelquefois dans la profondeur des océans, de créatures étranges, mi-hommes, mi-animaux. L'unicité ou, si l'on peut dire, l'humanité de l'homme, d'un bout à l'autre du monde et par-delà les différents états de développement ou de dégénérescence que les races représentent, est enfin établie.

Si l'Église peut ne voir rien de condamnable dans le concept de races, celles-ci constituant simplement les aspects locaux de la descendance d'Adam et d'Ève, elle se doit de dénoncer comme hérétique l'hypothèse selon laquelle l'homme et le singe pourraient être issus d'une souche commune. Pourtant, elle laisse passer cette « monstruosité », qui, contenue implicitement dans les rêveries évolutionnistes de la *Lettre sur les aveugles,* a naguère envoyé Diderot au donjon de Vincennes. Les appuis dont Buffon dispose à la Cour ne suffisent pas à expliquer l'indulgence dont il bénéficie de la part des autorités morales et par suite des autorités judiciaires du royaume. Son indépendance, son absence de liens avec quelque parti ou quelque coterie que ce soit, le rend beaucoup moins dangereux, à leurs yeux, que tel ou tel de ses confrères disposant d'une audience moindre, mais soupçonné d'être du « complot » contre les principes et, par conséquent, contre les institutions. Ce complot est sur le point d'avoir une façade publique : l'*Encyclopédie,* qui l'institutionnalise et identifie sa philosophie au savoir même. Danger considérable pour l'Église et le pouvoir, qui ne vont pas tarder à en prendre conscience et à réagir. Buffon l'a compris.

Il ne collaborera pas à l'*Encyclopédie,* bien qu'il soit hors de doute que Diderot et d'Alembert lui aient demandé sa participation. Quelle raison a-t-il pu invoquer pour la leur refuser? L'administration du Jardin du roi et l'élaboration de l'*Histoire naturelle* qui lui laissent peu de loisirs? D'ailleurs, l'*Encyclopédie* commençant à paraître moins de deux ans après les trois premiers volumes de l'*Histoire naturelle,* il ne peut, sans se faire concurrence à lui-même, y traiter les sujets qu'il a abordés dans son œuvre et qui sont les seuls qu'il possède parfaitement pour le moment. Les rédacteurs de l'*Encyclopédie* se contenteront de faire, avec son autorisation, de larges emprunts aux différents mémoires qu'il a présentés à l'Académie des sciences, notamment à ceux qui se rapportent à la sylviculture. Les articles « Baliveau », « Bois », « Chêne », « Forêt », seront le produit de cette compilation. Pour sa part, d'Alembert puisera dans Buffon pour la rédaction de l'article « Infini ». De l'arbre à l'infini : la participation indirecte de Buffon à l'*Encyclopédie* est une démonstration de la diversité et de l'étendue de son activité intellectuelle.

Dans les affaires de religion, Buffon l'agnostique, le pyrrhonien, comme disait Pascal, à moins qu'il ne soit tout bonnement athée, se garde bien d'imiter ces têtes brûlées d'Encyclopédistes, qui dévoilent leurs sentiments : « J'ai toujours nommé le Créateur [dans mes livres], mais il n'y a qu'à ôter ce mot et mettre à la place la puissance de la nature, qui résulte de deux grandes lois, l'attraction et l'impulsion », confiera-t-il en privé. « Quand je tomberai dangereusement malade et que je sentirai ma fin approcher, je ne balancerai pas à envoyer chercher les sacrements. On le doit au culte public. Ceux qui agissent autrement sont des fous. Il ne faut jamais heurter de front... » (À la dernière heure, ce souci serait vain, si, certain de passer à la postérité, Buffon ne tenait à préserver sa mémoire, aux yeux des croyants, qui sont présentement les plus nombreux.) On ne trouvera pas dans ses textes publics la moindre critique du clergé, qu'il déteste pourtant, comme on le voit çà et là dans ses lettres, en exceptant l'abbé Le Blanc et un étrange religieux qui vient de prendre place parmi ses familiers.

Il s'est présenté, un jour, parmi les visiteurs, souvent des inconnus, qui, à Montbard, se pressent, toujours plus nombreux, à sa porte. Contre toute attente, Buffon, à qui d'ordinaire la vue d'une soutane ou d'une robe de bure fait froncer le sourcil, l'a retenu et invité à sa table. Il faut dire que ce moine encore jeune – il a quatorze ans de moins que Buffon – s'est affranchi des règles de son ordre et court les chemins, montrant un goût de la liberté et des aventures qui ne peut que lui valoir la sympathie du philosophe-naturaliste. Pourtant, le portrait que les proches de Buffon font de ce moine est loin d'expliquer ce coup de foudre. Ils dépeignent le Père

Ignace, nom d'église de ce moine rabelaisien qui s'appelle Antoine Bougot, comme « gras et sale, d'un extérieur hypocrite et rusé ». Buffon l'héberge, puis obtient des autorités ecclésiastiques de la région, avec lesquelles il entretient de bonnes relations, qu'on crée pour lui une cure au village de Buffon. Le Père Ignace, en plus de son sacerdoce, une sinécure dans ce village de peu d'habitants, assurera en partie les fonctions d'intendant du domaine du philosophe-naturaliste; il sera logé dans le village, et Buffon lui versera, en paiement de ses services, une pension de huit cents livres (c'est peu). Le Père Ignace montrera la plus grande conscience dans sa double fonction, y apportant seulement, à l'occasion, une note d'originalité. Buffon lui a fait cadeau d'un perroquet, Coco, qui, perché sur la rampe du perron de la cure, chante en entier le premier verset du *Magnificat* et crie, de temps en temps : « Coquins, voleurs, levez la semelle! »

À l'imitation de Voltaire, qui hébergera le Père Adam, un ancien jésuite, Buffon a-t-il voulu, en faisant du Père Ignace son homme de confiance, dans le village de Buffon, s'assurer une caution religieuse qui le mette en partie à l'abri des accusations d'impiété auxquelles certains de ses propos, imprudemment répétés par quelque familier, pourraient l'exposer? En même temps, comme Voltaire, qui s'amusera de la goinfrerie du Père Adam, Buffon a peut-être souhaité que cette couverture religieuse ait un caractère caricatural. Le Père Ignace, lui aussi, est gourmand. Buffon, qui l'invite souvent à sa table, le dissuade de faire maigre, aux jours prescrits, en lui affirmant que le Pape lui a accordé une dispense à vie qui s'étend à tous ceux qui partagent ses repas.

Il n'y a pas seulement de la prudence, dans la conduite de Buffon, mais aussi une stratégie dictée à la fois par l'ambition personnelle et par l'amour de la science. On ne peut pas le blâmer de ne pas s'exposer aux tracasseries de l'Église, qui tournent vite aux persécutions. « Comme les Français ne sont qu'à demi libres, dit très justement Voltaire, ils ne sont hardis qu'à demi... Tout le monde n'a pas le même goût pour être brûlé que Jean Huss et Jérôme de Prague. » Au souci de sa sécurité, Buffon sait adjoindre, mais sans jamais s'avilir, celui de ses propres intérêts, qui, une fois encore, se confondent souvent avec ceux de la science. Condorcet définira très bien sa conduite, dans l'éloge de lui qu'il prononcera plus tard. « Il avait eu le soin constant, dira-t-il, d'acquérir et de conserver du crédit auprès des ministres et de ceux qui, chargés par eux des détails, ont sur la décision et l'expédition des affaires une influence inévitable. Il se conciliait les uns en ne se permettant jamais d'avancer des opinions qui pussent blesser, en ne paraissant point prétendre à les juger; il s'assurait des autres en employant avec eux un ton d'égalité qui les flattait. Ainsi, aucun des moyens de contribuer aux progrès de la science à laquelle il s'était dévoué n'était négligé. Ce fut l'unique objet de son ambition; sa considération, sa gloire, y étaient liées sans doute. Mais tant d'hommes séparent leurs intérêts de l'intérêt général qu'il serait injuste de montrer de la sévérité pour ceux qui savent les réunir. »

De quoi qu'il s'agisse, Buffon fuit les affrontements. « Il déteste les disputes scientifiques ou littéraires », dit le Père Ignace, qui s'est complètement donné à Buffon et à qui nous devons d'intéressants témoignages sur la façon de vivre et le caractère de son protecteur. L'amour de la paix pousse toujours aux compromis notre philosophe-naturaliste. Non seulement il les recherche pour son propre compte, mais il les conseille aussi à ses amis. Pas toujours avec succès : « Je n'entends pas bien le conseil que M. de Buffon me donne de ne pas me mettre à dos M. de Voltaire, écrit Rousseau. C'est comme si l'on conseillait à un passant attaqué sur un grand chemin de ne pas se mettre à dos le brigand qui l'assassine. » Sans doute Rousseau, chez qui les idées de persécution se développent, voit-il dans les mots apaisants de Buffon une invitation à la passivité qui ne s'y trouve pas. Il reste qu'ils traduisent un goût des « arrangements » qui peut quelquefois passer pour un manque de caractère.

Le succès des premiers volumes de l'*Histoire naturelle* a considérablement élargi la notoriété de leur auteur et l'oblige à se montrer plus souvent qu'auparavant à Versailles, où il se sent tenu de faire au roi l'hommage de sa célébrité. Le terme de « succès » ne désigne pas certes des ventes en librairie de même importance que celles qu'il désigne de nos jours. Le premier volume de l'*Histoire naturelle* n'a été tiré qu'à trois mille exemplaires (en plusieurs réimpressions) et, treize ans après sa publication, Buffon affirmera qu'il en reste six cent cinquante de non vendus. Mais, à cette époque, outre qu'un même livre est lu en général par plusieurs personnes, à cause de son prix élevé, son contenu est reproduit abondamment dans des périodiques et même dans des ouvrages, le copyright n'existant pas. D'où une diffusion complémentaire plus large quelquefois que la première.

Alors que Buffon se rend, un jour, à Versailles, la voiture dans laquelle il se trouve verse et il est presque étouffé sous le poids de ses deux compagnons de voyage. Des contusions, desquelles il prétendra souffrir toute sa vie, le tiennent immobilisé assez longtemps. Mais ses liens avec Mme de Pompadour sortent renforcés de cet accident, car, quand il s'est produit, c'était à elle – elle l'apprendra – qu'il allait rendre visite. Elle va notamment l'engager à subventionner avec elle et quelques autres amateurs de géodésie (qui lui aurait soupçonné ce goût?) l'établissement de la grande carte de la France à laquelle Cassini de Thury, dit Cassini III, va travailler pendant de nombreuses années. Mais leur connivence se manifeste surtout lors des élections à l'Académie française. Buffon, fort des louanges qui sont allées au style de ses ouvrages, même quand on en critiquait le fond, aspire à y occuper un fauteuil.

Bon tacticien, il sait qu'il ne doit pas se hâter de faire acte de candidature, mais attendre de compter un assez grand nombre d'amis dans cette assemblée pour y être élu avec une majorité flatteuse. Il recommande donc à Mme de Pompadour, dont il connaît l'influence, ceux des candidats qui, une fois dans la place, deviendront ses électeurs.

C'est ainsi qu'il pousse son ami Piron, qui n'a pas encore décoché à l'Académie les épigrammes qu'on sait. Rendu célèbre par son esprit et par sa pièce *La métromanie,* Piron est élu. Mais l'évêque de Mirepoix, qui, académicien, lui aussi, soutenait un autre candidat, a l'idée de faire lire au roi l'*Ode à Priape* que Piron a écrite dans sa jeunesse et qui est d'autant plus restée attachée à son nom que, depuis, ses propos et sa conduite n'en ont pas constitué, il s'en faut, un désaveu. Froid débauché et débauché honteux, Louis XV est choqué par cet hymne phallique et annule l'élection. Cet acte d'absolutisme détourne de l'Académie bien des écrivains qui y auraient légitimement leur place. D'Alembert, engagé dans l'entreprise de l'*Encyclopédie,* juge sage de ne pas s'y présenter, après en avoir eu le projet; Condillac, bien qu'homme d'église, se sait suspect, parce que « métaphysicien », et s'abstient, lui aussi. « Il ne reste que des plats-pieds à élire, écrit d'Argenson dans son Journal. Cette exclusion à tout propos est une indiscrétion de souveraineté. Le feu roi ne l'a employée qu'une seule fois dans sa vie. Plus les prêtres sont haïs, plus ils travaillent à se rendre haïssables. » Un obscur comte de Bissy obtient donc le fauteuil auquel Piron a été élu. Pour atténuer les effets de cette injustice, Montesquieu, pour le moment directeur de l'Académie, représente à Mme de Pompadour que Piron est « aveugle, infirme, pauvre, marié et vieux » et sollicite pour le poète une pension, qu'il finit par obtenir.

L'amitié entre Buffon et Piron, lequel n'est pas aussi aveugle, aussi infirme, aussi vieux, aussi pauvre ni aussi accablé par ses charges conjugales (sa femme a un peu de bien) que, charitablement, Montesquieu l'affirme, n'a pas pour seule cause le fait que les deux hommes sont compatriotes. Bien qu'il dise aimer la musique jusqu'à la fuir, car, dit-il, elle le fait immanquablement pleurer, Buffon, on l'a vu, ne fréquente pas Rameau, Dijonnais comme lui; l'auteur des *Indes galantes* est d'humeur revêche. Par contre, Piron, bien que sexagénaire et hors d'état de trouver encore son inspiration dans le culte de Priape, a gardé une verve gauloise qui enchante Buffon. Plus jeune de près de vingt ans que Piron, il ne se prive pas de mettre en pratique la philosophie libertine de son ami poète, durant ses fréquents et longs séjours à Montbard, où il trouve sans doute des complaisances au hasard des rencontres ou dans son personnel féminin. Selon le chevalier Aude, qui vivra un temps près de lui, il offre à ces filles « un tempérament au lieu d'un cœur et des écus au lieu de soins ». Tempérament veut dire probablement ici fougue, car Buffon, tel que nous le connaissons, ne doit guère se soucier d'associer ses partenaires à son plaisir. Il a écrit quelque part que « la plupart des femmes sont naturellement froides ou tout au moins fort tranquilles sur le physique de cette passion ». Voilà les femmes bien démunies, car il déclare ailleurs : « Il n'y a que le physique de l'amour qui soit bon. Malgré ce que peuvent dire les gens épris, le moral n'en vaut rien. »

Cette déclaration est rapportée à la Pompadour, qui a, depuis longtemps, renié les origines de sa fortune et s'enveloppe de pruderie, depuis que le roi, passé à d'autres amours, dont elle se fait à l'occasion la complice, ne vient plus dans son lit. Buffon étant venu lui faire sa cour, celle que Mme Adélaïde, la deuxième fille du roi, a surnommé « maman-putain » lui adresse en public des mots sévères : « Vous êtes un joli garçon! » (on dirait aujourd'hui : un joli coco). Mais elle ne lui montrera pas par la suite la moindre froideur et, marque de confiance, fera de lui le protecteur de ses animaux familiers, quand elle sentira sa fin prochaine. Ce sera chez

Buffon, à Montbard, que son chien, son sapajou et son perroquet trouveront refuge.

Il ne faut pas voir simplement dans les propos de Buffon sur l'amour l'épicurisme du hobereau bourguignon chez qui survivrait de surcroît un peu du cynisme libertin de la Régence. Ils relèvent de la volonté de démythification, d'objectivité, de réalisme, qui préside au grand mouvement intellectuel de ce siècle. Elle apparaît déjà chez Montesquieu, le premier à s'affranchir de l'idéalisation de l'amour qui, du ridicule de *L'Astrée* au sublime de Racine, domine tout au long du siècle précédent. Ce réalisme conduit même Rousseau à une proclamation misogyne. « Il est facile de voir que le moral de l'amour est un sentiment factice né de l'usage de la société et célébré par les femmes avec beaucoup d'habileté et de soin pour établir leur empire et rendre dominant le sexe qui devrait obéir », écrit-il dans le *Discours sur l'origine de l'inégalité parmi les hommes,* ce qui ne l'empêchera pas, un peu plus tard, de magnifier l'amour sentimental dans *La Nouvelle Héloïse.* Il aura, il est vrai, rencontré entre-temps Mme d'Houdetot...

Chez Diderot, cette conception matérialiste de l'attrait d'un sexe pour l'autre est constamment présente et s'exprime en particulier dans le *Supplément au voyage de Bougainville.* Et quand, dans sa *Réfutation de « De l'homme » d'Helvétius,* Diderot pose cette question : « N'y a-t-il que du plaisir physique à posséder une belle femme? », il ne pense pas à une possible nature morale de l'amour, mais à sa possible nature psychologique, mot qui n'a pas encore été inventé, mais dont Diderot pressent ce qu'il recouvrira. Buffon, nous le verrons plus loin, s'interroge de la même manière que Diderot sur les sentiments dont la fonction procréatrice, détournée ou non de ses fins, s'accompagne et qui la sublimisent quelquefois jusqu'à la faire oublier. Forme exaltée du désir, survalorisation absolue de la personne qui le suscite et qui, en y répondant, vous valorise, à son tour? Et si, tout simplement, le couple était la seule réelle négation de la solitude et si l'amour se résumait en une inconsciente reconnaissance envers « l'autre »? Quoi qu'il en soit, Buffon sait bien que son opinion, selon laquelle il n'y a que le physique de l'amour qui soit bon, est impossible à défendre.

Buffon va avoir quarante-cinq ans. Il est temps qu'il songe à fonder une famille, car il est bien le dernier homme qui accepterait de laisser disparaître son nom ou d'en abandonner la survivance à des collatéraux. Jusque-là, les obligations de l'homme marié et du père de famille ne lui auraient pas permis de se consacrer autant à sa carrière et de donner son élan à l'*Histoire naturelle,* dont les volumes vont désormais s'accumuler à une cadence régulière. Le plan complet de l'œuvre est définitivement établi et une partie des matériaux nécessaires à sa réalisation sont déjà réunis. Par ailleurs, la première phase du réaménagement et de l'extension du Jardin du roi s'achève. L'homme d'ordre qu'est Buffon juge le moment venu de réorganiser sa vie privée.

Introduit depuis longtemps dans le monde parisien et y occupant une place éminente, il n'aurait pas de peine à y trouver une jeune fille à épouser. Mais, comme cédant au préjugé du provincial, qui prête aux Parisiennes plus de malignité qu'elles n'en ont en fait, il préfère aller la chercher en Bourgogne. Il n'est pas attaché seulement à cette région par son origine, ses souvenirs d'enfance; elle constitue réellement dans sa vie une zone de dissidence, le lieu qu'il regagne, chaque fois qu'il le peut, et que, moralement, il oppose à la capitale. Rien de plus naturel, quand cette Bourgogne est celle de Montbard, celle des bois, des prairies, des eaux vives et des bêtes de nuit. Mais quand c'est Dijon qui la représente, l'attachement de Buffon à sa province natale commence à s'apparenter à un séparatisme moral. Avec sa célèbre Académie de Dijon, à laquelle s'ajoute le cercle fondé par Richard de Ruffey, en remplacement de celui du Président Bouhier, mort en 1746, la Bourgogne affirme sa semi-autonomie intellectuelle, dans laquelle on peut voir comme une allusion à l'autonomie politique dont elle garde le regret. C'est un lieu tout désigné pour ce repli que beaucoup de philosophes opèrent, en ce moment, soit spontanément, soit après avoir tout fait consciemment ou inconsciemment pour qu'on les y contraigne. Révolte sans éclat contre l'ordre établi, l'absolutisme, l'intolérance, qui, dans la capitale, se rappellent à eux, plus qu'ailleurs : désespérant de la France dont elle présente l'image, ils essaient de se créer un monde qui la leur fasse oublier.

Il s'agit moins, à proprement parler, d'un refuge que d'une patrie de substitution, d'un petit royaume personnel. « Je me suis fait un assez joli royaume », dit Voltaire en parlant de Ferney, qu'il vient d'acquérir et qu'il a grossi de la terre de Tournay. Ce mot sera tout près de venir sous la plume de Rousseau, à propos de l'île Saint-Pierre, au milieu du lac de Bienne, où il s'installera, en quittant Môtiers, et qu'il considérera tout entière, dira-t-il, « comme son jardin ». Retrouver la plénitude de ses propres dons et du bonheur de vivre dans un lieu préservé des maux et des tares de la société, n'est-ce pas la meilleure manière d'affirmer la dignité de l'être et de connaître cette souveraineté qui ne comporte aucune domination, sinon celle que les lois naturelles accordent à l'homme sur les autres formes de vie?

Buffon ne se montre ni critique ni laudateur envers le pouvoir royal et l'Église. Mais il n'est pas de réserve qui ne se nuance de désapprobation. Montbard, qu'il regagne en hâte, dès qu'il le peut, quelquefois même au mépris de ses obligations d'intendant du Jardin du roi, où, il est vrai, il accomplit, le reste du temps, la besogne de quatre, Montbard, qu'il préfère à la Cour, aux séances académiques et aux salons, est plus que le lieu où il retrouve la nature et ses souvenirs d'enfance, Montbard est sa secrète protestation. Dès lors, on ne peut s'étonner qu'il veuille fonder sa famille, non seulement à l'endroit où elle a fait souche, mais aussi avec une femme qui ne soit encore jamais sortie de cette région, comme située à l'écart du monde présent et où il a le sentiment que les vraies valeurs de la vie subsistent.

Il se trouve qu'il dispose, à Montbard, d'une réserve de jeunes filles où faire son choix. Sa sœur, Jeanne Leclerc, est, sous le nom de Mère Saint-Paul, la supérieure du couvent des Ursulines, où les familles nobles de la région placent souvent les filles, en attendant qu'on leur arrange un mariage ou qu'elles soient en âge de prendre le voile. Buffon aime beaucoup sa sœur Jeanne, de trois ans sa cadette; il aime aussi beaucoup l'endroit, résonnant de voix fraîches, où elle exerce ses fonctions, et il lui rend souvent visite. C'est ainsi qu'il fait la connaissance de Marie-Françoise de Saint-Belin-Malain, qui appartient à une famille des plus anciennes, mais aussi des plus démunies. Sans dot ou presque, la jeune fille, qui n'a que vingt ans, se voit condamnée à devenir religieuse, état pour lequel elle n'a pas une réelle vocation. Elle n'est pas d'une beauté remarquable, sans cependant manquer de charme. Buffon, qui apporte du sérieux dans les choses du mariage, trouve là la juste mesure qu'il souhaitait et commence à faire la cour à Marie-Françoise. Il n'est pas épris : par son physique, comme par son maintien, la jeune fille ne peut guère éveiller les désirs d'un homme à la sensualité un peu grossière, comme Buffon. On ne l'imagine pas, par ailleurs, porté vers elle par le sentiment dont il s'est plu jusqu'ici à dénoncer le caractère purement romanesque, selon lui. (Il n'aime pas les romans; il a jugé sévèrement *La vie de Marianne* de Marivaux et il trouvera « bien du rabâchage » dans *La Nouvelle Héloïse* de Rousseau.) Si, rencontrant une certaine hésitation chez la jeune fille, à laquelle il s'est déclaré, il redouble d'insistance, c'est sans y mettre les accents de la passion. Mais sans doute parvient-il cependant à étouffer ceux de l'homme habitué à être obéi.

Bientôt, il cesse d'argumenter. Il se trouve, un soir, avec sa sœur Jeanne, son alliée, dans la chambre de la jeune fille, qui, une fois encore, fait attendre son accord; il se jette de tout son long sur le lit et déclare qu'il n'en bougera pas tant que Marie-Françoise n'aura pas prononcé les mots qu'il attend. Ils viennent enfin, et il ne reste plus à Buffon qu'à aller demander au père de Marie-Françoise la main de sa fille. Comment la refuserait-il à un homme célèbre, riche, exerçant de hautes fonctions et ayant ses entrées à la Cour? Le 22 septembre 1752, le mariage est célébré à Fontaine-en-Duesnois, où demeure présentement la famille de Saint-Belin-Malain. Deux ou trois jours plus tard, Buffon regagne Paris, avec Daubenton, qui lui a servi de témoin, laissant à Montbard la jeune épousée qu'il entend accoutumer, sans tarder, à ses fréquentes absences. Voici, au fond de la Bourgogne, sa vie privée désormais sagement organisée. Il faut maintenant retourner aux affaires.

La première inscrite dans son programme est sa candidature à l'Académie française, où un fauteuil est vacant. Appartenir aux deux académies représente un « doublé » que, seul, parmi les contemporains, Fontenelle a réalisé. C'est, avant tout, par orgueil que Buffon tient à le renouveler, mais ne voit-il pas là aussi la seule façon de donner une image complète de lui-même? Rien d'aventureux dans sa décision, on s'en doute : il a patiemment, au cours des années précédentes, travaillé à son élection. Elle s'accomplit sans querelles et sans incidents : presque un simple entérinement. Il ne lui reste plus qu'à rédiger son discours de réception. « Je ne sais pas encore ce que je leur dirai, écrit-il à Ruffey. Mais il me viendra peut-être quelque inspiration, comme à Marie Alacoque. » L'archevêque de Sens dont il va occuper le fauteuil, Languet de Gercy, le frère du redoutable curé de Saint-Sulpice, est l'auteur d'une vie de Marie Alacoque, qui a eu un certain succès; d'où la boutade de Buffon, d'un sel tout voltairien.

Il sait qu'il ne peut traiter devant les membres de l'Académie française un sujet scientifique : il courrait le risque non seulement d'ennuyer, mais aussi de choquer, à cause de l'audace de ses théories, dont on a bien voulu oublier, dans les milieux officiels, que la Faculté de théologie les avait jugées entachées d'hérésie. Il décide donc de parler uniquement de littérature. Mais ce choix, s'il lui est dicté par la prudence, est aussi un choix selon son cœur. Il se sent écrivain jusqu'au fond de son être et se réjouit de l'occasion qui lui est donnée de montrer qu'on ne doit pas attribuer la perfection de ses écrits au seul talent d'exposition, à l'habileté didactique de l'homme de science. Ses livres, où pourtant il n'est pas une seule ligne qui s'écarte du propos annoncé et où les objets et les faits sont décrits avec la plus grande précision, le plus grand souci d'objectivité, relève – il entend le signifier – de la création littéraire. Un homme y est présent et y trahit l'anxieuse ardeur de sa recherche, son interrogation face à l'univers, son émerveillement devant la nature et les phénomènes de la vie. Cette humanité, cette personnalité du discours, réside dans le style. « Le style est de l'homme même », dit Buffon devant les académiciens. La formule deviendra célèbre, à cause sans doute des interprétations, assez éloignées les unes des autres, qu'elle autorise et même des déformations qu'elle subit (on la cite souvent sous la forme : le style, c'est l'homme). Bonheur – ou malchance – des maximes fourre-tout...

Buffon ne se borne pas à donner au mot « style » le sens que nous lui donnons communément; sous sa plume, ce mot ne désigne pas seulement la construction syntactique, le choix des mots auxquels l'expression doit sa force, le mouvement du discours, son harmonie phonétique. Pour lui, le bon style est un état de grâce : « Le style sera naturel et facile; *la chaleur naîtra de ce plaisir* et donnera la vie à chaque expression; tout s'animera de plus en plus, etc. » Le sentiment que l'écrivain s'applique à traduire se nourrit du plaisir esthétique qui lui est procuré d'avance par la forme que cette traduction va prendre; l'idée se fortifie de l'image qui va l'exprimer, et l'on peut dire que l'écrivain trouve un surcroît de puissance dans la prescience de son propre pouvoir. En un mot, pour Buffon, le style, c'est la vertu lyrique, mais surveillée, bien éloignée du débordement poétique, que notre homme déteste plus que tout (son seul poète est Racine).

En vérité, le discours de Buffon sur le style, qui est tenu pour une des chartes, sinon pour un des monuments de notre littérature, suggère plus qu'il ne définit. Ce n'est pas qu'en l'écrivant Buffon ait mesuré sa peine; il existe trois moutures de son discours, pour lequel il a longuement consulté son ami Ruffey. Mais il s'agit là d'une question qui dépasse en grande partie l'entendement. Aujourd'hui encore, ceux qui s'appliquent à déceler les mécanismes de la fonction littéraire, et alors même que la linguistique et la psychologie semblent leur offrir de bons instruments d'investigation, se trouvent à court d'explication devant la « magie du style ».

Buffon y voit la garantie de l'immortalité, sa grande affaire. « La quantité des connaissances, la singularité des faits, la nouveauté même des découvertes, ne sont pas de sûrs garants de l'immortalité... Si les ouvrages qui les contiennent sont écrits sans goût, sans noblesse et sans génie, ils périront, parce que les connaissances, les faits et les découvertes s'enlèvent aisément, se transportent... Ces choses sont hors de l'homme », écrit-il, pour en venir à l'axiome : « Le style est de l'homme même. » Ainsi, le style serait, selon Buffon, le lierre toujours vert qui recouvrirait les ruines des notions dépassées, périmées. Sans le génie littéraire de Buffon, manifeste dans bien des parties de l'*Histoire naturelle,* qui de nous se promènerait encore parmi ce qu'il faut bien appeler aujourd'hui les curiosités archéologiques de la science?

VII

UN BESTIAIRE PHILOSOPHIQUE

Buffon a échafaudé une théorie, à propos de la formation de la terre; il a décrit à sa façon le mécanisme de la génération des êtres vivants; il a, principal apport, défini le statut biologique de l'homme, l'unité du genre humain, au-delà de la diversité superficielle des races, mais, seule, l'étude des animaux, qu'il entreprend maintenant, va lui donner la possibilité d'exprimer pleinement ses conceptions philosophiques et morales, en un mot, de faire œuvre d'écrivain. Le tableau de la vie animale, qui va occuper la plus grande partie de l'*Histoire naturelle,* se veut plus descriptif que méthodique, intention qu'il est bien naturel de trouver chez un glorificateur de l'art d'écrire. Cependant, Buffon n'entend pas n'être considéré que comme le peintre de la nature. Il se pose en homme de science, mais en homme de science qui, attitude singulière, tourne le dos à toute véritable méthode, à tout système rationnel de classification. Cela nous vaut des déclarations du genre de celle-ci : « Ne vaut-il pas mieux ranger les objets dans l'ordre et dans la position où ils se trouvent ordinairement, que de les forcer à se trouver ensemble en vertu d'une supposition? Ne vaut-il pas mieux faire suivre le cheval qui est solipède par le chien qui est fissipède, *et qui a coutume de le suivre en effet,* que par un zèbre, qui nous est peu connu, et qui n'a peut-être d'autre rapport avec le cheval que d'être solipède? »

Dans le tableau auquel il travaille, les animaux vont se présenter à nous dans un ordre déterminé par la nature de leurs rapports avec l'homme, quelquefois de leurs rapports entre eux. « Ceux [des animaux] qui lui seront les plus nécessaires [à l'homme], les plus utiles, tiendront le premier rang; par exemple, il donnera la préférence au chien, au bœuf... Ensuite, il s'occupera de ceux qui, sans être familiers, ne laissent pas que d'habiter les mêmes lieux, les mêmes climats, etc. » C'est là indéniablement une démarche littéraire, anthropocentriste et subjective. Mais le *Discours sur le style* ne nous la promettait-il pas?

La zoologie ne fait jamais oublier ici l'interrogation métaphysique qui en est le point de départ. En face de l'animal, l'homme se redéfinit. Alors que devant son semblable, il ne se situe qu'au sein de la société humaine, devant l'animal, il se situe au sein de la Création. Dans cette confrontation, son sentiment de soi trouve son caractère ontologique. Si une volonté, une puissance divine a fondé notre monde, elle s'exprime dans les différences existant entre les créatures animées qui le peuplent. Transformiste, Buffon n'est pas loin de donner à tout ce qui vit une souche unique, mais n'ose pas supposer, du moins dans ses écrits, que l'homme est passé par un stade animal, au cours de son évolution. Il le fait partir d'un état de préachèvement, dont le « bon sauvage » cher à Rousseau peut donner l'image, et le montre sur la voie d'un perfectionnement apparemment illimité. Il voit, au contraire, dans le règne animal, un mouvement inverse, un processus de dégénérescence qui creuse l'écart entre l'homme et la bête, accentue constamment la supériorité du premier, comme si son triomphe était le dessein suprême, la finalité de la Création. « Autant l'homme s'est élevé au-dessus de l'état de nature, autant les animaux se sont abaissés au-dessous », écrit-il, ignorant les preuves d'une évolution animale qui nous seront apportées, un siècle plus tard, par les découvertes en paléontologie, « ...leurs sociétés se sont évanouies, leur industrie est devenue stérile, leurs faibles arts ont disparu », poursuit-il, donnant impudemment dans les assertions gratuites et se trouvant prêter, sans le savoir, une industrie aux diplodocus et un art aux ptérodactyles, qui possédaient un cerveau minuscule par rapport à leur corps.

Cette conception anthropocentriste du monde vivant, qui rejoint celle sur laquelle les religions reposent, le conduit à prendre l'homme pour mesure de la réalité animale, à définir celle-ci en la comparant à la nôtre, quand cette juxtaposition, seule méthode d'analyse, selon Buffon, est possible. Dans le cas contraire, on s'abstient : « Nous ne devons nous attacher qu'à la nature des animaux qui nous ressemble le plus. L'économie animale d'une huître, par exemple, ne doit pas faire partie de cette espèce de nature animale particulière dont nous avons à traiter. » La volonté d'apparentement qui préside à cette confrontation, dont sont exclues les espèces qui, comme ces malheureux mollusques, la rendraient difficile ou impossible, fausse l'étude zoologique à laquelle Buffon prétend se livrer et fait qu'elle nous apporte plus de lumière sur l'homme que sur les animaux qui devaient en être l'objet. Dans le « Discours sur la nature des animaux » qui ouvre la partie zoologique de l'*Histoire naturelle,* nous trouvons d'intéressantes remarques sur nos mécanismes psychologiques, notamment sur le rêve et sur la différence entre la mémoire et la réminiscence. Mais lorsque Buffon passe à l'animal, auquel il refuse une spécificité, nous devons nous contenter d'hypothèses simplement déduites de ce qu'il vient d'exposer, à propos de l'être humain. Dans ce Discours, le seul apport notable de caractère réellement zoologique est représenté par un développement où s'esquisse la définition du réflexe conditionné, qui sera définitivement énoncée par Pavlov, à la fin du siècle suivant :

un de ces « traits de génie », de ces « petits coups d'électricité », expression due à Buffon lui-même, qui traversent, de temps en temps, une argumentation peu convaincante. Mais il faut retenir aussi, et plus encore même, la profession de foi naturiste que ce Discours contient. On y retrouve la prééminence donnée par Diderot au principe de désir dans la nature : « Amour! Désir inné! Âme de la nature! Principe inépuisable d'existence! Puissance souveraine qui peut tout et contre laquelle rien ne peut, par qui tout agit, tout respire, et tout se renouvelle! » L'emphase du ton ne doit pas nous empêcher de voir là, chez Buffon, l'expression du matérialisme spiritualisé, souvent appelé improprement déisme, en quoi souvent la philosophie du siècle des lumières se résume.

Estimant que nous ne devons nous attacher qu'à la nature des animaux qui nous ressemblent le plus par leur comportement, Buffon traite, en premier lieu, dans le tableau zoologique de l'*Histoire naturelle* (« Pas si naturelle que ça! », dira malicieusement, mais non sans raison, Voltaire), des animaux domestiques; mais il oublie un peu trop que, si nous trouvons chez eux des façons d'être qui se rapprochent des nôtres, c'est qu'elles résultent du dressage auquel nous les avons soumis, pendant des millénaires. L'espèce de paternalisme à l'égard des animaux qu'on reprochera souvent à Buffon, cette bienveillance condescendante, cette amitié bourrue qui tempère, de loin en loin, l'autorité du maître, conduit ici et là l'auteur à une grandiloquence ou une platitude qui nuiront beaucoup à sa mémoire. Dans le florilège buffonien, l'axiome « Le style est de l'homme même », qui a un succès de bon aloi, est, depuis deux siècles, fâcheusement concurrencé par : « Le cheval est la plus belle conquête de l'homme. » Avec cette affirmation au ton prudhommesque, la note est donnée, dès la première page de l'ouvrage, où va dominer une morale de l'asservissement du règne animal et même de la nature dans son ensemble. « Le chien a toutes les qualités intérieures qui peuvent lui attirer les regards de l'homme »; « le bœuf est le domestique le plus utile de la ferme, le soutien du ménage champêtre », etc. Des jugements d'ordre moral découlent de ces considérations utilitaires ou s'y substituent purement : « la chèvre a plus de sentiment que la brebis », « le chat est un domestique infidèle; il a un caractère faux, un naturel pervers, des yeux équivoques », « le cochon a des habitudes grossières, des goûts immondes, toutes ses sensations se réduisent à une luxure furieuse et à une gourmandise brutale », « les moutons sont, de tous les animaux quadrupèdes, les plus stupides; ce sont ceux qui ont le moins de ressource et d'instinct ».

Voici introduit dans l'étude de la vie animale, outre un anthropomorphisme puéril, le manichéisme qui altère la pensée, par ailleurs si vivante, si hardie, si ouverte, du XVIIIe siècle. Jusque dans les têtes les mieux faites, chez Diderot, par exemple, cette discrimination morale simpliste, cette répartition de l'espèce humaine en bons et en méchants, les premiers susceptibles, il est vrai, de se pervertir et les seconds de s'amender, fausse souvent l'analyse. Le terme dénonciateur est beaucoup plus employé que son contraire : le « méchant » court les rues; il fournit le titre d'une comédie à Gresset; on parle de lui, sous ses innombrables visages, dans chaque lettre – ou peu s'en faut – de Diderot, de d'Alembert, de Grimm. Il obsède Jean-Jacques et développe en lui le germe de la folie de la persécution qui fera un enfer du dernier tiers de son existence.

Sans doute l'état de la société, l'injustice qui y règne, la misère du peuple, l'insolence des Grands, la corruption de la Cour, l'intolérance et l'hypocrisie de l'Église, conduisent-elles à voir le monde sous des couleurs bien tranchées, parmi lesquelles les plus sombres dominent. La volonté de réforme, chez les meilleurs, se fortifie de cette vision manichéenne qui, dans quelques années, favorisera la Révolution et expliquera même ses outrances. Mais le sentiment de la nature s'en trouve influencé. Si le règne végétal apparaît en général dans un éclairage bucolique, le règne animal, dont pourtant, philosophiquement, on est porté à admettre qu'il est le domaine de l'innocence, les bêtes étant privées de raison, laisse quelquefois deviner la présence du Mal, c'est-à-dire de la perversité. « Quoique tout soit également parfait en soi, puisque tout est sorti des mains du Créateur [il s'agit là, chez Buffon, on l'a compris, d'un simple mot de passe, à l'intention des docteurs de la Sorbonne], il est cependant, relativement à nous, des êtres accomplis et d'autres qui semblent être imparfaits ou difformes », écrit Buffon, à propos des chauves-souris qui frôlent sa tête de leurs ailes molles, tandis qu'il visite les grottes d'Arcy-sur-Cure, non loin de Montbard. On devine, à travers cette constatation comme faite à regret, que la difformité, aux yeux de celui qui parle, n'est pas seulement physique, mais morale, en même temps, dans le règne animal. La survivance, en dépit des progrès de la raison, d'une pensée archaïque nourrie de vieux mythes, de superstitions, vient expliquer en partie ces conceptions morales sommaires qui, au XVIIIe siècle, laissent toujours dans la nature comme dans la société une part au démon.

Il n'y a pas que dans les grottes d'Arcy-sur-Cure qu'on peut imaginer un instant, dans les animaux « hideux et dont les qualités nous sont nuisibles », les représentants d'on ne sait quelles puissances des ténèbres. A l'air libre, dans une contrée aimable, en pleine Ile-de-France, mieux, autour de la résidence du roi, une bête répugnante et dangereuse vient de faire son apparition : le surmulot, originaire d'Asie et qui cheminait vers l'Occident, depuis des siècles. « Le surmulot est plus fort et plus méchant que le rat, écrit Buffon. L'on ne sait d'où ces animaux sont venus. Les endroits où ils ont paru pour la première fois, et où ils se sont bientôt fait remarquer par leurs dégâts, sont Chantilly, Marly-la-ville et Versailles. M. Le Roy, inspecteur du parc, a eu la bonté de nous en envoyer une grande quantité, vivants ou morts... Les mâles sont plus gros, plus hardis et plus méchants que les femelles; lorsqu'on les poursuit et qu'on veut les saisir, ils se retournent et mordent le bâton ou la main qui les frappe... » D'où cette plaisanterie due à un auteur de l'époque : « Cet animal est très méchant. Quand on l'attaque, il se défend. »

Buffon, s'il n'est pas loin quelquefois de voir une part infernale dans la nature, ne va pas jusqu'à considérer le surmulot au poil roux, à la queue extrêmement longue et sans poils et aux moustaches de chat, qui surgit presque sous les pieds de Louis XV et de la Pompadour, comme une créature démoniaque accourue à l'odeur de putréfaction que dégage la monarchie. Il ne croit pas aux signes. De plus, la conduite des affaires de la France et les mœurs de la Cour ne le jettent pas, de toute évidence, dans l'indignation et ne l'amènent pas à imaginer pour notre pays des châtiments bibliques. Elles lui inspirent une réprobation qu'il n'exprimera que plus tard, et encore très discrètement, et rehaussent seulement par contraste la qualité, la sagesse de la vie qu'on mène à Montbard.

Sa position morale est celle de tous ses amis les philosophes qui jugent que la liberté de pensée est la condition préalable à tout changement politique et que l'absolutisme monarchique cessera d'exister, dès que la religion, qui en proclame l'origine divine, aura perdu de son pouvoir sur les esprits. La révolution doit s'accomplir d'abord dans les consciences, et le devoir de chaque philosophe est de les aider à trouver leur indépendance. La portée philosophique de l'*Histoire naturelle* reste certes limitée, car les hypothèses concernant l'histoire de la terre et celle des créatures vivantes que cet ouvrage propose n'ont souvent d'autre mérite que de contester les « vérités révélées », mais, même réduite à cette invitation au doute, elle place Buffon dans le grand mouvement de pensée du temps.

La philosophie de l'*Histoire naturelle,* en particulier à partir du quatrième volume de l'œuvre, paru à la fin de 1753, est souvent ensevelie sous les descriptions de caractère zoologique, d'où les précisions anatomiques ne sont pas absentes, grâce à Daubenton. Sa minutie d'homme de science véritable s'accorde tant bien que mal avec l'ampleur de vue et la pensée imaginative du maître d'œuvre Buffon. Celui-ci n'hésite pas, dans ses études, à utiliser le savoir du paysan, du chasseur, du familier des bois, qu'il a acquis, au cours de ces dernières années, et qu'il complète au besoin auprès de ses concitoyens de Montbard. C'est là un savoir utilitaire exclusivement tourné vers la capture, la destruction ou le dressage, la domestication de l'animal. D'où certaine insensibilité qui se dégage de ces pages et qui a fait conclure un peu vite à celle de leur auteur.

Pour comprendre l'attitude morale de Buffon et de ses collaborateurs devant l'animal, il est nécessaire de considérer la place importante qu'il continue d'occuper dans la vie quotidienne des habitants des campagnes. Encore peu peuplées et peu urbanisées, comportant de vastes friches, elles offrent aux espèces animales de nos climats des conditions d'existence favorables à leur développement. La chasse, réservée à la noblesse, ne peut guère le freiner. Dans l'*Histoire naturelle,* les témoignages personnels de Buffon et ceux de ses correspondants ne cessent de rappeler cette omniprésence, cette proximité constante des bêtes des champs et des bois, tantôt gibier, tantôt destructrices de récoltes, donc tantôt proies, tantôt ennemies.

Dans les bois de Buffon, le promeneur déloge des chevreuils à chaque instant. On en abat à volonté, et c'est bien par pure pingrerie que Buffon n'envoie, un jour, à Louis XV que la moitié d'une de ces bêtes; remerciement malicieux, le roi lui fera parvenir en retour la moitié d'un pâté. Quant aux lièvres, « on en tue quelquefois quatre ou cinq cents dans une seule battue », écrit Buffon. Les loups? « On est obligé quelquefois d'armer toute une région pour s'en défaire. » « Les sangliers forment des espèces de troupes, et c'est de là que dépend leur sûreté, lorsqu'ils sont attaqués; ils résistent par le nombre. » Les renards pullulent; ayant fait suspendre à un arbre, à une assez grande hauteur, de la viande et du pain, Buffon trouve, le lendemain, le sol « battu comme une aire de grange », autour du tronc, tant l'appât a attiré de renards. Dans le village de Buffon, des crécerelles poursuivent de petits oiseaux « jusque dans les maisons ». Buffon, à l'aide d'une épuisette, capture facilement les effraies qui nichent dans les anfractuosités des murs de sa tour, à Montbard...

Quant aux mulots, ses initiateurs à la zoologie, on l'a vu, il n'en a pas fini avec eux. Ils n'ont rien de commun avec les surmulots de Versailles et, installés de toute éternité dans ces campagnes sans mystère, ne sont les agents d'aucune prophétie. Ils se bornent à exercer leurs ravages dans les plantations forestières de M. de Buffon, en particulier dans une pièce de terre d'environ quarante arpents (soit de quinze à vingt hectares, ce qui donne une idée de l'étendue des propriétés du philosophe-naturaliste, car il ne s'agit là que d'une parcelle) qui vient d'être ensemencée de glands, nourriture très estimée des mulots. « Dommage très considérable que celui que ces animaux causent aux plantations », se lamente Buffon. « Eux seuls font plus de tort à un semis de bois que tous les oiseaux et tous les autres animaux ensemble. Ils pullulent, car le mulot produit plus d'une fois par an, et les portées sont souvent de neuf ou dix. »

Le pouvoir de multiplication de certaines espèces donne à notre homme des visions de cauchemar : « L'on voit descendre des montagnes du nord des rats en multitude innombrable, qui, comme un déluge, ou plutôt un débordement de substance vivante, viennent inonder les plaines... Ailleurs, on voit avec effroi arriver ces nuages épais, ces phalanges ailées d'insectes affamés, qui semblent menacer le monde entier. Dans les pays méridionaux, sortent tout à coup du désert des myriades de fourmis, lesquelles, comme un torrent dont la source serait intarissable, arrivent en colonnes pressées, se succèdent, se renouvellent sans cesse, s'emparent de tous les lieux habités, en chassent les animaux et les hommes, et ne se retirent qu'après une dévastation générale... » Mais l'action va dissiper ces phantasmes. Buffon fait poser des pièges dans ses plantations et, en trois semaines, tue plus de deux mille mulots.

Voilà l'ordre rétabli. « L'empire de l'homme sur les animaux est un empire légitime qu'aucune révolution ne peut détruire; c'est l'empire de l'esprit sur la matière. » Empire illimité. L'homme a le droit de réduire le nombre des représentants de chaque espèce ou d'en favoriser l'accroissement, de tuer ou d'asservir l'animal autant que ses besoins, voire sa fantaisie, l'exigent. Buffon s'autorise même à modifier les desseins de la nature ou d'y substituer les siens, en essayant par des hybridations de créer des individus qu'elle n'a pas conçus. Efforts cependant infructueux : « Comme les chasseurs disent que les lièvres mâles, dans le temps du rut, courent les lapines et les couvrent, j'ai cherché à savoir ce qui pourrait résulter de cette union. Un levraut et une jeune lapine, à peu près du même âge, n'ont pas vécu trois mois ensemble; dès qu'ils furent un peu forts, ils devinrent ennemis, et la guerre continuelle qu'ils se faisaient finit par la mort du levraut. De deux lièvres plus âgés que j'avais mis chacun avec une lapine, l'un eut le même sort, et l'autre, qui était très ardent et très fort, qui ne cessait de tourmenter la lapine en cherchant à la couvrir, la fit mourir à force de blessures ou de caresses trop dures. » Même échec avec une louve et un chien. « Enfermée toute jeune avec un mâtin de même âge dans une cour assez spacieuse, elle n'a pu s'accoutumer à vivre avec lui, ni le souffrir, même quand elle devint en chaleur. Quoique plus faible, elle était la plus méchante; elle provoquait, elle attaquait, elle mordait le chien, qui d'abord ne fit que se défendre, mais qui finit par l'étrangler. »

On fera observer que, dans ces trois cas, l'expérimentateur aurait pu ne pas laisser se développer jusqu'à son issue sanglante l'incompatibilité qu'il constatait entre ces animaux arbitrairement réunis. Au surplus, il aurait dû se demander si la captivité ne la renforçait pas. En fait, Buffon se hâte de conclure à l'échec de ces rapprochements parce qu'il y trouve la confirmation de la thèse qu'il a exposée dans l'histoire de l'homme : l'homme appartient à une espèce unique, uniforme, en dépit des différences existant entre les races qui la composent. Toutes peuvent s'accoupler entre elles et donner naissance à des individus capables de procréer. Pour Buffon, le critère de l'espèce tient dans ces deux conditions. Les animaux les plus semblables par leur apparence, le lièvre et le lapin, le loup et le chien, celui-ci et le renard, le bélier et la chèvre, etc., sont biologiquement, génétiquement, étrangers les uns aux autres. Seuls, le cheval et l'ânesse produisent le mulet, mais celui-ci, au sens propre du mot, est un monstre, incapable de se reproduire.

Buffon reconsidérera plus tard les conclusions un peu hâtives qu'il a tirées de ces tentatives de croisement entre des animaux appartenant à des espèces voisines. Il reconnaîtra que leur échec n'est pas forcément dû à une incompatibilité biologique, qu'il peut être la conséquence des mœurs et des habitudes différentes de ces animaux que, seule, la violence de l'homme, la captivité, ont mis en présence les uns des autres. En apprivoisant une louve, dès sa naissance, on parviendra à l'accoupler à un chien, et les produits de cette union seront féconds. Les critères utilisés par Buffon pour définir l'espèce sont donc trop absolus, s'ils ne sont pas à rejeter totalement. Non seulement la nature comporte des nuances, des approximations, mais aussi elle est mobile, en constante évolution. Buffon commence à le pressentir.

L'unité de l'espèce humaine, opposée à la disparité du règne animal, est bien, aux yeux du philosophe-naturaliste, la marque qu'elle constitue le but de la Création et que les autres créatures qui peuplent le monde lui sont, de par la volonté divine, subordonnées. Grâce à la raison, « ce don de Dieu, l'homme peut reconnaître à tout instant l'excellence de son être [c'est-à-dire sa supériorité] », dit Buffon. Mais, là encore, en dépit de l'emploi, dicté par la prudence, du mot Dieu, la thèse de Buffon ne rencontre que partiellement la conception de l'Église. Pour elle, sans doute, l'homme est la plus belle œuvre de Dieu, qui y a imprimé, aussi peu que ce soit, son image. Mais le péché originel a dégradé l'être humain et a fait de lui, au sein de la nature, un souverain déchu. Il lui est permis d'invoquer son origine divine, mais ce rappel, s'accompagnant de celui de sa déchéance, ne doit lui inspirer aucun orgueil. Il ne peut affirmer sa prééminence dans le monde que dans le respect de l'ordre social hiérarchisé défini par la religion. La glorification de l'homme considéré isolément, hors de la communauté qui le met à sa juste place, peut donc être tenue à la fois pour sacrilège et subversive. Il est clair que le Dieu dont parle Buffon n'est pas celui des chrétiens; c'est celui des déistes, une puissance suprême, créatrice, présente dans l'harmonie qui règne dans l'univers, mais qui tarde à s'établir ici-bas. Car la dégénérescence que, selon Buffon, le règne animal présente dément le caractère de bien absolu ou, pour le moins, de bien final que les philosophes de l'époque prêtent à la nature.

L'opinion de Buffon, en ce qui concerne la situation de l'animal dans l'évolution générale, le processus transformiste, reste assez imprécise. Le règne animal ne lui semble offrir aucune perspective. Hors de la domestication, il n'existe aucun progrès dans le comportement des bêtes; leur instinct semble immuable et ne se modifie que sous l'influence directe ou indirecte de l'homme. Mais Buffon tient à le vérifier lui-même et va essayer de vivre dans l'intimité de quelques-uns des animaux sauvages qui peuplent la région de Montbard. Il choisit les carnassiers de petite taille, faciles à capturer vivants. Les loutres sont nombreuses dans les petits cours d'eau de cette partie de la Bourgogne; dans les taillis, les combes et jusque dans les talus qui bordent les chemins, nichent les fouines, les putois, les hermines, les belettes. Ces petits carnassiers présentent les mêmes instincts que les grands, la même agressivité, tout en restant, à cause de leur taille, assez « maniables ». Les paysans les détestent particulièrement parce qu'ils dépeuplent les terriers des lapins de garenne, dévastent les poulaillers ou, s'il s'agit de loutres, font disparaître les truites des ruisseaux. On leur passe d'autant plus difficilement d'être sauvages et sanguinaires qu'ils sont petits et d'un aspect gracieux. Buffon a les mêmes sentiments à l'égard de ces animaux qui filent comme l'anguille, quand on veut les attraper, et vous plantent dans la main leurs incisives tranchantes, juste au moment où la prise pouvait devenir une caresse.

Il regrette que la fouine qu'il a adoptée « ne s'attache pas », ce sont ses mots. En conséquence, il est souvent obligé de la tenir à une chaîne; elle fait la guerre aux chats et se jette naturellement sur les poules, dès qu'elle se trouve à portée. Elle parvient quelquefois à s'échapper, mais ne s'éloigne guère et revient au bout d'un certain temps, « sans marquer de joie, sans attachement pour personne »; elle se borne à demander à manger, comme le chat et le chien. Un jour, elle ne reparaît plus : « la nature a pris le dessus », en conclut Buffon. Il a une déconvenue encore plus grande avec l'hermine que des paysans lui ont apportée. Elle reste extrêmement sauvage, dégage une mauvaise odeur et, l'hiver venu, afin de contrarier son maître sans doute, ne prend pas le pelage blanc qu'on lui connaît dans la nature, à l'époque des frimas. Elle meurt, après avoir mangé du miel, qu'elle s'obstinait à refuser, mais dont, privée à dessein de toute autre nourriture, elle a dû se contenter. « Le putois et la fouine entrent bien dans les ruches pour s'en gaver! » déclare Buffon, pour sa défense. Lui qui fait si bien ressortir les incompatibilités entre les espèces animales a péché, cette fois, par assimilation. Par ailleurs, ses observations sur les animaux qu'il tente de domestiquer n'ont pas une valeur générale, car elles découlent de la relation particulière qu'il a établie avec eux. Rien de scientifique dans tout cela. Buffon, le grand naturaliste, se trouve à égalité avec la dame qui lui écrit : « Vous avez fait outrage à la race de l'hermine, en l'annonçant comme une bête qu'on ne peut apprivoiser. » Suit le touchant tableau de l'amitié qui lie une hermine à cette dame.

Ces petits événements, si la science n'y a pas une grande place, ont au moins l'avantage de révéler chez Buffon les ressources d'affectivité qu'il s'est toujours appliqué à dissimuler, sauf dans ses amitiés, où les sentiments gardent un ton viril qui, à ses yeux, les réhabilite. Fuyant l'attendrissement, dans les moments où celui-ci le gagne, il imprime à ses rapports avec ses petits animaux un caractère autoritaire qu'une gentillesse bourrue vient démentir de loin en loin; il châtie et caresse, rit et gronde, et finalement se ridiculise d'une façon touchante. Il va parler abondamment de sa belette dans l'*Histoire naturelle.* Il lui a fait scier les canines, afin qu'elle ne morde plus, et il note que, de jour en jour, elle est devenue affectueuse. Va-t-il en tirer une loi? Non : elle a encore des crises d'agressivité, et il a dû fabriquer un petit fouet pour l'en punir. Elle en vient à s'aplatir sur le sol, comme un chien, quand elle le voit s'en saisir. « Je n'ai jamais vu la soumission extérieure mieux dépeinte dans aucun animal : ce qui prouve bien que les châtiments raisonnables employés à propos, accompagnés de soins, de caresses et de bienfaits, peuvent assujettir et attacher à l'homme les animaux sauvages que nous croyons peu susceptibles d'éducation et de reconnaissance », écrit Buffon, qui, ne fixant pas de limites au règne de l'homme dans la nature, considère que la belette doit, même sans utilité pour personne, simplement en signe d'allégeance, abdiquer ses instincts, qui participent pourtant de l'ordre universel.

Pour Buffon, celui-ci n'est pas statique; il évolue vers une forme parfaite, et la mission de l'homme, créature élue, est d'aider à cet accomplissement. Ses rapports avec les animaux doivent donc tendre à engager ces derniers, autant qu'il est possible, dans ce mouvement de progrès. La belette de Buffon, qui, décidément, y met du sien, en arrive à montrer beaucoup de goût « pour le badinage, les agaceries, les caresses et le chatouillement ». Elle a même appris une sorte de danse et, quand Buffon frappe avec les doigts sur une table, elle se dresse toute droite, tourne, saute et fait entendre « des murmures de joie ». Bien qu'elle sente assez mauvais, surtout lorsqu'elle est en colère, Buffon la laisse dormir dans son lit, quand il ne l'occupe pas. D'autres fois, elle dort près de lui, sur sa table de travail, et, un jour, elle s'oublie sur ses papiers. On imagine la correction qu'elle reçoit du philosophe-naturaliste en manchettes de dentelle, qui juge que le manuscrit de l'*Histoire naturelle* n'avait pas besoin de ce sceau d'authenticité. Pourtant, dès le lendemain, la belette (Buffon, qui craint sans doute d'être taxé de puérilité, ne nous dit pas comment il l'appelle) retrouve sa place et, entre deux sommes, s'amuse à regarder la plume de son maître qui court interminablement sur le papier.

Tout ce qu'il écrit n'est pas uniquement constitué d'observations personnelles, si les commentaires, les réflexions qu'on trouve dans ces pages sont en général de son cru. À la contribution de Daubenton, que relaiera, plus tard, pour les oiseaux, Guéneau de Montbéliard, s'ajoute celle de nombreux correspondants, invités à fournir des témoignages. Il s'agit de personnes vivant constamment à la campagne et à même d'observer jusque dans ce qu'il a de plus secret ou de plus exceptionnel, le comportement des animaux. Leurs communications viennent enrichir l'œuvre de petits faits singuliers qui rendent un peu de leur mystère aux animaux, banalisés par la description méthodique et par les considérations morales de Buffon. Elles font, en même temps, entrer la France des champs, des eaux vives, des bois, la France de Montbard, dans une œuvre qui, sans cela, sentirait un peu trop le laboratoire du taxidermiste.

Ces correspondants bénévoles sont, pour la plupart, bourguignons, et parlent par conséquent d'animaux que Buffon devrait connaître aussi bien qu'eux. En acceptant ces concours, il avoue ses lacunes, ce qui ne manquerait pas de surprendre, chez un homme dont l'amour-propre confine à la suffisance, si l'on ne comprenait que le savant célèbre, l'académicien, l'intendant du Jardin du roi, redevient ici le propriétaire terrien crotté jusqu'aux genoux, la moitié de l'année, et porté à établir des rapports d'égalité, voire de complicité, avec tous ceux qui vivent, comme lui, en vrais campagnards. Ce sont, pour la plupart, des curés de village, des médecins ou des propriétaires, hommes contraints, les uns par leur sacerdoce, les autres par leur métier ou leurs intérêts, à courir les chemins, en toute saison et souvent à toute heure. Voici le curé de Norges, qui relate des faits surprenants, à propos d'une chienne en chaleur; le docteur Lottinger, qui a établi un tableau précis des migrations des grives; le docteur Rémond, qui a remarqué que le chant du rossignol comporte des sons allant jusqu'à la double octave; M. du Fouilloux, qui a vu un lièvre se précipiter au premier aboiement d'un chien, dans un étang, et y rester à nager, au beau milieu, le temps que la chasse s'éloigne; le comte de Riolet, qui parle d'hirondelles rousses...

D'autres fois, les correspondants ne sont pas nommés; il s'agit de « témoins oculaires » ou « d'un observateur digne de foi » qui rapportent des faits beaucoup plus extraordinaires que les premiers, la crédibilité de ces relations souffrant cependant un peu de l'anonymat de leurs auteurs. L'un d'eux a vu un corbeau laisser tomber de haut, à plusieurs reprises, une noix, afin qu'elle se brise sur le sol; en vain, car il opérait au-dessus d'une terre labourée; parfaite démonstration d'un raisonnement limité à son premier terme. Plusieurs autres affirment que l'orfraie pêche la nuit, en s'abattant sur les eaux, « avec un bruit terrible »... Il est intéressant de noter, chez Buffon, qui retranscrit ces témoignages, sans douter une seconde de leur véracité, cet appétit pour le merveilleux, le surnaturel.

La dualité du personnage, esprit qui se veut méthodique, précis, terre à terre, et que l'imagination, à chaque instant, d'un coup d'aile emporte, ne cesse, que ce soit ici ou là, de se vérifier. Il se lève à cinq heures du matin, fait le tour de l'horloge sans presque quitter sa table de travail : « C'est tout mon plaisir. Il faut voir, regarder longtemps son sujet, alors il se déroule et se développe peu à peu », dit-il. Mais il ajoute : « Vous sentez (soudain) comme un petit coup d'électricité qui vous frappe la tête et, en même temps, vous saisit le cœur : voilà le moment de génie. » Hérault de Séchelles lui fera dire, dans son livre *Voyage à Montbard* : « Le génie n'est qu'une aptitude plus grande à la patience », qui est devenu : « Le génie est une longue patience. » Sous cette forme, comme sous la première, la formule semble contredire la phrase qu'on a lue plus haut et qui, anticipant sur la conception romantique, assimile le génie à une illumination. Mais on peut estimer qu'elles se complètent sous la plume ou dans la bouche d'un homme de science doublé d'un écrivain qui doit accumuler les observations non seulement avant qu'une vérité ne s'en dégage, mais aussi avant que ne lui viennent les mots qui lui donneront toute sa force et toute sa profondeur. Patience, inspiration : la réalité de la création littéraire est dans leur imperceptible fusion, plus que dans leur alternance. Si l'on en croit le Père Ignace, Buffon refait jusqu'à dix ou douze fois certains chapitres, si bien que, plusieurs années après les avoir écrits, il peut encore les réciter d'un trait.

En s'employant à donner de lui l'image d'un philosophe-naturaliste laborieux, voire lent et pesant, très « bœuf de labour » (l'allusion au « petit coup d'électricité » dans la tête ne lui échappera que sur le tard), Buffon accrédite sa réputation d'esprit pondéré et, pour le public, se sépare des Voltaire, des Diderot, des d'Alembert, des « philosophes », dont les idées audacieuses portent souvent la marque de l'improvisation, du mouvement d'humeur, du prime-saut. Est-ce encore par prudence qu'il accuse ces traits de son personnage? L'époque est de nouveau dangereuse pour les écrivains qui se sont rendus suspects à l'Église et au pouvoir, les deux ne se séparant guère. La publication du livre d'Helvétius *De l'esprit,* vient de déclencher une nouvelle campagne d'intolérance. Buffon n'approuve pas le caractère polémique de l'ouvrage de son ami. Comme Montesquieu, qui vient de mourir (« Le despotisme s'accable de lui-même », allait jusqu'à écrire celui-ci), il estime que, au lieu d'attaquer de front les préjugés, il vaut mieux démontrer les vérités incontestables qui en prouvent l'absurdité. « L'ami Buffon se ménage mieux », écrit de Brosses, à propos du scandale provoqué par le livre d'Helvétius. Buffon est-il allé jusqu'à dire, comme on l'affirme : « M. Helvétius aurait dû faire un bail de plus [il était naguère fermier général] et un livre de moins »? On peut en douter; en effet, alors que le bruit fait autour de *De l'esprit* n'est pas encore retombé, Helvétius, dans une lettre à sa femme absente de Paris, dit qu'il va dîner chez Buffon. Un peu plus tard, Mme de Buffon invite Mme Helvétius à Montbard, invitation déclinée, il est vrai, mais pour de pures raisons de convenance personnelle.

De l'esprit a fait l'objet d'un mandement de l'archevêque

de Paris et d'une action du Parlement, qui a interdit la diffusion de l'ouvrage. Cela a d'autant plus nui aux Encyclopédistes qu'on en attribue, injustement, à Diderot certains chapitres. Les attaques contre les « philosophes » se multiplient. « Je suis excédé des avanies et des vexations de toute espèce que cet ouvrage [*l'Encyclopédie*] nous attire », écrit d'Alembert à Voltaire. Il va cesser d'y collaborer, et son retrait, qualifié un peu étourdiment de désertion par Diderot, justifie dans une certaine mesure le refus de Buffon de collaborer au célèbre ouvrage. « Vous ignorez la position où nous sommes, et le déchaînement de l'autorité contre nous », répond d'Alembert à Voltaire qui, dans un premier temps, lui a reproché implicitement de manquer de courage. L'ermite de Ferney, bien en sûreté, à deux pas de Genève, finit par reconnaître la gravité des menaces qui visent les « philosophes » : « Il me semble que je vois l'Inquisition condamner Galilée. » Voilà qui conduit à ne pas trop blâmer Buffon pour sa prudence. Marmontel cependant la jugera sévèrement : « Buffon, avec le Cabinet du roi [le Jardin du roi] et son *Histoire naturelle,* se sentait assez fort pour se donner une existence considérable. Il voyait que l'école encyclopédiste était en défaveur à la Cour et dans l'esprit du roi; il craignit d'être enveloppé dans le commun naufrage et, pour voyager à pleines voiles ou du moins pour louvoyer seul et prudemment parmi les écueils, il aima mieux avoir sa barque à soi, libre et détachée. »

VIII

CHEZ LES ROIS DE LA CRÉATION

En 1759, Buffon séjourne assez longuement à Paris, où, en plus de ses fonctions au Jardin du roi, ses affaires, dont la publication des volumes de l'*Histoire naturelle*, qui se succèdent avec régularité, le retiennent. Il n'en éprouve aucun plaisir : « Ici, tout est cher, tout est triste », écrit-il (on préférerait que les deux membres de la phrase soient inversés : elle aurait un ton moins bourgeois). Il est vrai que les difficultés matérielles et politiques de l'heure ont de quoi assombrir tout Français. « Vous me demandez ce que vous pouvez lire d'intéressant, écrit Voltaire à Mme du Deffand, lisez les gazettes [faites-les-vous lire, veut-il dire : elle est aveugle]; tout y est surprenant comme dans un roman. On y voit des vaisseaux chargés de Jésuites [ceux qu'on vient d'expulser du Portugal], on y voit des Français battus dans les quatre parties du monde, le marquis de Brandebourg faisant tête tout seul à quatre grands royaumes armés contre lui, nos ministres dégringolant les uns après les autres [M. de Silhouette vient de quitter les finances, sans avoir réussi à combler le déficit]... Cela pourrait composer un volume qui ne serait pas gai, mais qui occuperait l'imagination. »

La tristesse de Buffon n'est pas entièrement causée cependant par la situation précaire de la France. Elle a une autre cause, plus profonde, sans doute : les Buffon viennent de perdre leur premier enfant, une petite fille âgée de dix-sept mois, et bien que le taux très élevé de la mortalité infantile ait développé dans les familles une certaine résignation, Buffon a dû ressentir ce coup, ne serait-ce qu'à travers le chagrin de sa femme, car les hommes de ce temps ne sont en général que modérément attachés à leur descendance féminine. La petite fille a été enterrée dans la chapelle seigneuriale que Buffon, le déiste, l'agnostique, pour ne pas dire l'athée, a fait construire contre l'église paroissiale de Montbard, avec l'autorisation de l'évêque de Langres. Car l'Église ne refuse rien à Buffon, dont elle connaît pourtant les théories scientifiques, peu conformes au dogme, et les liens avec la plupart des esprits forts, dont le baron d'Holbach, le plus provocant de tous. En fait, ses relations avec d'Holbach se sont distendues, à mesure que celui-ci se livrait, sous différents noms d'emprunt qui ne trompaient personne, à des attaques de plus en plus violentes contre la religion. Buffon a fini par ne plus paraître dans le célèbre salon du baron, baptisé par certains « le café de l'Europe », où Diderot, d'Alembert, Marmontel, Damilaville, l'abbé Galiani, parmi d'autres, continuent de se réunir pour « légiférer pour le genre humain », comme ils disent. Là encore, Marmontel soupçonne Buffon d'un excès de prudence : « J.-J. Rousseau et Buffon furent d'abord quelque temps de cette société philosophique. Mais l'un rompit ouvertement, l'autre, avec plus de ménagement et d'adresse, se retira et se tint à l'écart. »

Depuis peu, Buffon s'est également éloigné de Voltaire, mais sans qu'on puisse, dans ce cas, penser qu'il a voulu mettre fin à des relations compromettantes. Seule, la position qu'il croit devoir adopter dans un conflit d'intérêts opposant son vieil ami le Président de Brosses à Voltaire est la cause de sa demi-brouille avec ce dernier. Il a été d'autant plus amené à prendre parti dans cette affaire que c'est lui vraisemblablement qui, jadis, a mis les deux hommes en présence l'un de l'autre. Un peu plus tard, ils ont conclu un marché portant sur la terre de Tournay dont de Brosses est propriétaire et qui jouxte le domaine de Voltaire à Ferney. Souhaitant l'agrandir, Voltaire a acquis à vie, c'est-à-dire par bail emphytéotique, cette terre, qui est « décorée » – c'est le terme employé dans les actes notariés – du titre de comté. Ce titre semble bien avoir été un appât pour Voltaire, qui signera quelques-unes de ses lettres « Voltaire, comte de Tournay », avant de retrouver le sens du ridicule.

L'acte de cession a été signé après d'interminables discussions, Voltaire revenant sans cesse sur les clauses de l'accord. « Homme voltigeant, dit de lui de Brosses. J'aimerais autant faire des armes avec une puce. » Les formalités achevées, de Brosses ne connaît pas la paix bien longtemps. Voltaire, qui s'était engagé à exploiter « sagement » la forêt incluse dans le domaine de Tournay, y fait pratiquer des coupes abusives et s'approprie des arbres vendus à une autre personne par de Brosses, avant la cession. De Brosses intente alors un procès à Voltaire qui le perd et est condamné à payer une indemnité. Pour se venger, il fera échouer la candidature de de Brosses à l'Académie française, en dépit de l'appui que Buffon apportera à son ami d'enfance.

Buffon et Voltaire ne s'opposeront jamais l'un à l'autre directement. Chacun d'eux se borne à laisser échapper de temps en temps quelques mots où ne domine pas la bienveillance à l'égard de son confrère. « Voltaire est furieusement babillard, depuis qu'il est à Ferney », écrit ainsi Buffon. Quant aux rosseries de Voltaire, nous les connaissons surtout par de Brosses, trop content de les répéter, afin de noircir son ennemi. « Voilà déjà trois ou quatre fois que je le vois [Voltaire] venir à la charge contre Buffon, qui assurément ne lui a rien fait », déclare-t-il à Loppin de Gemeaux, son collègue au Parlement de Bourgogne et un vieil ami de Buffon, lui aussi. Un des traits contre notre philosophe-naturaliste, sous la plume de Voltaire, tient en un vers :

Dans un style ampoulé, parlez-nous de physique.

qui, après tout, n'est pas très méchant. A peu près unanimement respecté, Buffon n'attire d'autres railleries que celles que suscite la solennité qu'il donne à son maintien et, malheureusement, trop souvent, à son style. Son attitude cérémonieuse, que l'âge – la cinquantaine – est loin d'atténuer, tourne à la majesté dans le portrait que peint de lui, à cette époque, le peintre François-Hubert Drouais. Cet artiste, d'un talent des plus moyens, doit en grande partie sa notoriété à Louis XV et à Mme de Pompadour, qui ont accepté de poser pour lui. Sachant qu'il allait se trouver en flatteuse compagnie dans le catalogue du peintre, Buffon s'est donné fière allure dans ce tableau. En rendant compte dans un de ses *Salons*, Diderot écrit : « On retrouve la noblesse et la vigueur de la tête vraiment pittoresque [le mot garde ici son sens premier : propre à être peint] de ce philosophe. » Buffon est vêtu d'un costume de velours rouge à brandebourgs or, comprenant une veste de drap d'or à bouquets de soie de couleur en relief; il porte ses cheveux au naturel et poudrés; il a un jabot et, bien sûr, des manchettes de dentelle. En un mot, il est royal. A tel point que, le rencontrant pour la première fois, chez Helvétius, Mlle de Lespinasse, qui est pourtant habituée à la brillante compagnie, est stupéfaite, avoue-t-elle, de l'entendre s'exprimer de façon familière.

« Royal », c'est bien le mot qui s'impose pour qualifier son maintien. La superbe de Buffon est née apparemment de la fascination que la fonction et la pompe monarchiques exercent sur lui. Fascination sans grand caractère politique : des écrits et des propos de Buffon, il ressort que, comme Montesquieu, il incline pour une forme de régime constitutionnel à la mode anglaise, dans lequel le souverain n'est pas l'objet d'une sacralisation. Mais, indépendamment de son relatif libéralisme, Buffon a le culte de la supériorité, de la grandeur; d'une façon presque puérile, il s'enivre des images – entendons par là des signes les plus extérieurs – du pouvoir absolu.

Ce goût, tellement surprenant chez un homme d'une aussi grande intelligence, d'une aussi profonde humanité, et non dépourvu d'humour, se révèle en bien des endroits de l'*Histoire naturelle,* dans laquelle il introduit la hiérarchie de la cour de France, à l'intérieur du règne animal. On le verra à propos du lion, à propos de l'aigle et même à propos du cygne, paré, lui aussi, d'un titre royal, auquel, dit Buffon, les mœurs plutôt pacifiques de ce volatile donnent sa pleine justification, car « dans toute société, soit des animaux, soit des hommes, la violence fit les tyrans; la douce autorité fait les rois ».

Il arrive que certains amis de Buffon appartenant au clan philosophique soient tentés de voir dans ce culte de la puissance et de la noblesse une forme de flatterie à l'égard de ceux qui les représentent. Dans le chapitre de l'*Histoire naturelle* consacré au cerf, Buffon se livre à un éloge de la chasse qui scandalise Grimm. N'y lit-on pas ces lignes : « Les Grands ne sentiraient que le poids de la grandeur et n'existeraient que pour les autres, s'ils ne se dérobaient par instants à la foule même des flatteurs. Ils ont besoin de solitude : et quelle solitude plus variée, plus animée, que celle de la chasse? Quel exercice plus sain pour le corps? Quel repos plus agréable pour l'esprit? » « Je ne veux pas le soupçonner d'avoir voulu faire sa cour aux Grands et flatter leur goût dominant au mépris de la vérité et de ses droits sacrés. Ce serait une bassesse impardonnable! », écrit Grimm. « Je ne veux pas le soupçonner » n'est évidemment qu'une figure de rhétorique.

« Pourquoi jeter les hauts cris? demanderait Buffon. Un

peu de conformisme n'a rien de déshonorant et rend la vie plus facile. » Diderot raconte à Sophie Volland : « J'ai reçu ce matin la visite de M. de Buffon. J'irai, un de ces soirs, passer quelques heures avec lui. J'aime les hommes qui ont une grande confiance dans leurs talents. Il est directeur de l'Académie française et, en cette qualité, chargé de trois ou quatre discours de réception; c'est une rude corvée. Que dire d'un M. de Limoges [l'évêque de cette ville]? Que dire d'un M. Watelet [auteur d'un *Recueil des vies des peintres du roi*]? Que dire des morts et des vivants? Cependant, il n'est pas permis de les offenser par le mépris; il faudra donc qu'il les loue, et il disait : " Eh bien, je les louerai, je les louerai bien, et l'on m'applaudira! Est-ce que l'homme éloquent trouve quelque sujet stérile? " » Dans cette réponse, le désir constant de Buffon de se concilier l'amitié de tous, afin d'aplanir l'existence, où trop de sincérité multiplierait les difficultés, se conjugue avec la complaisance envers soi de l'écrivain heureux de trouver des occasions de montrer son talent. Naturellement tournée vers le grand, le sublime, l'éloquence de Buffon s'exerce pleinement dans la louange, la glorification. Si notre homme peut sembler quelquefois manquer de caractère, c'est qu'il est prisonnier de son style magnifique, donc facilement magnifiant.

Après avoir, dans ses discours de réception, couvert de fleurs les nouveaux académiciens, ce qui ne l'empêche pas d'écrire à Ruffey : « C'est le temps du régime des médiocres; je suis dégoûté de l'Académie » (il est vrai que son ami Le Blanc vient d'y être blackboulé à une élection), Buffon qui, tout intendant du Jardin du roi qu'il est, parvient maintenant à ne séjourner que quatre mois par an à Paris, regagne Montbard, où l'attendent les volumes de l'*Histoire naturelle* en préparation.

Sauf lorsqu'il a à parler de la faune locale et des bêtes

domestiques, il travaille d'après des documents, dont ceux, de caractère surtout anatomique, que lui fournit Daubenton, resté à Paris, au Jardin du roi. Il ne s'y trouve encore aucune ménagerie; nos naturalistes doivent se rendre à la ménagerie du roi, à Versailles, pour examiner les quelques fauves et les quelques grands anthropoïdes qu'elle abrite et dont les descendants fourniront le fonds de la ménagerie du Muséum d'histoire naturelle, quand elle sera enfin créée, pendant la Révolution. « Quelles riches études Buffon nous eût laissées, s'il eût pu les étendre à une ménagerie! », dira, plus tard, Bernardin de Saint-Pierre. Pour le moment, le Jardin du roi n'a reçu de Versailles qu'un tigre mort; empaillé, il trône maintenant au milieu des collections, ce qui n'est pas pour déplaire à Buffon, qui, soucieux de développer dans le public le goût des sciences naturelles, a toujours cherché à multiplier dans le Jardin les éléments d'attraction. C'est là la source d'un conflit entre lui et Daubenton, savant austère, ennemi de ces procédés de forain. Celui-ci s'en plaindra ouvertement plus tard : les squelettes de quadrupèdes qu'il a collectionnés seront restés, des années durant, dans des caisses : « On [lisez : Buffon] ne mettait point en évidence des objets qui ne paraissaient pas propres à exciter la curiosité. »

Ne pouvant se livrer à des observations sur des animaux vivants d'origine exotique, Buffon recueille l'essentiel de ses informations sur leurs mœurs dans les rares livres de zoologie existants et dans les récits des grands voyageurs. Nous sommes à l'époque où l'Europe s'emploie à découvrir les régions les plus reculées du monde. Cook, en Angleterre, et, chez nous, Bougainville vont bientôt appareiller. En attendant ces expéditions de caractère exclusivement scientifique (avec quelques visées coloniales, éventuellement), des voyageurs isolés, animés de l'esprit d'exploration, mais souvent aussi prospecteurs, fondateurs de comptoirs, par nécessité, comme, en Chine, en Inde et dans les archipels de l'océan Indien, Pierre Poivre, des botanistes partis à l'aventure, comme Adanson, au Sénégal, deviennent des auxiliaires de Buffon, qui parvient à faire subventionner en partie leurs périples par l'État. Mais, en dépit des renseignements qu'ils fournissent à l'auteur de l'*Histoire naturelle,* enfermé dans sa tour de Montbard et se transportant en pensée dans la jungle ou la savane, des lacunes vont subsister dans les descriptions de la faune exotique que l'ouvrage contient. Buffon s'emploie à les combler, à grand renfort d'interprétations personnelles et d'extrapolations. Il reste guidé par l'idée selon laquelle le monde animal à l'état naturel représente une image grossière du nôtre et en reproduit sommairement les hiérarchies.

Cette conception anthropomorphiste prend tout son relief dans le chapitre, très abondant, qu'il consacre au lion, « roi des animaux, le plus fier, le plus terrible de tous. Sa colère est noble, dit-il, son courage magnanime et (qui l'aurait cru?) son naturel sensible ». Les panégyristes du feu roi Louis XIV, dont Voltaire, n'emploient pas d'autres mots. Afin de soustraire cet animal supérieur à toute assimilation, à tout apparentement, Buffon rejette avec irritation la fameuse nomenclature binaire de Linné (l'espèce sous-division du genre) qui fait du lion un animal du genre chat *(felix leo).* « Dire que le lion est un chat à crinière et à queue longue, c'est dégrader, défigurer la nature, au lieu de la décrire et de la dénommer. » Ce n'est pas la première fois qu'il condamne la méthode de classification du naturaliste suédois, pour donner la primauté à l'histoire et à la description, qui nous restituent la nature telle qu'elle est, prise sur le vif, concrète et non enfermée dans d'arbitraires définitions, comme chez la plupart des naturalistes. « Leurs méthodes deviennent totalement inutiles et même ridicules, lorsqu'il s'agit des êtres du premier rang », ajoute Buffon, comme s'il était particulièrement indigne d'utiliser pour les animaux supérieurs les termes de genre et d'espèce, tolérables, à la rigueur, pour la classification des insectes.

Pour lui, le lion est unique et ne peut entrer dans aucune catégorie.

Ainsi, l'homme et le lion sont les seuls, dans notre monde, à détenir le privilège de l'unicité, lequel leur assure des droits absolus sur tous les autres êtres vivants irrévocablement avilis par leur diversité, où se lisent les hésitations, les à-peu-près, les repentirs de la Création. Sa véritable inspiration ne s'exprime clairement que dans ces deux classes d'êtres dont aucune autre ne se rapproche. L'homme ne fait penser à rien d'autre qu'à un homme (pas à un singe surtout); le lion ne fait penser qu'à un lion. Le tigre, par exemple, peut entrer, si l'on y tient, dans l'une des catégories inventées par Linné. Son infériorité, son indignité, éclatent dans tous les aspects de son comportement; au contraire du lion, qui ne tue que pour satisfaire sa faim, « il est bassement féroce, cruel sans nécessité... Il a les yeux hagards, la langue couleur de sang ».

Cette conception aristocratique de l'ordre naturel, si elle est justifiée par les pouvoirs intellectuels de l'homme, repose sur des critères des plus sommaires, en général la beauté et la force, quand elle concerne le règne animal. Chacune des divisions qu'il comporte est dominée par un roi, le lion pour les carnassiers, le cerf pour les herbivores, etc. Atteignant les limites du ridicule, Buffon en vient à écrire que, « étant le plus noble habitant des bois », le cerf « a l'honneur d'être tué par les plus nobles des hommes », les grands seigneurs à qui la chasse à courre est réservée. On ne doit pas s'étonner, a déclaré, plus haut, le philosophe-naturaliste, que le cerf vive dans les plus hautes, les plus belles futaies, et que son inférieur, le chevreuil, se tienne modestement dans les taillis.

Chez les oiseaux, c'est évidemment l'aigle, le grand aigle, d'ailleurs appelé « aigle royal », depuis l'Antiquité, qui fait figure de souverain. « Il a plusieurs convenances physiques et morales avec le lion, observe Buffon, la force et, par conséquent, l'empire sur les autres oiseaux, la magnanimité (il dédaigne les petits animaux et méprise leurs insultes), la tempérance [?], le goût de la solitude, etc. » Il est, de tous les oiseaux, celui qui s'élève le plus haut dans les airs, et l'on a supposé qu'il entrait ainsi en communication avec les puissances célestes. Buffon, bien sûr, ne signale cette fable que par un souci d'historien, mais n'en passe pas moins constamment de la description objective de cet oiseau à sa glorification, le replaçant ainsi lui-même dans la mythologie. On se souvient du mot de Voltaire : « L'*Histoire naturelle*? Pas si naturelle que ça! » Il avait lu sans doute les pages sur le lion et sur l'aigle.

Il serait cependant injuste d'en tirer la conclusion que Buffon admire avant tout la puissance. Il en constate simplement le règne et se laisse quelquefois aller au regret : « Si l'empire appartenait à la beauté, le paon serait sans contredit le roi des oiseaux », écrit-il, déjà prêt à détrôner l'aigle. Il va aussi, comme on l'a vu, jusqu'à faire du cygne « un roi paisible » alliant la majesté et la douceur. A voir notre philosophe-naturaliste distribuer tour à tour la couronne à des animaux si différents, comment devinerait-on la forme de gouvernement dont il rêve pour les hommes?

Il y a plus troublant encore. Buffon consacre au castor autant de pages – et il s'agit de pages admiratives – qu'au lion. Il voit en lui un constructeur génial, un ouvrier diligent, aux mœurs irréprochables, de surcroît. Cela ne devrait-il pas lui valoir de figurer dans l'*Histoire naturelle* au premier rang de tous les animaux? Il est probable que Buffon s'est posé à lui-même cette question; l'enthousiasme dont les pages consacrées au castor sont empreintes l'indique. Mais cette promotion dans le règne animal impliquerait qu'on place l'*homo faber*, l'homme qui crée, au sommet de la société. Ce serait le monde à l'envers. La Révolution, dont guère plus de trente années nous séparent, n'ira pas jusque-là.

Une autre interrogation, métaphysique, celle-là, vient, un

peu plus loin, troubler à nouveau Buffon, que nous ne sommes pas mécontents de trouver, pour une fois, à court de certitudes. C'est du singe qu'il s'agit, particulièrement de l'orang-outan, si semblable à nous que « les philosophes, avec le vulgaire, l'ont regardé comme un être difficile à définir, dont la nature était au moins équivoque et moyenne entre celle de l'homme et celle des animaux ». Buffon déclare tout net qu'il n'est qu'un pur animal à situer au-dessous de plusieurs autres. Mais le caractère catégorique de cette affirmation révèle, plus qu'il ne dissimule, un doute profond, chez notre philosophe-naturaliste, dont les explications vont bientôt tourner court. Constamment menacé d'être accusé de matérialisme, c'est-à-dire d'impiété, il est trop heureux, dans un premier temps, de pouvoir démontrer que l'orang-outan, tel le jocko qu'il a vu à la ménagerie du roi, accuse la différence fondamentale qui le distingue de l'homme, justement parce qu'il lui ressemble, à bien des égards. Cette similitude n'est-elle pas la preuve que « l'âme, la pensée, la parole, ne dépendent pas de la forme ou de l'organisation du corps »? Buffon ne peut pas évidemment savoir que le cerveau des êtres vivants est constitué de neurones (on ne le découvrira qu'à la fin du XIXe siècle) et que celui du singe en compte un moins grand nombre que celui de l'homme; son ami Daubenton, l'anatomiste, n'a pu, par ailleurs, lui apprendre, ne s'en étant pas lui-même aperçu, que le singe ne possède pas exactement les organes de la parole dont l'homme est pourvu, etc. Aussi Buffon s'empresse-t-il de conclure que le Créateur « a pénétré notre corps animal de son souffle divin ».

Mais il a bientôt le sentiment d'être allé un peu vite en attribuant à la seule générosité du Créateur les facultés intellectuelles de l'homme. Il a observé que, chez l'animal, l'intelligence est proportionnelle à la durée de l'éducation qu'il a reçue au début de son existence, par suite de sa dépendance physique à l'égard de ses procréateurs. Ainsi, l'éléphant qui, ne pouvant se nourrir seul longtemps encore après sa naissance, se sépare tardivement de sa mère et de son père, montre des qualités d'esprit plus grandes que les animaux capables très tôt de quitter le nid. Le petit de l'homme, la créature la plus lente à se développer corporellement, à acquérir de la force et de l'agilité, c'est-à-dire les moyens de l'indépendance, arrive en tête dans cette compétition où c'est le plus faible, le moins armé, qui l'emporte. Le singe qui pourtant grandit et s'émancipe vite s'y place au second rang. Il devrait, si l'on tient pour constante cette correspondance entre la durée de la tutelle parentale et le degré d'intelligence de l'individu qui l'a subie, se trouver beaucoup plus loin en arrière. Or... Et Buffon, entraîné, comme malgré lui, par l'amour de la vérité, de décrire le comportement intelligent du jocko de la ménagerie royale : « J'ai vu cet animal présenter sa main pour reconduire les gens qui venaient le visiter, se promener gravement avec eux, s'asseoir à table, déployer sa serviette, s'en essuyer les lèvres, se servir de la cuillère et de la fourchette, verser lui-même sa boisson dans un verre, le choquer, lorsqu'il y était invité... »

Buffon fait ensuite état de diverses observations dues à des voyageurs et d'où il ressort que les singes sont capables d'accomplir spontanément ou après éducation un très grand nombre de gestes propres à l'homme et même des actes complexes. Cette fois, il ne conclut pas. L'humanité relative du singe ébranle sa thèse selon laquelle l'homme présenterait des caractères absolument à part dans la nature, thèse qui s'accorde mal avec les idées évolutionnistes qu'il a exprimées, mais qui a l'avantage de justifier sa morale résolument anthropocentriste et, par ailleurs, de ne pas s'opposer à celles de l'Église. Les caractères ambigus des primates autorisent le naturaliste à supposer l'existence d'une souche unique, comme point de départ de la Création, et à voir dans « l'humanité » du jocko l'effet d'une des différenciations tardives, moins accentuées que d'autres, parmi celles que comporte le processus évolutif général. Bref, le jocko de la ménagerie de Versailles n'a pas fini de faire des siennes dans les bons esprits de ce temps.

Mais nous voici de nouveau « sur le terrain », dans cette paisible campagne bourguignonne, d'où les approches de la mauvaise saison, les temps morts qui s'intercalent dans la vie paysanne ont temporairement banni les hommes et les troupeaux. Le ciel est un peu sombre et le silence en suspens, comme quand il va pleuvoir. Le cri d'un oiseau inconnu, un cri rauque et discordant, s'élève. Il est parti des abords d'une grande maison autour de laquelle on voit des constructions précaires faites de planches, des espèces de resserres un peu de guingois et plusieurs volières de différentes dimensions. Le cri qu'on vient d'entendre ne peut appartenir qu'à un volatile d'une espèce étrangère maintenu en captivité. Même les plus grands corbeaux-freux de Bourgogne n'ont pas autant de voix et ne donnent pas, en tout cas, à la leur ce ton à la fois tragique et grotesque. On distingue maintenant l'oiseau qui a poussé ce cri, bien qu'on soit encore à une certaine distance de la volière où il se tient sur un perchoir. C'est un ara; le rouge de son plumage le signale; il porte aussi loin que son cri.

Presque tous les occupants des autres cages : balbuzards, effraies, autours, crécerelles, chats-huants, etc. s'enveloppent du camouflage brun, gris et blanc de leur plumage, où l'on retrouve les teintes de la terre, du bois mort, des feuilles flétries, qui dominent dans la campagne, en cette saison. Aussi n'aperçoit-on pas ces oiseaux tout de suite, d'autant moins que beaucoup d'entre eux, immobiles et la tête rentrée, s'efforcent de se rapetisser et tendent à se confondre avec ce qui les entoure, le bois et le treillage des volières, les mangeoires et les abreuvoirs maculés de fientes blanchâtres. L'ara n'a pas poussé un seul cri, depuis celui qu'on a entendu, alors qu'on sortait à peine du bois, et l'on est tenté de penser qu'il n'a résonné d'une façon aussi éclatante que parce qu'il ouvrait un silence définitif. Tous les autres oiseaux sont muets, et depuis longtemps, sans doute. Leur torpeur a des causes bien précises qu'on ne va pas tarder à découvrir.

L'homme qui s'occupe des volières et assure la garde de cette maison écrit, en ce moment, dans le cahier où il est tenu de consigner ses observations, les lignes suivantes : « Ayant présenté au Jean-le-blanc [c'est le circaète] différents aliments, comme du pain, du fromage, du raisin, de la pomme, il n'a voulu manger d'aucun, quoiqu'il jeûnât depuis vingt-quatre heures; j'ai continué à le faire jeûner trois jours de plus, et au bout de ce temps il a également refusé ces aliments, en sorte qu'on peut assurer qu'il ne mange rien de tout cela. » Le propriétaire de la maison, qui note aussi tout ce qui se rapporte au comportement de ses oiseaux, quand il vient leur rendre visite, a observé que « les effraies vivent dix ou douze jours dans les volières où elles sont renfermées; mais elles refusent toute nourriture et meurent d'inanition au bout de ce temps ». N'est-ce pas là assez pour expliquer l'abattement qui règne dans les volières?

Acceptant de s'alimenter et nourris selon leurs goûts, d'autres oiseaux emprisonnés feraient peut-être entendre leur voix, s'ils ne voyaient ou ne sentaient près d'eux certains de leurs ennemis ou prédateurs naturels : le bouvreuil reste muet, à cause vraisemblablement de la présence, à quelques mètres de lui, des chats-huants apportés, l'hiver précédent, par des bûcherons qui les ont pris dans les arbres creux, où ils se tenaient engourdis par le froid; la tourterelle se tait, rien qu'à deviner la proximité de la crécerelle, un petit faucon, qui pourtant, affirme le maître des lieux, dans son registre est assez apprivoisé « pour ne jamais offenser la personne qui le soigne ».

Au jeûne qu'on impose « expérimentalement » à certains oiseaux, à celui que plusieurs autres, incapables de s'adapter aux conditions de la captivité, observent d'eux-mêmes, à la peur qu'entretient chez beaucoup la présence d'espèces portées à les détruire ou à détruire leurs nichées, s'ajoutent, chez quelques-uns, des réactions biologiques et psychologiques dont la cause échappe à l'observateur pourtant attentif qu'est le maître des lieux. L'ara qu'on voit dans une des cages et dont on a entendu, un peu plus tôt, le cri rauque « qui semble articuler : ara » tombe d'épilepsie deux ou trois fois par mois, si l'on en croit son propriétaire qui, gagné aux théories de Franklin sur l'électricité (il a installé sur sa maison un paratonnerre, le premier en Bourgogne), a d'abord attribué ce phénomène à une décharge électrique transmise, quand le temps est orageux, par le perchoir métallique sur lequel l'oiseau se juche. Cette explication a cessé de paraître valable à notre homme (il s'agit de Buffon, on l'a reconnu) quand il a constaté que ses chardonnerets en cage étaient également sujets à l'épilepsie, que leurs perchoirs fussent en fer ou en bois. On lui a dit que l'épilepsie est occasionnée, chez le chardonneret, « par un ver mince et long qui se glisse entre cuir et chair dans sa cuisse, et qui sort quelquefois de lui-même, en perçant la peau, mais que l'oiseau arrache avec son bec, quand il peut le saisir ». N'ayant jamais pu constater un tel fait, il reste incertain quant à l'origine du mal caduc chez les oiseaux. Il n'importe; on lui a enseigné le moyen de le guérir : il suffit d'entailler l'extrémité d'un des doigts de l'oiseau et d'en faire couler une goutte de sang.

Il ne répugne pas à ces interventions et se livre même à beaucoup d'autres qui n'ont pas une justification thérapeutique. Elles portent sur les nombreux mammifères qu'il tient également en captivité dans des cages, à quelque distance des volières, et ont en particulier pour but de vérifier la possibilité d'accouplements et surtout d'accouplements fructueux entre des animaux appartenant à des espèces voisines : loups et chiens, lapins et lièvres, caprins et ovins, etc. On a vu, plus haut, combien les résultats qu'il obtient le déçoivent. Il expérimente aussi des procédés destinés à faciliter la domestication des bêtes sauvages, tels que le limage des canines chez les carnassiers, mesure la force du sentiment maternel, en ouvrant la porte de la cage où une mère hérisson est enfermée avec ses petits endormis et en observant si elle s'enfuit ou non, etc.

On peut dire que ce lieu constitue un enfer des bêtes, non que celles-ci y soient soumises à de véritables sévices, encore que quelques-unes y meurent d'inanition, mais parce qu'elles y trouvent tant d'étranges contraintes que la vie doit perdre pour elles tout son sens. La frustration s'accroît de la provocation qui l'accompagne, chez l'animal affamé auquel on offre une nourriture qui n'est pas la sienne. Que peut devenir l'instinct du carnassier auquel on a limé les canines? En amenant tel autre animal à préférer la liberté à sa progéniture (la femelle hérisson a bien abandonné ses petits), on lui fait violer les lois de la nature, que la captivité avait d'ailleurs déjà abolies en grande partie, ce qui rend absurde cette expérience cruelle. Ailleurs, séparer par un grillage deux bêtes qu'un antagonisme naturel oppose, interdire ainsi à l'un l'attaque, à l'autre la riposte ou la fuite, c'est freiner l'instinct, bouleverser une organisation psychologique innée...

On ne connaît pas les signes de l'hébétude, chez l'animal. Son regard reste pour nous, sauf chez certains animaux domestiques, un langage indéchiffrable. On peut seulement imaginer que le silence, ce silence que rien n'est venu rompre depuis le cri poussé par l'ara, traduit la stupeur de ces bêtes aux sens déroutés. Et l'on peut se représenter Buffon, dans ses fonctions de zoologue expérimentateur, se heurtant à ce silence, à tel point qu'il éprouvera par la suite de la difficulté à transcrire le cri de certains animaux dans les pages de l'*Histoire naturelle* qu'il leur consacrera. Dans *L'homme qui rit,* Victor Hugo affirmera que Buffon avait engagé un homme ayant retenu la voix d'un grand nombre d'animaux, y compris celle des oiseaux, et possédant le don de la restituer fidèlement. Le philosophe-naturaliste aurait eu recours à ses services, pendant la rédaction de la partie zoologique de son œuvre; Victor Hugo va jusqu'à donner le nom de ce prodigieux imitateur : Touzel. Mais aucun document de l'époque, aucun témoignage de contemporain, ne confirme son existence.

Derrière la maison, dont, ainsi qu'on peut le constater de l'extérieur, à travers les fenêtres sans rideaux du rez-de-chaussée, certaines pièces ont été transformées en laboratoires, se trouve un verger où les arbres, des pommiers, ont leurs troncs écorcés jusqu'à la hauteur de leur ramure, comme de nombreux chênes, dans le bois voisin. Leur bois nu est d'une couleur encore plus claire que celui des chênes et, la minceur de leurs troncs favorisant l'association d'idées, prend une pâleur d'os. Les branches de ces pommiers fantomatiques n'en sont pas moins garnies de feuilles à peine noircies par les premières gelées et d'une multitude de fruits. Buffon affirme que ces pommiers produisent beaucoup plus que ceux auxquels on a laissé l'écorce de leur tronc. Mais ils mourront, irrévocablement, dans peu d'années.

Selon Buffon, l'homme, maître de la nature, a le droit d'en détourner les lois pour en tirer un profit matériel, fût-il fugace, comme avec ces pommiers écorcés, ou durable, comme avec ces chênes dont le tronc mis à nu fournira des mâts ou des madriers impérissables; un profit moral consistant en un élargissement de ses connaissances et un sentiment accru de ses pouvoirs s'y ajoutera ou s'y substituera quelquefois. Buffon montre ainsi une pensée beaucoup plus audacieuse que ses contemporains, que Rousseau, par exemple, qui, tenant la nature pour un absolu, refuse que l'homme, après l'avoir légitimement pliée à ses besoins vitaux, travaille à la pervertir par curiosité ou goût de la domination. En cela, Buffon se révèle infiniment plus irréligieux que ses amis les philosophes, car, en s'accordant une totale liberté dans ses recherches et ses expériences, en ne leur assignant pas seulement comme but le bien commun, il ne donne pas dans cet aveugle respect de la nature qui, chez ses amis, trahit le panthéisme inavoué qu'ils ont substitué à la croyance en Dieu.

L'audace de Buffon ne va pas sans entraîner, autour de lui, quelque trouble. On le constate dans ces bois et ce verger aux arbres écorcés, transformés pour les oiseaux, et pas seulement pour eux, en épouvantails, près de ces volières et de ces cages habitées, quelquefois même surpeuplées, mais muettes, et où, sur leurs balcons de bois blanchis de fientes, les chats-huants, rapetissés par la terreur, ne sont plus que des boules de plumes que le vent par moments ébouriffe, où le renard reste lové, son museau si proche du sol que son souffle y a creusé un petit sillon, où l'ara, bien droit, lui, sur son perchoir, regarde d'un œil de plus en plus agrandi la Bourgogne... Il est sans doute intéressant de « déconcerter » la nature. Mais cela vaut-il tant de souffrance?

IX

LES OISEAUX

Dans l'*Histoire naturelle,* les oiseaux vont occuper une place proportionnellement plus importante que les autres créatures vivantes. Dix volumes, en l'espace de quinze ans, leur seront consacrés. Le nombre de leurs variétés l'explique en partie; le Cabinet du roi comptera bientôt sept ou huit cents oiseaux empaillés différents provenant de la plupart des régions du monde. Les différences existant entre ces innombrables espèces sont beaucoup moins marquées que celles qui distinguent les quadrupèdes; dépouillés de leurs plumes, les oiseaux ne sont pas loin de se ressembler tous, si l'on ne tient pas compte de leur taille. Leur étude révèle moins l'ingéniosité de la nature que sa fantaisie, manifeste dans la richesse de coloris de leur plumage. Mais cette uniformité fondamentale retient particulièrement l'attention de Buffon.

L'unité d'un règne, celle du genre humain d'abord, on l'a vu, est, à ses yeux, l'expression d'un dessein de la nature parfaitement accompli, alors que l'extrême diversité des espèces peut sembler trahir ses hésitations ou faire penser à des effets de la dégénérescence. Par exemple, l'immense gamme des quadrupèdes, de la souris au rhinocéros, peut être considérée comme un dérèglement de la Création, une surabondance désordonnée de ses produits. Sa mécanique semble se réduire à un principe d'adéquation ou d'accompagnement en vertu duquel chaque élément de la nature, chaque caractéristique du climat, du milieu, chaque plante et chaque être animé, a son « client » ou son hôte. Pourquoi cette réponse constante, systématique, de la vie aux moindres possibilités que le monde lui offre? Quelques grands règnes majestueux pourraient remplacer ce pullulement. Il ne faut pas tant applaudir à la multiplicité des espèces vivantes, pense Buffon; c'est pour cela qu'il n'aime pas les insectes, dont les variétés sont en nombre infini : tout ce qui grouille est enfer.

Parlez-moi de l'homme, quelle que soit la couleur de sa peau! Parlez-moi des lions (ne dites pas : des félins; c'est une absurdité de Linné)! Parlez-moi des oiseaux! Ce serait là assez pour peupler le monde. Dominant la pesanteur, maître de l'espace dans ses deux dimensions, l'oiseau est un produit parfait de la nature, « dans la chaîne du grand ordre des êtres, il doit être, après l'homme, placé au premier rang », décrète Buffon. Mais, alors même qu'il le rapproche ainsi de l'homme, il lui prête, lui, pourtant si porté à l'anthropomorphisme, beaucoup moins de sentiments humains qu'il n'en prête aux autres animaux. Détaché en partie de la terre, l'oiseau n'appartient pas tout à fait non plus à notre univers moral. Buffon se garde pourtant de le diviniser et dénonce les innombrables mythes qui l'entourent, dans toutes les civilisations et même dans la nôtre. Le Saint-Esprit n'est-il pas représenté sous la forme d'une colombe, alors que, dans la Bible, on reproche aux païens d'avoir « changé la gloire de Dieu en images d'oiseaux »? Comme tous ses amis les philosophes, Buffon n'a pas la moindre idée de l'inconscient humain, individuel ou collectif, et ne va pas chercher dans les mythes dont l'oiseau n'a cessé d'être l'objet des éclaircissements sur la lointaine histoire de l'homme. Il découvrirait que les premières images mentales de l'oiseau, chez l'homme, sont bien différentes de celles que la morale et la sensibilité ont développées, chez lui, Buffon. Elles s'en distinguent autant que les empreintes fossiles laissées par les ptérodactyles, ces affreux lézards volants ayant précédé les oiseaux, se distinguent des planches en couleurs qui vont orner les volumes de l'*Histoire naturelle* consacrés à « ces êtres légers que la nature paraît avoir produits dans sa gaieté ».

Buffon commence à travailler à l'histoire des oiseaux plusieurs années avant que le premier volume n'en paraisse. Il s'est entouré de collaborateurs en tête desquels figure Philibert Guéneau de Montbéliard, qu'il connaît depuis très longtemps, car, en dépit de son nom, celui-ci est né et vit à Semur-en-Auxois, tout près de Montbard. Son entrée dans le petit groupe des collaborateurs de Buffon coïncide avec le retrait de Daubenton, sans en être cependant la cause. Guéneau de Montbéliard est un zoologue sans réelle formation scientifique; il sait très bien observer les animaux, et décrit leur aspect extérieur, leurs modes de vie, leurs mœurs, dans un excellent style : une bonne « doublure » de Buffon. Daubenton, lui, est, en dehors des fonctions muséographiques qu'il exerce au Jardin du roi, un anatomiste; il possède d'ailleurs le diplôme de docteur en médecine. Les deux hommes ne peuvent donc entrer en concurrence. L'arrivée de l'un et le départ de l'autre résultent simplement du désir de Buffon de gagner, avec l'histoire des oiseaux, un public plus large que celui que les précédents volumes de l'*Histoire naturelle* lui ont acquis.

De nombreux lecteurs ont fait savoir à Buffon qu'il y avait, pour leur goût, beaucoup trop de « tripailles » (c'est le mot qu'il reprend lui-même) dans ses ouvrages. Depuis plus de vingt ans, avec les livres de Fontenelle, de Maupertuis, de l'abbé Pluche, notamment, la vulgarisation scientifique connaît une grande vogue. Les femmes, en particulier, s'intéressent de plus en plus aux matières savantes. *L'almanach historio-physique ou Physiosophie des dames* cite sept cabinets d'histoire naturelle à Paris, qui appartiennent à des femmes, parmi lesquelles Mlle Clairon, la tragédienne. On ne va pas cependant se plonger dans les horreurs de la dissection, accepter que M. Daubenton, le collaborateur de M. de Buffon, gâte les plus belles pages de ce dernier, en y introduisant, comme il le fait, des précisions sur l'intestin du rat ou le clitoris de la chienne. Seul, Grimm, qui n'aime pas Buffon, considère que la meilleure part de l'*Histoire naturelle* est due à Daubenton et que celui-ci est injustement maintenu dans l'obscurité par le maître. « Je crois que le mérite de M. de Buffon perdra de son éclat chez la postérité autant que chez les étrangers; au contraire, la réputation de Daubenton ne pourra que gagner », écrit-il.

Buffon éprouve de l'embarras pour signifier à son fidèle Daubenton qu'il a décidé de se passer de sa collaboration, pour les volumes consacrés aux oiseaux. Il n'est pas l'homme des explications nettes, pour ne pas dire franches. Même dans les conversations sans importance, il détourne souvent son regard de celui de son interlocuteur, plusieurs de ses contemporains en témoignent. Il est vrai qu'il n'est guère doué pour l'improvisation, et qu'en procédant de la sorte et en cessant d'être attentif aux expressions du visage de son vis-à-vis, il trouve sans doute plus facilement ses mots. Enfin, on sait qu'il est atteint d'un très léger strabisme et peut-être essaie-t-il de le dissimuler en ne regardant pas les gens en face. On oublie trop souvent que la personne qui nous parle a à s'accommoder de soi... En tout cas, il demande à un de ses amis de l'Académie des sciences, M. de Montmirail, de faire connaître à sa place à Daubenton la décision qu'il a prise. Le messager s'acquitte de sa mission par une lettre : « Je dois vous dire, écrit-il à l'anatomiste, que, dans les nouveaux plans, très beaux et très vastes, on s'est flatté de donner en trois ans l'histoire des oiseaux, et, pour cet effet, on retranche toute l'anatomie. » C'est, on le sait, un faux prétexte, car les dimensions de l'œuvre projetée et les délais prévus pour sa réalisation permettraient que l'apport de Daubenton y trouve place. Buffon souhaite seulement épargner à ses lecteurs, et surtout à ses lectrices, des indications d'un réalisme scientifique peu en accord avec le tableau de cette « classe d'êtres légers, que la nature semble avoir produit dans sa gaieté ».

Il est d'autant plus désireux de voir s'accroître son public qu'il a dû racheter toutes ses œuvres au libraire Durand, son premier éditeur, déclaré en faillite, et qu'il compte sur le succès des ouvrages à venir, en même temps que sur celui de la réédition des premiers, pour se rembourser de cette dépense (de cent soixante-dix-neuf mille livres, si on l'en croit, somme énorme, environ trois millions et demi de nos francs). Daubenton, qui conserve naturellement ses fonctions au Jardin du roi, où il a une chaire, et qui poursuit des recherches personnelles en zoologie et en agriculture, semble n'éprouver aucun dépit de la décision de Buffon. Il faudra que celui-ci se conduise avec une désinvolture encore plus marquée envers son ancien collaborateur pour que les relations entre les deux hommes s'altèrent. Ces dissensions n'entraîneront jamais cependant leur rupture.

Buffon aura une part relativement limitée dans la rédaction des volumes de l'*Histoire naturelle* consacrés aux oiseaux; l'abandonnant à Guéneau de Montbéliard, qui a réuni la documentation nécessaire et a soigneusement consigné ses observations personnelles, il se borne à la revoir et, à l'occasion, à l'améliorer. En ce qui concerne la forme, il a fort peu à faire, car Guéneau de Montbéliard, que son admiration pour Buffon porte au mimétisme, imite le style de celui-ci à s'y tromper, au moins dans les parties strictement descriptives, qui tiennent, il va de soi, la plus grande place dans ce vaste tableau de la gent ailée. Cette honnête contrefaçon, dont Buffon ne fait guère mystère, se trahit ici et là dans certaines notations d'une poésie un peu conventionnelle que Buffon a laissé passer, alors qu'il se les serait sans doute interdites, si elles étaient venues au bout de sa plume. C'est comme si Guéneau de Montbéliard forçait ainsi la main de l'écrivain qui assure la paternité de l'œuvre, un peu de la même façon qu'un acteur amène l'auteur de la pièce qu'il interprète à accepter le ton personnel qu'il lui donne.

Buffon ne rejette aucune des images dues au talent tout à fait dans le goût du jour de son collaborateur, et où les beautés simples de la nature se trouvent, selon l'expression de Buffon même, « enluminées de merveilleux ». Il va jusqu'à tolérer, lui qui n'aime guère les vers, qu'un alexandrin se glisse dans une description, par exemple, dans celle du martin-pêcheur, l'alcyon, l'oiseau à demi mythique des Anciens, chez lequel « tout le milieu du dos, avec le dessus de la queue, est d'un bleu clair et brillant, qui, aux rayons du soleil, *a le jeu du saphir et l'œil de la turquoise* ». Ailleurs, dans le chapitre consacré à la fauvette, on retrouve « les feuillages renaissants et les bocages revêtus de leur nouvelle parure », qui abondent chez tous les poètes du temps, et même chez les pires, et qui marquent ici la saison des amours « pour les nouveaux hôtes qui viennent les animer » et sans lesquels « ils sembleraient moins frais et moins touchants ».

L'amour est le seul thème qui, revenant sans cesse dans l'histoire des oiseaux, l'élève un peu au-dessus du simple tableau ornithologique, met un peu de vie et, si l'on ose dire, d'âme dans cette œuvre qui nous donnerait sans cela, l'attitude figée des oiseaux représentés sur les planches aidant, l'impression de nous promener dans la boutique d'un empailleur. Et si Buffon, à notre grande surprise, s'accommode des notations pseudo-poétiques de Guéneau de Montbéliard, c'est sans doute parce que, resté étranger toute sa vie à l'amour sentimental et ne sachant comment on doit en parler, à propos des oiseaux, qui y apportent tant de grâce, il s'en remet à son collaborateur.

Tant qu'il s'agissait des mammifères ou, plus largement, des quadrupèdes, le parallèle entre l'animal et l'homme, bien qu'il fût en grande partie artificiel, alimentait abondamment le discours du philosophe-naturaliste. Les oiseaux, eux, n'offrent pas le moindre point de comparaison avec l'homme, morphologiquement, physiologiquement, biologiquement, et représentent une voie si divergente de la Création, qu'on en vient à douter qu'elle puisse avoir une souche unique. Buffon n'aime pas ces formes de dissidence, d'où sa totale absence d'intérêt pour les insectes et ses injustes railleries à l'endroit des entomologistes, de Réaumur, en particulier, preuve du véritable malaise moral qu'il éprouve devant les créatures qui nient le principe d'une parenté universelle et s'enferment dans leur singularité.

Par bonheur, l'amour vient « humaniser » les oiseaux, qui, sans lui, iraient rejoindre les reptiles, les mollusques, les arachnides ou les lépidoptères, ces aberrations vivantes, ces êtres étranges qui osent exister sans se référer à l'homme, aussi peu que ce soit. L'amour semble si bien rapprocher les oiseaux de nous que Buffon, impatient de les dépouiller de leur trop grande étrangeté, le montre pourvu chez eux de caractères plus humains que ceux qu'il présente en réalité. Lui, jusqu'ici si matérialiste, à propos de l'amour (qu'on se souvienne : « il n'y a que le physique de cette passion qui soit bon ») exalte ou encourage Guéneau de Montbéliard à exalter la délicatesse, en même temps que l'ardeur des sentiments existant, chez les oiseaux, entre le mâle et la femelle. Au seuil de la soixantaine, Buffon est converti à l'amour idéalisé par le pigeon. Ce n'est pas que celui-ci et tous ses semblables ailés n'aient qu'un goût modéré de l'accouplement. « [Certes] rien n'égale la force des impressions de l'amour dans les animaux quadrupèdes, rien n'est plus pressant que leurs besoins, rien de plus fougueux que leurs désirs, mais dans les oiseaux il y a plus de tendresse, plus d'attachement, plus de moral en amour, quoique le fonds physique en soit encore plus grand que dans les quadrupèdes. »

Aux yeux de notre philosophe-naturaliste, la force du sentiment abolit toute distinction entre les effusions qu'elle provoque; le physique et le moral se confondent, ne font qu'un. Buffon en vient à donner le nom de chasteté à la fidélité réciproque, « à l'amour sans partage du mâle et de la femelle », à l'art « de se donner des grâces », aux « caresses tendres », aux « mouvements doux », aux « baisers timides », qui précèdent l'union. Et notre homme de soupirer, rêveur : « Tout le temps de la vie employé au service de l'amour et aux soins de ses fruits... Quels modèles pour l'homme, s'il pouvait ou savait les imiter! » Il existe cependant des oiseaux de certaines espèces moins portés que les autres à sublimer les ardeurs qu'ils ressentent : ainsi, les moineaux qui « par l'usage immodéré qu'ils font de leurs femelles, abrègent beaucoup leur vie ». « Comparez les amours du pigeon à celles du moineau, conclut Buffon, vous y verrez presque toutes les nuances du physique au moral. »

Il y aurait dans ces lignes, pour lesquelles il a, de toute évidence, repris la plume des mains de Guéneau de Montbéliard, car Buffon est inimitable, quand il prêche, de quoi apaiser Mme de Pompadour dont on se souvient qu'elle a jadis sévèrement jugé, du haut de ses principes de courtisane parvenue, le matérialisme avoué de Buffon en amour. Mais elle vient de mourir. Trop expérimentée pour croire que, chez les hommes, la conception de l'amour est purement intellectuelle, n'est qu'affaire de philosophie, elle n'aurait pas manqué de s'interroger sur les causes réelles du revirement complet d'opinion de son protégé. Mais aurait-elle pu découvrir qu'il a, depuis quelque temps, une jeune maîtresse? Tout est né et s'est développé en secret à Montbard. Un jour, s'étant approché pour se délasser de la fenêtre de son cabinet de travail, Buffon a aperçu, pliée en deux dans son jardin, une jeune fille de son personnel, qu'il n'avait pas encore remarquée. Son regard s'est attardé sur elle. Peu de temps après, la jeune jardinière, Marie Blesseau, chez qui Buffon, homme à ne pas se laisser aveugler par ses passions, a découvert des qualités morales et une réelle intelligence, a été promue intendante et a pris en main l'administration de la maison, en particulier pendant les fréquents séjours à Paris de Buffon et de sa femme.

Celle-ci n'a pas ignoré longtemps que Marie Blesseau était devenue la maîtresse de son mari, mais apparemment n'a pas osé se plaindre, car aucun témoignage ne fait état d'une discorde visible entre les époux. Il faut dire que la jeune femme, Marie-Françoise, disparaît presque complètement dans l'ombre de Buffon; de vingt-cinq ans plus jeune que lui, elle est portée à lui montrer de la déférence; s'y ajoute sans doute de la gratitude, car il l'a épousée presque sans dot. Ce serait assez pour qu'elle se tienne en retrait, par rapport à son mari, s'il n'était de surcroît un grand homme, à côté de qui toute présence pâlit. Celle de Marie-Françoise de Buffon en vient à ne retenir l'attention d'aucun des familiers du maître. Seul, Diderot nous peint la jeune femme, et sous des traits propres à lui donner même un peu trop de réalité : « Mme de Buffon n'a plus de cou, son menton a fait la moitié du chemin, devinez qui a fait l'autre moitié? Moyennant quoi ses trois mentons reposent sur deux bons gros oreillers », écrit-il à Sophie Volland, description où l'on ne retrouve guère la Marie-Françoise de Buffon de son portrait par Drouais, où elle apparaît svelte dans une robe de soie lamée d'or, garnie de dentelle et de zibeline. Mais on sait que Drouais est un peintre de cour.

Au moment où Marie Blesseau s'affirme presque publiquement comme la maîtresse de Buffon, Marie-Françoise est dans les dernières semaines d'une nouvelle grossesse, et, comme il arrive souvent, elle peut penser que sa prochaine maternité va lui ramener son mari. Elle en serait encore plus sûre, si elle savait que c'est un fils que, cette fois, elle va lui donner. Buffon, en homme de son temps et de sa classe, est soucieux du prolongement de sa lignée par les mâles, mainteneurs du nom. Georges-Louis-Marie Leclerc de Buffon vient au monde en mai 1764. Son père, dans un geste d'humilité seigneurial, lui donne pour parrain et marraine deux pauvres de Montbard. Il y a peut-être là aussi une discrète attention à l'adresse de Marie Blesseau, fille du peuple, que Buffon traitera toujours comme une égale, au moins dans sa vie privée. Contrairement à ce que sa femme devait espérer, les joies de la paternité ne l'ont pas détaché de sa jeune maîtresse, qu'il gardera près de lui jusqu'à la fin de sa vie.

L'exaltation, l'idéalisation de l'amour, si apparente dans la partie de l'*Histoire naturelle* consacrée aux oiseaux, est vraisemblablement la conséquence de cette liaison, où le philosophe-naturaliste, presque sexagénaire, apporte moins de fougue physique qu'il n'en montrait jusqu'ici dans ses rapports avec les femmes et commence à s'intéresser réellement à sa compagne. Si cette évolution naturelle n'a pas resserré ses liens avec sa femme, la faute en est peut-être à celle-ci qui, figée par son éducation à la fois aristocratique et religieuse, n'a pas su mettre assez d'abandon, de familiarité, voire de bonne humeur, dans les relations conjugales.

Comme toujours, l'amour, quand il vient tardivement, chez un homme mûr, donne à celui-ci une vision attendrie du monde. Buffon ne se borne pas à exalter l'amour d'individu à individu, chez les oiseaux; il parle avec émotion de leur amour de la société, de leur attachement à leurs semblables, de la douceur de leurs mœurs, et les décrit comme « un peuple sérieux, honnête, dont on a raison de tirer des fables morales, quand on ne lui emprunte pas des exemples utiles ». Ce moralisme n'est pas absent des autres parties de l'*Histoire naturelle*, mais il prend ici des accents plus vigoureux. Les oiseaux, avec le concours de Marie Blesseau, ont, comme d'un coup d'aile, élevé les sentiments de Buffon, leur ont fait gagner les hauteurs de l'idéalisme, dont, depuis sa jeunesse, il s'entêtait à rester éloigné.

Bien que résolument humanisés par leurs sentiments, les oiseaux évoluent ici et là dans un surnaturel que Buffon ne résiste pas toujours à l'envie d'évoquer, même si c'est pour en nier l'existence, dénoncer les légendes qui, depuis des siècles, réussissent souvent à l'accréditer. Des mythes traversent encore le siècle des lumières, comme des lambeaux de nuées, ou comme les restes de rêves qui traînent dans notre esprit, dans les instants qui suivent notre réveil. Buffon balaie, comme d'un revers de main, mais en prenant cependant la peine de les rappeler, celles de ces croyances qui appartiennent sans conteste à la fable : les perdrix fécondées par le vent, les mâles des cailles qui s'accouplent à des femelles de crapauds, les engoulevents qui tètent les chèvres, le bruant qu'il suffit de regarder pour qu'on soit guéri de la jaunisse (mais, du coup, lui, en meurt), etc. Là, le merveilleux est patent, et un naturaliste ne va pas s'y laisser prendre. Mais devant d'autres croyances, aussi solidement établies et aussi stupéfiantes, il se montre moins catégorique, pèse les arguments, réfléchit, doute... Rien ne prouve, bien sûr, que certaines hirondelles s'enfouissent dans la vase des étangs, pour y passer la mauvaise saison en état d'hibernation, mais pourquoi la pie n'aurait-elle pas, comme on l'assure, la notion de la suite des unités jusqu'à six? Quant à la corneille qui se laisse tomber avec l'arbre qu'on abat, plutôt que d'abandonner sa couvée, quelle est la personne douée de bon sens qui n'admette cet exemple d'amour maternel? Pas Buffon, en tout cas. Depuis quelque temps (nous savons depuis quand), il croit tout ce qui parle au cœur. Il prête au bouvreuil « une âme sensible », tant le comportement de cet oiseau est gracieux et tant son chant est mélodieux. Celui du rossignol, le plus beau de tous, ne révèle pas une âme moins tendre. « Les enthousiastes des beaux sons croient », écrit-il (à moins que ce ne soit Guéneau de Montbéliard qui l'écrive, avec son approbation), « que ceux du rossignol contribuent, plus que la chaleur, à vivifier le fœtus dans l'œuf ». Cette transposition biologique du miracle d'Orphée enchante visiblement notre philosophe-naturaliste.

Ici, à travers l'homme de science, si peu scientifique souvent, l'écrivain impudemment se révèle, orgueilleux de son pouvoir, des vertus incantatoires de son langage, de son style, sûr et fier de féconder les esprits non seulement par ce qu'il dit, mais par la façon dont il l'exprime. Rousseau, écrivain au pouvoir incantatoire lui aussi, et dont, sous une autre plume, les idées n'auraient pas autant de force, a bien compris en quoi le génie de Buffon réside : « Je lui crois des égaux parmi ses contemporains en qualité de penseur et de philosophe, mais en qualité d'écrivain je ne lui en connais point; c'est la plus belle plume de son siècle. Je ne doute point que ce soit là le jugement de la postérité », écrit-il. Il ajoute : « Un de mes regrets est de ne pas avoir été à portée de le voir davantage et de profiter de ses obligeantes invitations; je sens combien ma tête et mes écrits auraient gagné dans son commerce. »

Les deux hommes n'échangent des lettres que de loin en loin. « Il y a des amis dont la bienveillance mutuelle n'a pas besoin d'une correspondance expresse pour se nourrir, et j'ai osé me placer avec M. de Buffon dans cette classe-là », explique Rousseau. Sa retraite à Môtiers-Travers, la relative solitude qu'il y connaît et surtout les conflits qui commencent déjà à l'opposer aux autorités civiles et religieuses de cet endroit retiré du Jura suisse le conduisent cependant à prendre de plus en plus fréquemment à témoin de ses malheurs les rares personnes qu'il estime. Buffon occupe, parmi elles, une des premières places, on vient de le voir; la sincérité de Rousseau n'est jamais à mettre en doute, quand il porte un jugement sur ses contemporains; il peut se tromper, mais il ne ment jamais; la complaisance, la flatterie, le mal de cette époque, présent chez les meilleurs, chez Diderot, chez Voltaire – et chez Buffon – lui est inconnue.

Mais ses plaintes de persécuté imaginaire ne trouvent souvent pour toute réponse, de la part de Buffon, que des conseils de modération, des exhortations à la patience, à la concorde. Rousseau les prend assez mal, surtout quand il y voit une invitation à se réconcilier avec Voltaire : « M. de Buffon veut-il que je fléchisse ce tigre altéré de mon sang? Je sais souffrir; j'espère apprendre à mourir », écrit-il à un de ses amis après avoir reçu une lettre de Buffon. Un jour cependant, celui-ci fait écho à ses plaintes. « J'ai vu avec douleur que vos prêtres sont encore plus intolérants, plus féroces que les nôtres, lui écrit-il. Je vous aime, Monsieur, je vous admire et je vous plains de tout mon cœur. » Si l'on ne connaissait pas le vieil anticléricalisme, en général soigneusement caché, de Buffon, on ne manquerait pas de remarquer que ces lignes amères sont écrites alors que le curé de Montbard, l'abbé Desvignes, vient de vitupérer en chaire les maris infidèles, en assortissant son blâme de considérations qui laissaient deviner qui il visait. On imagine aisément le thème : le péché de l'homme à l'esprit éclairé est moins pardonnable que celui de son semblable qui ne possède pas en lui de quoi dominer ses bas instincts.

Il n'est personne, dans la petite ville, qui ignore la liaison existant entre Buffon et « la Marie Blesseau », celle-ci, autoritaire, s'étant fait des ennemis des domestiques de la maison, lesquels ne se privent pas de jaser sur la favorite. La situation morale de Buffon à Montbard, rétablie quelques années plus tôt, non sans peine, après les différends qui l'ont opposé à certains des habitants de la petite ville ou des environs, se trouve de nouveau ébranlée. Heureusement, les séjours prolongés à Paris du philosophe-naturaliste, s'ils lui imposent une séparation pénible, ont pour effet de rasséréner Mme de Buffon, qui les partage, et de faire retomber, à Montbard, la rumeur des commérages.

A Paris, pour permettre l'agrandissement des cabinets où sont exposées les collections, agrandissement pour lequel il a enfin obtenu des crédits, Buffon vient de quitter l'appartement de fonction qu'il occupait au Jardin du roi. Il a trouvé à se loger à mille pas de là, rue des Fossés-Saint-Victor (aujourd'hui rue du Cardinal-Lemoine), dans l'hôtel Lebrun, construit au siècle précédent par le peintre de Louis XIV. « On m'a traité honnêtement pour dédommagement, mais non pas magnifiquement, comme on le dit à Dijon », déclare Buffon, dans une lettre à un de ses amis. Nous connaissons le montant de cette indemnité : six mille livres par an (cent à cent vingt mille francs actuels); cette somme couvre, outre le loyer, les dépenses de chauffage, d'éclairage, d'entretien, etc. Bien que très largement pourvu, car, à ses émoluments d'intendant du Jardin du roi, s'ajoutent les revenus de son domaine de Buffon, les douze mille livres que le libraire Panckouke lui verse pour chaque nouveau volume de l'*Histoire naturelle* (mais il doit payer ses collaborateurs), ses indemnités de membre de l'Académie des sciences et de l'Académie française, Buffon défend avec âpreté ses intérêts et a dû, au moment de son installation à l'hôtel Lebrun, faire tout ce qu'il convenait pour obtenir de l'État le dédommagement le plus élevé possible. Présentement, il démarche auprès de ses amis pour qu'ils souscrivent et fassent souscrire autour d'eux pour le premier volume des oiseaux.

Tout en poursuivant, avec le concours de Guéneau de Montbéliard, la préparation des textes des volumes qui vont suivre, Buffon s'occupe de leur illustration. Quatre-vingts artistes travailleront pendant cinq ans sur les oiseaux. Quelques-uns seulement font partie du personnel du Jardin du roi, dont Mlle Madeleine Basseporte, qui a succédé au célèbre Aubriet, mort en 1742, à qui l'on doit notamment trois cent cinquante-huit magnifiques vélins, conservés à la bibliothèque du Jardin. Peintre de fleurs, Mlle Basseporte se convertit, à soixante-six ans, à la peinture des oiseaux, dont on lui fournit les modèles empaillés. L'oiseau, et même le plus beau, n'a pas l'intérêt pictural de la plante, le pouvoir de fascination de la fleur; il n'existe pas de second plan, dans la représentation d'un oiseau, alors qu'on en trouve un dans celle de la moindre corolle : là, les couleurs des plumes ne composent qu'un surprenant et agréable bariolage; ici, les teintes des pétales participent d'une harmonie que nous devinons par-delà les apparences du monde naturel; enfin, l'oiseau voit, mais n'a pas de regard; avec la fleur, c'est le contraire.

Buffon ne demande pas qu'on apporte de l'art, si ce n'est l'art de l'exactitude, de la précision, dans les planches qu'il commande pour les volumes consacrés aux oiseaux et dont il surveille l'exécution. Mais la reproduction des couleurs ne répond pas toujours à ses exigences, à cause peut-être de l'insuffisance des moyens techniques de l'époque. « Ce petit oiseau-mouche, l'améthyste, écrit-il ainsi, a toute la gorge et le devant du cou de la couleur améthyste brillante. On n'a pas pu donner cet éclat à la figure enluminée n° 672; c'est même la difficulté de rendre ce lustre et l'effet des couleurs des oiseaux-mouches et des colibris qui en ont fait borner le nombre dans les planches enluminées et discontinuer un travail que tous les auteurs reconnaissent être l'écueil du pinceau. » Recherchant uniquement l'exactitude des images, Buffon se soucie peu que ces oiseaux, immobilisés sur le perchoir du taxidermiste, afin de ne rien laisser ignorer de leur conformation, manquent de vie. C'est au texte à la leur restituer. Il ne semble pas que Buffon ait un goût marqué pour les arts plastiques; il n'en parle à peu près jamais dans ses écrits destinés à la publication et pas davantage dans sa correspondance. Tel que nous le connaissons, tout au plus doit-il être sensible à la théâtralité, à l'emphase, de beaucoup des œuvres picturales ou sculptées de l'époque, l'influence de son ami Diderot, qu'il admire et qui vient de commencer à publier ses *Salons*, n'y étant peut-être pas pour rien. Comment Buffon n'applaudirait-il pas à ce qu'il y a de plus déclamatoire chez Greuze ou de plus disproportionné chez Pajou, qui fera, plus tard, sa statue? Bien que cuirassé par son matérialisme et son humour un peu lourd de paysan bourguignon, il est de son siècle, sentimental et larmoyant.

Voici justement que se présente dans le cercle de ses familiers une occasion de s'attendrir, tout en célébrant l'esprit de progrès, la foi en la science : Guéneau de Montbéliard vient de faire inoculer son jeune fils, intervention encore très discutée et non sans risques. C'est Diderot, toujours porté à l'enthousiasme, qui donne le signal des cris d'admiration : « *Bis pater!* Vous êtes deux fois père! » écrit-il à Guéneau de Montbéliard, dont il a fait la connaissance par Buffon. Celui-ci félicite son collaborateur, mais se garde bien de l'imiter. Prudence scientifique? L'inoculation, si elle est efficace dans la plupart des cas, présente des dangers qui ne seront éliminés que vers la fin du siècle par la vaccination mise au point par Jenner. Si des médecins réputés, tel que Bordeu, l'ami des philosophes, la préconisent, d'autres, non moins estimés, dont Van Swieten, le médecin de Marie-Thérèse d'Autriche, la combattent farouchement. Ce dernier vient d'être pris pour cible par Voltaire dans un pamphlet où il vante, une nouvelle fois, cette méthode de prévention, dont il a été le premier à parler, trente ans plus tôt, à son retour d'Angleterre. Comme ses confrères les philosophes, comme Diderot, comme d'Alembert, comme Helvétius, tous partisans de l'inoculation, Voltaire voit dans cette mesure prophylactique non seulement une parade contre une maladie qui tue des dizaines de milliers de personnes et en défigure trois ou quatre fois plus, chaque année, en France, mais aussi le symbole de l'esprit de progrès. On peut même se demander si, chez ces hommes, les considérations d'ordre scientifique et sanitaire, qu'ils empruntent d'ailleurs à certains de leurs amis médecins, ne sont pas en partie éclipsées par la philosophie qui prône l'initiative humaine, l'innovation, la remise en question des théories admises.

Les conservateurs, les traditionalistes, ne s'y sont pas trompés, en tout cas. Trois ans plus tôt, sur réquisitoire du président du Parlement, Omer de Fleury, une des bêtes noires de Voltaire, l'inoculation a été interdite. Mesure de pure forme qui n'a, semble-t-il, jamais entraîné de poursuites judiciaires et qui a été rapportée, un peu plus tard. Elle ne s'en inscrivait pas moins dans le combat mené par l'État et l'Église contre l'esprit nouveau, celui de l'Encyclopédie, selon lequel les meilleures chances de l'homme sont dans ses recherches et ses propres inventions. L'inoculation, audacieuse et encore peu sûre, garde le caractère d'un pari sacrilège; il faut plus d'humilité et de soumission aux desseins de Dieu. Est-ce cette condamnation implicite qui détourne Buffon, personnage officiel et célèbre dont la vie familiale est exposée aux regards, de faire inoculer son jeune fils? Est-ce simplement la peur du risque? Buffon craint tant la variole qu'il refuse de serrer la main d'un de ses amis dans la maison de qui quelqu'un est atteint de la terrible maladie. Il pourrait, dit-il, la transmettre au petit Georges-Louis-Marie Leclerc de Buffon.

L'amour paternel achèverait de donner de la vie de Buffon, homme comblé de dons et de biens, une image radieuse, si l'entente conjugale n'en était désormais absente. Dès que Buffon et sa femme sont de retour à Montbard, où Marie Blesseau exerce avec zèle et intelligence ses fonctions d'intendante, un malaise recommence inévitablement à régner dans le couple. Une fois encore, rien, aucun témoignage, aucune lettre, ne nous en instruit, mais la chose va de soi. On peut penser que Marie-Françoise de Buffon n'adresse aucun reproche à son mari, au sujet de ses relations avec l'intendante; des années de couvent vous dressent au silence. Mais il n'est pas une femme qui ne sache, à certains moments, lui donner une claire signification. Qui n'imaginerait qu'on respire mal dans cette maison?

Cependant, Buffon invite souvent sa femme à l'accompagner dans ses déplacements à cheval; il y a toujours quelque chose à inspecter dans le domaine ou quelque affaire à régler dans les environs; par exemple, le conflit qui oppose les habitants de Marmagne, un hameau à une demi-lieue de Montbard, aux moines de Fontenay, lesquels, ayant fait abaisser le déversoir d'un des étangs de leur abbaye, inondent les champs de leurs voisins. Buffon a pris la défense des habitants de Marmagne; il est trop heureux de combattre, même si c'est seulement dans les limites d'un village, les abus ecclésiastiques qui, depuis toujours, le révoltent; trop heureux aussi peut-être de regagner la sympathie de la population locale que ses prétentions de hobereau lui ont jadis aliénée. Un jour qu'elle se trouve en sa compagnie, Marie-Françoise fait une chute de cheval et est relevée souffrant de graves contusions, en particulier à la face.

Certains accidents ressemblent à un entraînement du malheur, à quelque vertige secret de la tristesse, à une volonté inconsciente de s'exclure, chez ceux qui se sentent de trop. Mais il se peut aussi qu'un obscur espoir de revanche, le désir d'avoir prise sur autrui, en l'apitoyant, y prédispose. Dans ce cas, Marie-Françoise de Buffon a réussi en partie : Buffon se montre, auprès d'elle, plein de prévenances, d'affectueuses attentions. Malade pendant plus de deux ans, elle mourra d'un abcès ou, plus vraisemblablement, d'une tumeur de la mâchoire. Bien qu'il n'ait pas rompu avec Marie Blesseau, Buffon aura, pendant toute cette période, fait preuve, au chevet de sa femme, de réelles qualités de cœur.

X

UNE GLOIRE SANS OMBRE

C'est au cours de la maladie de sa femme, qui l'amène à séjourner à Montbard aussi fréquemment et aussi longtemps que ses fonctions d'intendant du Jardin du roi et la publication des volumes de l'*Histoire naturelle* le lui permettent que Buffon crée ses forges, près du village dont il tire son nom. À l'origine de cette entreprise, un triple dessein, qu'il ne nous présente que sous l'une de ses faces : « Comme je ne me trouvais pas assez instruit dans la connaissance des minéraux, que je n'étais pas satisfait de ce qu'on en dit dans les livres, que j'avais bien de la peine à entendre ceux qui traitent de la chimie, où je voyais d'ailleurs des principes précaires, toutes les expériences faites en petit et toujours expliquées dans l'esprit d'une même méthode, j'ai voulu travailler par moi-même, et, consultant plutôt mes désirs que ma force, j'ai commencé à faire établir sous mes yeux des forges et des fourneaux en grand. » Voilà pour la justification scientifique du projet. Il a une autre raison, que le philosophe-naturaliste ne juge pas utile d'indiquer : la recherche d'un profit.

Buffon investit dans cette entreprise un capital de trois cent mille livres (cinq à six millions de nos francs). Or, il n'est pas homme à exposer à des risques une bonne partie de sa fortune pour le plaisir de percer les secrets de la métallurgie. D'ailleurs, il déclarera, un peu plus tard, sans cacher son dépit :

« Je n'ai jamais pu tirer intérêt de ma mise au denier vingt » (c'est-à-dire un intérêt de 5 %), preuve qu'il en espérait au moins un rapport de cette importance. Mais, avant tout, ses forges vont lui permettre d'utiliser de la façon la plus avantageuse, sous la forme de charbon de bois, les arbres destinés à la coupe dans les bois de Rougemont, des Harens et de La Mairie, qui se trouvent à proximité de l'endroit, au bord de l'Armançon, où s'élèveront ses forges, et qui lui appartiennent. Les minières de fer, c'est-à-dire les mines à ciel ouvert, sont également assez proches; le Châtillonnais, l'Auxois et le Dijonnais sont, depuis des siècles, des régions sidérurgiques, bien qu'elles ne fournissent qu'un minerai en rouille et en grains, c'est-à-dire assez médiocre. Il y a là une conjonction de circonstances si favorables qu'on se retrouve presque dans le chapitre de *De la nature* où Lucrèce nous montre la naissance spontanée de la métallurgie; la foudre ayant mis le feu à des forêts, le minerai contenu dans la terre entre en fusion et coule en ruisseaux incandescents vers des dépressions du sol où il se solidifie et est recueilli par les hommes.

Il est bien dans le tempérament de Buffon de se griser d'images vulcaniennes, mais ses visions cosmogoniques le portent bien au-delà du mythe repris par Lucrèce. La métallurgie lui fait revivre une des phases du processus de formation de notre planète, sous l'action du feu originel (d'origine solaire, selon la thèse de Buffon). Il est persuadé que « le fer a commencé à s'établir le premier parmi les métaux sur le globe ». Donc, « toutes les matières terrestres, et même les éléments, étant convertibles », le fer, par son antériorité, pourrait représenter la souche de tous les autres métaux et offrir de la sorte des possibilités de transmutation. Et notre philosophe-naturaliste d'exhumer certaines théories alchimistes : « En bonne morale, on doit rejeter le *grand œuvre,* mais en saine physique on ne peut le traiter d'impossible », écrit-il, prudent comme toujours, et ayant pris soin, dans la première partie de sa déclaration, de condamner ce qui, dans le *grand œuvre,* dans la transmutation des métaux en or, peut être assimilé à de la sorcellerie. Pour ne pas encourir les critiques et les sanctions de l'Église, Buffon interdit à la science de provoquer des phénomènes qu'il croit être à sa portée – la transmutation des métaux – mais dont il a été décidé, il y a trois siècles, en Sorbonne, qu'on ne pouvait les attribuer qu'au Diable.

Il reste que les théories métallogéniques de Buffon représentent un pas important dans le progrès des connaissances et sont encore prises en considération de nos jours. L'esprit de cet homme ne se meut aisément que dans la Genèse, la solennité de la Création. Et la majesté de ses visions scientifiques se retrouve dans l'aspect même de ses forges. « De chaque côté de la porte, sont deux niches, et cette entrée est si monumentale qu'on a vu des gens de la campagne ôter leur chapeau, en passant, comme devant un édifice consacré au culte », rapporte un visiteur. On peut remarquer que le style de Buffon écrivain produit quelquefois le même effet. Ici, le campagnard se croit devant un temple, et c'est une usine; là, on nous parle d'animaux, avec des détails anatomiques, et l'on croit entendre Bossuet...

Quoi qu'il en soit, si l'on passe sur ce qu'elle a d'un peu solennel, l'architecture des forges de Buffon dressées au bord d'un des cours d'eau les plus innocents du monde, l'Armançon, traduit parfaitement le caractère philosophique et religieux que présente, au XVIIIe siècle, l'esprit de progrès. L'homme de science de l'époque, qu'on voit dans les planches des livres de physique ou de chimie illustrés manipuler en manchettes de dentelle (Buffon n'est pas le seul à en porter) ses instruments et appareils d'expérimentation, de cristal et d'argent, avec poignées d'ébène, tout à fait dignes de figurer sur les meubles du salon, ne sépare pas le monde de la recherche du monde quotidien et des raffinements de la civilisation. Il ne peut donc concevoir des bâtiments à usage industriel que sous l'aspect d'une demeure, d'une résidence, d'un lieu rappelant la présence morale de l'homme, la culture dans sa totalité. Cette religion du progrès humain, qui n'établit pas de distinction entre la science expérimentale et l'art, se révèle dans l'ornementation dont s'entoure l'industrie naissante et qui s'apparente aux emblèmes ésotériques de la franc-maçonnerie. Les portes monumentales des forges de Buffon annoncent celles, babyloniennes, que Nicolas Ledoux va bientôt construire pour les salines d'Arc-et-Senans.

Les forges de Buffon n'en comportent pas moins toutes les installations et toutes les machines permettant une forte production : hauts fourneaux (de dimensions encore réduites; ils ne se développeront qu'au siècle suivant), fonderie, marteaux-pilons, martinets (marteaux mus par la force hydraulique), brocards (appareils pour broyer le minerai), etc. Le courant de l'Armançon entraîne les turbines, les roues à aubes, qui font se mouvoir ces machines et actionnent d'énormes soufflets servant à oxygéner le métal en fusion. C'est là un procédé perfectionné par Buffon et qui lui permet d'obtenir « avec une mine qui donnait le plus mauvais fer de la province, un fer aussi ductile, aussi nerveux, aussi ferme que les fers du Berri, qui sont réputés les meilleurs de France ». Mis au courant de ces excellents résultats, vraisemblablement par Buffon lui-même, le ministère de la Marine a envisagé de lui commander des canons de fer coulé. Il lui a dépêché le vicomte de Morogues, le fondateur de l'Académie de marine, pour étudier avec lui la mise en train de cette fabrication. Mais le projet doit être bientôt abandonné : les caisses de l'État sont vides. Buffon parvient cependant à lui vendre le fer nécessaire pour remplacer ou compléter les grilles qui entourent le Jardin du roi... Les forges de Buffon emploieront jusqu'à quatre cents ouvriers. Le maître de forges, nouveau titre de notre philosophe-naturaliste, a fait construire, au fond de la grande cour de la fabrique, une chapelle où, chaque dimanche, un vicaire de Montbard vient dire la messe. Buffon y assiste très rarement. « Savez-vous pourquoi? » dit-il, sans rire, au prêtre qui s'en attriste. « C'est que je ne puis assister sans pleurer à cette auguste cérémonie. »

Il ne sera même pas présent à la messe, lors de l'enterrement de sa femme, en mars 1769, mais c'est elle qui lui a fait promettre de quitter Montbard immédiatement après sa mort. On peut s'interroger sur la raison de cette singulière exigence. Marie-Françoise de Buffon, sachant que tous les habitants de Montbard et une grande partie de la « bonne société » de Dijon sont au courant de la liaison de son mari avec Marie Blesseau, a-t-elle voulu rappeler l'abandon dont elle était l'objet de la part de son mari, mais que les convenances l'obligeaient à dissimuler? A-t-elle voulu ainsi rendre effectif et public, d'une façon posthume, le divorce qui, la religion l'interdisant, ne pouvait être prononcé de son vivant? Le fidèle Père Ignace, venu pour cela de Buffon, s'occupera seul des obsèques.

Depuis quelque temps déjà, le petit Georges-Louis-Marie, qui n'a encore que cinq ans et dont la turbulence troublait la malade, a été confié à la femme de Guéneau de Montbéliard, Élisabeth-Bénigne, que Buffon appelle « le mouton », à cause de sa douceur, et qui vit à Semur-en-Auxois. Buffon, très affecté par la mort de sa femme, aux dires de ses proches, ne peut que trouver un grand réconfort dans l'amitié des Guéneau de Montbéliard. Richard de Ruffey, le compagnon de toujours, se fait, lui aussi, très présent – la correspondance des deux hommes en témoigne –, auprès de Buffon qui montre plus d'affliction que, connaissant sa liaison avec Marie Blesseau, ses amis ne s'y attendaient sans doute.

A Dijon, où il se rend souvent, pendant cette période, Buffon jette pour la première fois les yeux sur la fille de

Ruffey, Marie-Thérèse, qui n'a encore que quinze ans, mais dont le charme l'impressionne. Au lendemain d'une visite aux Ruffey, il écrit à la mère de la jeune fille : « Rien ne peut m'être plus agréable que la vue de mademoiselle votre fille, qui est d'une figure charmante, et qui, sous la conduite d'une mère aussi spirituelle, aussi honnête et respectable en tout, ne peut manquer de devenir excellente. » Mariée à dix-sept ans à un barbon, Marie-Thérèse, après plusieurs aventures, s'enfuira avec Mirabeau, qui l'immortalisera dans ses *Lettres à Sophie,* le prénom qu'il lui aura donné. Elle gardera un souvenir assez vif de Buffon pour convertir son amant au culte du philosophe-naturaliste. « Buffon est le plus grand homme de ce siècle et de bien d'autres », déclarera un jour Mirabeau.

Remis de son deuil au bout de quelques mois, ce qui ne l'empêchera pas de garder jusqu'à la fin de sa vie une espèce de vénération pour la mémoire de sa femme, Buffon a-t-il eu, à un moment, des visées sur Marie-Thérèse? Nous sommes à une époque où l'énorme différence d'âge entre lui et la jeune fille ne pourrait constituer un obstacle à leur union. Dans l'aristocratie et la grande bourgeoisie, on marie couramment des jouvencelles tirées du couvent à des hommes aussi vieux que leurs grands-pères. D'ailleurs, Marie-Thérèse va épouser dans deux ans, sans avoir eu à donner son avis, le marquis de Monnier, ex-président de la Chambre des comptes de Dole, qui est presque septuagénaire. Fort de l'amitié de Richard de Ruffey, que son intelligence et sa grande culture ne retiennent pas de sacrifier à ces coutumes matrimoniales d'un autre âge, Buffon aurait très bien pu prétendre à la main de Marie-Thérèse. Son attachement pour Marie Blesseau suffit sans doute à expliquer qu'il s'en soit abstenu.

Des accidents de santé viennent d'ailleurs lui rappeler qu'on a davantage besoin auprès de soi, à son âge, d'une compagne déjà mûrie (quoique encore jeune, Marie Blesseau a plusieurs années de plus que Marie-Thérèse) que d'une pensionnaire à peine émancipée. Alors qu'il se trouve à Paris, où Marie Blesseau l'a suivi, Buffon tombe malade. À une grave dysenterie, maladie très commune, en ce temps, dans les villes, où l'on boit souvent de l'eau de rivière polluée, s'ajoutent des troubles urinaires provoqués par les calculs dont il souffre depuis longtemps. Le cas prend bientôt une si mauvaise tournure que le bruit se répand à Paris et jusqu'à Versailles que Buffon est « à toute extrémité ». Mais, peu à peu, son état s'améliore, grâce en partie aux soins que lui a apportés Marie Blesseau, et il va agrémenter sa convalescence en buvant du vin de la Côte de Genay, un cru bourguignon qu'il apprécie particulièrement et auquel il prête des vertus roboratives.

Elles ne l'empêcheront pas de faire une espèce de rechute, au reçu d'une nouvelle qui lui parvient du ministère de la Maison du roi : la survivance de sa charge d'intendant du Jardin du roi, qui avait été donnée, deux ans plus tôt, à son fils, par Louis XV, lui est retirée. Ayant vu, un peu plus tôt, Buffon à l'article de la mort, on s'est inquiété, en haut lieu : l'intendant du Jardin du roi a soixante-quatre ans; s'il ne meurt pas cette fois-ci, ce ne sera jamais que partie remise, et pour peu de temps, car les cas de grande longévité sont rares, à cette époque; Buffon, qui s'est livré à des calculs de probabilité, à ce sujet, le sait mieux que quiconque. Sa charge risque ainsi d'échoir à un enfant, situation évidemment inacceptable. On a donc jugé sage d'annuler cette survivance. Quand Buffon mourra, il aura pour successeur le comte d'Angiviller, présentement surintendant général des Beaux-Arts. Cet homme n'a aucune compétence scientifique, mais des qualités d'administrateur. N'est-ce pas ce qui importe, avant tout? Il trouvera, au Jardin du roi, de nombreux naturalistes pour le seconder dans les matières où ses connaissances sont insuffisantes.

Cette décision, pourtant pleine de bon sens, provoque l'indignation de Buffon. Né et ayant grandi à Dijon, dans le milieu parlementaire, il a été habitué à considérer la transmissibilité héréditaire des charges comme un droit qui leur est attaché. En ce qui concerne la charge d'intendant du Jardin du roi, la survivance n'a été appliquée qu'une seule fois, au bénéfice du gendre de Chirac, le prédécesseur de Du Fay, mais Buffon estime naturel qu'elle ait été rétablie en sa faveur, étant donné les services qu'il rend, depuis plus de vingt ans. Il ne se demande, à aucun moment, si, ces services, son fils, à l'âge qu'il a, serait en mesure de les rendre; la réponse va de soi. Que deviendrait alors le Jardin?

On voit combien l'organisation monarchique, en ayant, depuis des siècles, érigé les corps de l'État en castes à l'intérieur desquelles existe l'équivalent des droits seigneuriaux, en ayant, en un mot, institutionnalisé les passe-droits, est parvenue à fausser le raisonnement, même dans les têtes les mieux faites. Afin de calmer Buffon – les protestations d'une « gloire nationale » résonnent trop fort et se font entendre trop loin – le ministère de la Maison du roi a recours à ces faveurs dans lesquelles la monarchie, malgré une progressive prise de conscience des réalités de l'époque, continue de voir un mode de gouvernement. On accorde à Buffon une pension (comme s'il en avait besoin!), plus les grandes et les petites entrées de la chambre du roi, qui sont réservées aux ducs et pairs, aux princes étrangers, aux ambassadeurs et donnent accès auprès du roi aux meilleures heures (Buffon n'usera jamais de ce droit). La terre de Buffon est érigée en comté; enfin, on va commander au sculpteur Pajou la statue en pied du grand homme. Mieux : le comte d'Angiviller, sur les instances du pouvoir, sans doute, s'engage à assurer au jeune Buffon la survivance de la charge qu'il aura reçue à la mort du père de celui-ci. Notre philosophe-naturaliste finit par ravaler son dépit et achève de se rétablir. Quand il retourne à Montbard, après une longue absence, la municipalité fait tirer le canon.

Et le travail reprend : « J'ai reçu les cailles, mais je n'ai pu les lire encore. On commence à imprimer les perdrix, et, si je reçois les alouettes avant quinze jours, elles pourront entrer dans le volume... » Cet extrait d'une lettre de Buffon à Guéneau de Montbéliard donne une idée du rythme auquel s'élabore la partie de l'*Histoire naturelle* consacrée aux oiseaux. On pense à la hâte, lors de l'embarquement dans l'Arche de Noé; on ne prend pas la peine de se livrer à une classification poussée. Guère de méthode de la part de celui qui a écrit : « Il n'existe réellement dans la nature que des individus; les genres, les ordres, les classes n'existent que dans notre imagination. » Si l'auteur établit un plus grand nombre de divisions chez les oiseaux que chez les quadrupèdes, c'est avec des tours de langage qui trahissent sa gêne : « ... Un autre oiseau *qui a rapport* à la tourterelle... », « Après l'énumération de tous les grands hérons, nous devons placer un oiseau qui, *sans être de leur famille, en est plus voisin que d'aucune autre...* » En général, la règle buffonienne : « la description et l'histoire » prévaut. Entendons : la description de l'individu dans sa forme, son aspect. Celle de son comportement, de ses mœurs, se réduit souvent à ce que Buffon et Géneau de Montbéliard ou leurs collaborateurs occasionnels, tels que l'abbé Bexon ou M. Forget, « capitaine du vol », c'est-à-dire capitaine de la fauconnerie, à Versailles, ont pu observer ou lire dans des ouvrages. D'où, souvent, des indications douteuses, des relations de faits qui sentent fortement les légendes paysannes.

Le tout noyé dans l'habituel flot d'interprétations anthropomorphistes, qui, tout bien considéré, la valeur scientifique de l'ouvrage étant décidément faible, donne à celui-ci un intérêt inattendu, le relie à la première des fables, nous offre la forme de merveilleux à laquelle nous sommes le plus sensibles : l'apparentement des animaux à l'homme. Qui ne sera ému par le tableau de la vie « triste et chétive » du pic-vert, dont le cri plaintif « plieu! plieu! » annonce, il va de soi, la pluie? Qui ne compatira au sort du héron, dans l'attitude duquel se trahit « le dégoût de la vie », « une mélancolie naturelle », et « qui périt sans se plaindre et sans apparence de regret »? Qui ne réprouvera les goûts immondes du corbeau et, comme nos auteurs, « ne rayera des oiseaux nobles » le milan et la buse, qui les partagent souvent et, au surplus, sont cruels? Le plus remarquable en cela est que Buffon a condamné quelque part « l'habitude où sont les hommes de prêter aux animaux leurs faiblesses, leurs passions et leurs vices ».

Nous sommes loin, dans les volumes consacrés aux oiseaux, où cependant les notations curieuses et les descriptions agréables abondent, des admirables développements qu'on trouve dans les parties de l'*Histoire naturelle* qui ne traitent pas de la zoologie ou qui simplement l'introduisent. Nous ne retrouverons cette ampleur de la pensée et cette force de l'expression qu'un peu plus tard dans *Des époques de la nature.* Les volumes consacrés aux oiseaux sont pourtant assez bien reçus par le public, par les confrères de Buffon et par la critique. L'esprit de l'*Histoire naturelle,* l'ambition intellectuelle qui préside à sa conception, la hauteur de vues qui y prédomine, font passer sur les naïvetés, les opinions discutables et les affirmations sans fondement qu'on y rencontre çà et là. A propos de cette œuvre, Montesquieu, qui pourtant n'a pas pu la connaître dans son ensemble, n'hésite pas à évoquer : « Ces grandes conceptions, dans cette manière hardie, noble et fière, qui ressemble si bien à celle de Michel-Ange : *Di Michel Angel la terribil via...* » Il n'y a guère que Voltaire qui, en privé, décoche quelques flèches à celui qu'il continue cependant à appeler dans ses lettres « le sage de Montbard ».

Voltaire, il est vrai, ne digère pas d'avoir perdu le procès que lui a intenté de Brosses et ne pardonnera jamais tout à fait à Buffon d'être resté l'allié de celui-ci. La candidature de de Brosses à l'Académie française a achevé d'éloigner l'un de l'autre les deux écrivains, Buffon l'ayant soutenue, quand Voltaire s'employait à la faire échouer, « un membre de l'Académie devant pouvoir [selon lui] s'opposer à l'élection d'un candidat qui l'a outragé ». Au surplus, la célébrité grandissante que connaissent les deux hommes tend à faire d'eux des rivaux, car la gloire ne se partage pas. « Il semble, dit Buffon, en parlant de Voltaire, avoir formé le projet d'enterrer de son vivant tous ses contemporains » (il faut évidemment lire : tous les écrivains qui sont ses contemporains). Ces paroles sont-elles rapportées à celui qu'elles visent? On va observer, dans les années qui suivront, un relâchement croissant des relations entre les deux hommes. Simultanément, et sans exclure qu'on puisse voir là plus qu'une simple coïncidence, l'admiration, l'affection de Rousseau pour Buffon grandissent. C'est l'époque où Rousseau, passant par Montbard, alors que Buffon en est absent, se fait montrer le cabinet de travail du philosophe-naturaliste et, s'agenouillant, en baise le seuil.

Mais il ne faut pas sans doute attribuer la froideur de Voltaire à l'égard de Buffon au seul dépit que l'amitié de celui-ci pour de Brosses et pour Rousseau lui cause, non plus qu'à la jalousie d'un rival en immortalité. Derrière ses petitesses, Voltaire reste l'homme qui mène, non sans risques, un combat incessant pour la tolérance et la justice. Il vient de batailler ardemment pour la famille Calas, ainsi que pour les Sirven, et de montrer un courage sans autre exemple parmi les philosophes dans la dénonciation de l'effroyable affaire du chevalier de la Barre. Comment ne jugerait-il pas avec sévérité la prudence de Buffon, dont il sait, depuis trente ans, que les idées, les opinions, sont à peu près semblables aux siennes, mais qui se garde de les manifester?

Les philosophes, les « frères », comme les appelle Voltaire, ne seront jamais assez nombreux pour essayer d'imposer dans ce pays la liberté de pensée et d'expression que l'évolution générale des esprits, le progrès des connaissances, appellent. Quel renfort leur apporterait Buffon, avec son prestige moral, en rejoignant leurs rangs! Mais il s'obstine à rester à l'écart, continuant de penser que les vérités présentement considérées comme des notions sacrilèges ou subversives finiront par s'imposer d'elles-mêmes, quand la science aura éclairé les esprits, ce qui ne peut tarder. La liberté commence par la connaissance; il faut apprendre à fond le monde, pour y découvrir l'art de vivre, seul, comme en société, etc.

Cette théorie a l'avantage pour Buffon d'autoriser et même d'imposer la passivité politique, garantie de la tranquillité surtout pour qui exerce, comme lui, des fonctions officielles. Son libéralisme ne se montre que quand, par accident, le pouvoir monarchique, en prenant quelque mesure hardie, l'y encourage. Il en est ainsi en 1771, lors du « coup d'État » du Premier ministre Maupéou. Celui-ci, pour mater le Parlement de Paris, en conflit, une fois de plus, avec le pouvoir, pour des questions de prérogatives, l'a provisoirement remplacé par un Conseil d'État. Ce n'est là que l'annonce d'une réforme profonde qui sera étendue à tous les parlements de France, et qui comporte notamment la suppression de la vénalité des charges et la gratuité de la justice. Six conseils supérieurs répartis sur l'ensemble du territoire surveilleront le fonctionnement des parlements locaux.

Ce projet provoque la colère de ceux dont il menace les privilèges. En plein parlement, à Dijon, de Brosses jette par terre sa robe de président : « Tenez! Prenez cela! Il n'y a que les valets qui en puissent porter! » Réaction voisine chez Richard de Ruffey. Buffon s'emploie à le raisonner : « Il y a tout lieu de craindre la suppression de votre parlement, si vos messieurs ne mettent pas plus de modération dans leurs arrêts et remontrances », lui écrit-il. Déjà, en 1762, lors d'un conflit entre le pouvoir et le Parlement de Bourgogne, il écrivait : « C'est une chose bien singulière que des gens se mettent dans la tête qu'en acquérant une charge de vingt ou trente mille livres ils acquièrent en même temps la qualité de tuteurs des rois. » Il considère que la fronde des parlements est quelquefois utile, en ce qu'elle fait obstacle à l'absolutisme monarchique, mais reste condamnable en général, car, loin d'introduire un principe républicain dans le gouvernement du pays, ce à quoi rien d'ailleurs ne destine un parlement, sa représentativité étant nulle, elle ne vise jamais qu'à renforcer les privilèges déjà exorbitants d'une caste. On peut cependant penser que Buffon découvre un peu tard les abus dont la petite société dijonnaise, dans laquelle, jeune, il a vécu, et sa propre famille tiraient leur puissance et leur fortune.

Les avis que formule Buffon, sans se départir jamais de sa modération, de sa prudence, ont maintenant acquis un grand poids. Il est d'autant plus tenu pour une des premières autorités morales de France qu'il reste éloigné des affaires politiques et montre de la sorte qu'il ne se préoccupe que de l'universel. Son prestige ne serait pas sans doute aussi grand si, philosophe-naturaliste, il ne bénéficiait un peu de la majesté de la nature dont il s'est fait l'historien. Il est le seul Français vivant qui connaisse la gloire, mis à part le roi, qui la reçoit en naissant. A côté de lui, Voltaire, dont le nom circule pourtant d'un bout à l'autre de l'Europe, ne jouit que d'une immense célébrité. La gloire est d'une tout autre essence; c'est une célébrité qui cesse d'être à la mesure humaine et ne se compte plus en degrés, un éclat définitivement attaché à la personne et qui n'a plus besoin de se maintenir par des preuves de mérite répétées.

Il n'y a guère, en ce temps, que la monarchie qui en donne une image. Buffon l'a bien compris et, depuis sa jeunesse, il s'est appliqué à s'assurer une souveraineté dans le domaine de l'esprit en s'attaquant résolument aux questions premières, l'origine du monde, les lois de la vie, les secrets de la nature, et en formulant les conceptions auxquelles ses études le conduisent dans un style rigoureux et souvent majestueux. Il fallait évidemment pour cela des qualités intellectuelles peu communes. D'autres les possédaient qui n'ont pas su voir « grand ». Ainsi, servi par le sérieux que la science vous donne aux yeux du public et par la noblesse de son style, Buffon est devenu une sorte de Roi-Soleil de la prose française, pas exactement cependant de la littérature française; ici, l'écrivain vaut d'abord par ses dehors. « Large, majestueux, harmonieux, abondant, noble, plein d'images tantôt délicates tantôt sublimes », dit Diderot, parlant du style de Buffon. L'homme est à l'image de ses écrits : « une taille vigoureuse, un aspect imposant, un naturel impérieux » (ici, c'est Cuvier qui parle), en un mot, taillé pour la renommée.

Si l'on est naturellement conduit à considérer avec un peu d'ironie, en même temps qu'avec un peu de tristesse, le goût démesuré de la gloire que montre Buffon, on ne doit pas perdre de vue que ce goût est beaucoup moins surprenant qu'il ne le serait de nos jours. Il convient d'abord de dissocier, dans cet appétit de gloire, la vanité proprement dite, qui y tient sans doute la plus grande place, d'un désir d'immortalité dont les ressorts sont d'ordre à la fois métaphysique et social. Ce sont eux qui nous intéressent; ce sont eux qui apparaissent, plus ou moins clairement, dans les *Lettres sur le sentiment de l'immortalité* adressées par Diderot au sculpteur Falconnet (qui, lui, se fiche de l'immortalité, ce qui stupéfie et scandalise son correspondant).

Nous sommes en un temps où la religion, régnant depuis des siècles sur les esprits, en est venue à imprégner l'inconscient collectif; en un temps où l'existence de Dieu, partant l'immortalité de l'âme, va de soi pour la quasi-totalité des individus, même quand ils n'ont pas une foi active, et où, seul, l'espoir de survivre dans la mémoire des générations à venir peut remplacer la croyance obscure en la vie éternelle dans un au-delà. Privé de la perspective d'un prolongement de soi dans le monde de la béatitude éternelle, l'athée mise sur la gloire, « soleil des morts » dira Balzac. Voilà, en gros, pour le côté métaphysique : l'immortalité dans la mémoire des hommes est le seul recours possible contre le néant.

D'un point de vue social, cette fois, la gloire a un caractère altruiste. Ayant brillamment concouru au progrès de l'esprit, un Buffon ou un Diderot doit rester un exemple pour ceux qui viendront après eux et auront à cœur, selon l'expression consacrée, de « reprendre le flambeau ». La gloire, dont le propre est d'éblouir plus que d'éclairer le public et de dissimuler les imperfections de l'œuvre qui l'a fait naître ou les défauts du caractère de l'homme au nom duquel elle est attachée, est le meilleur facteur d'émulation. La rechercher devient donc un devoir pour le penseur, le savant ou l'artiste; il ne suffit pas d'enfanter une œuvre de qualité; il faut fonder sa pérennité, afin que son utilité se prolonge. Enfin, la gloire rehausse aux yeux de nous tous, qui en sommes d'ailleurs les artisans, le destin de l'homme; elle lui offre une forme de salut qui réside dans une espèce de béatification sociale, dans une autre sainteté. Il est particulièrement significatif que la nouvelle église Sainte-Geneviève que Soufflot est en train de construire soit appelée à être alternativement, et l'on pourrait dire : indifféremment, un lieu de culte religieux et un temple de la gloire, un panthéon. Ce n'est guère qu'au XVIIIe siècle qu'on voit des écrivains, des philosophes, des hommes de science, reconnaître publiquement, avec fierté, qu'ils aspirent à une renommée durable. Ils ont conscience de se montrer ainsi fidèles à la religion de l'homme qu'ils se sont employés à fonder.

La gloire a ses dehors, qui trouvent en Buffon un personnage sur mesure. Il appelle la statuaire, la médaille, tout au moins. Sans qu'il l'ait réellement sollicitée, l'iconographie publique, sinon populaire, a fait de lui, depuis quelque temps, un de ses sujets préférés. Après Boucher, à qui est dû le seul portrait de Buffon jeune dont il soit fait état (il n'a pas été retrouvé), après Drouais, de la toile duquel il a été question plus haut, le peintre belge J.-P. Sauvage fait son portrait, en choisissant la grisaille, qui facilite la reproduction. Elle va permettre à Buffon de distribuer son image sur des tabatières, des boîtes d'or, d'argent ou d'écaille, quelquefois avec un encadrement de perles fines, qu'il offre en remerciement de services rendus au Jardin du roi. Des motifs allégoriques figurent bientôt dans ses portraits gravés; celui qu'on doit à P. Savart porte, en haut, une couronne d'étoiles et, en bas, représente des volumes de l'*Histoire naturelle* à côté d'une épée et d'une lampe allumée (on ne sait trop pourquoi).

La statue en pied et le buste du philosophe-naturaliste par Pajou, comme, un peu plus tard, son buste par Houdon, vont inspirer des gravures, qui seront à l'origine de plus de trois cents tirages différents se distinguant les uns des autres par des motifs surajoutés. L'une de ces gravures représente le génie de la nature couronnant Buffon, aux pieds de qui est couché un lion auquel un chien lèche les pattes. L'idée du motif aurait pu être fournie par notre homme. Il reflète le culte de la grandeur, de la supériorité, qui outrepasse la saine notion des hiérarchies légitimes et qui aura orienté toute sa vie, marqué son œuvre de philosophe et d'écrivain. Il serait cependant exagéré de parler, à ce propos, d'un goût de la domination, d'un instinct tyrannique, chez Buffon; il hait la puissance arbitraire; il ne veut de soumission que naturelle, spontanée (en l'aidant un peu du geste, à l'occasion), et il n'est pas dans ses écrits de pages plus attendries, plus empreintes de bonhomie, que celles qu'il consacre au chien, actuellement en train de lui lécher les pattes.

Ses contemporains ne verront souvent dans l'espèce de fascination que le rang exerce sur lui que le désir de se rapprocher des gens en place et de s'attirer leurs faveurs. « Il travaillait à part sa fortune chez les ministres », déclarera Marmontel. « M. de Buffon avait eu le soin constant d'acquérir et de conserver du crédit auprès des ministres », dira, avec plus de modération, Condorcet. « Il se les conciliait en ne se permettant jamais d'avancer des opinions qui pussent blesser... Ainsi, aucun des moyens de contribuer aux progrès de la science à laquelle il était dévoué n'avait été négligé... Sa considération, sa gloire y étaient liées, sans doute. » Condorcet est plus près de la vérité que Marmontel, dont le jugement est dicté par l'animosité. Si Buffon se montre empressé auprès de Saint-Florentin, comme il le sera, demain, auprès de Maurepas, revenu aux affaires, ou de Breteuil, c'est, bien sûr, parce que l'amitié que ce ministre lui témoigne en retour le flatte, mais c'est aussi parce qu'elle lui permet d'avoir les mains libres dans l'administration du Jardin. Pour le plus grand bien de la science, donc pour le plus grand bien du public (le Jardin est un lieu de recherches d'une extrême utilité pour la santé publique, l'agriculture, l'industrie, etc.). Que Buffon tire un certain profit personnel de ses protections, comme de ses activités au Jardin du roi, ne peut faire oublier qu'il sert, en premier lieu, l'intérêt général.

Animé, à plus de soixante ans, d'un esprit d'initiative aussi vif qu'au début de sa carrière, il ne cesse d'enrichir les collections du Jardin, en mettant à contribution, un peu partout, à travers l'Europe et le monde, tous ceux, monarques, grands seigneurs ou simples particuliers, à qui le bruit de sa renommée de philosophe-naturaliste est parvenu. Au besoin, ses œuvres, qu'il leur fait parvenir dans leur luxueuse édition, lui servent de lettres d'introduction. Il recrute de jeunes naturalistes dont il a pu apprécier les qualités; il multiplie les plantations, les diversifie et, pour ce faire, il s'emploie à agrandir le Jardin. La situation de celui-ci implique qu'il s'étende vers l'est, afin d'atteindre la Seine, dont quelques terrains étrangers le séparent, certains portant des bâtiments à usage d'habitation. Les plantations du Jardin, de plus en plus fournies, de plus en plus opulentes, appellent la présence de l'eau; il serait satisfaisant pour l'œil, comme pour l'esprit, que le fleuve les borde; le Jardin, qui attire de plus en plus de visiteurs, y gagnerait en agrément.

A dire vrai, le goût de la possession, si impérieux chez Buffon, même quand il sait qu'il ne peut le satisfaire qu'au nom et au profit de l'État, trouve là simplement un argument. Habitué à voir grand, il s'irrite de la présence, au fond de « son » domaine, de ces potagers qui appartiennent aux religieux de l'abbaye de Saint-Victor, toute proche, et dont les carrés de choux contrastent, jusqu'à les avilir, avec les plantes rares qui garnissent les plates-bandes du Jardin. On trouve aussi, du côté ouest, un terrain vague dont la Ville de Paris est propriétaire et qu'elle envisage d'aménager en dépôt central des fiacres, ce qui fera inévitablement flotter sur tout le Jardin des odeurs d'écurie. Buffon n'aura pas de repos qu'il n'ait annexé la plupart de ces terrains limitrophes.

Sa célébrité, la faveur du roi et celle des ministres ne suffiraient pas cependant à lui assurer une quasi totale liberté dans l'administration du Jardin, si sa fortune personnelle ne lui permettait d'avancer les fonds que nécessite la réalisation de ses projets. Ainsi, il achète pour se loger et abriter certains des services administratifs du Jardin deux bâtiments qui constitueront la nouvelle Intendance et dont l'un subsiste de nos jours. Coût : vingt-quatre mille livres. Quelque temps plus tard, il en rétrocédera un à l'État, pour une somme sensiblement supérieure au prix qu'il l'a payé. On a vu aussi qu'il a fait venir de ses forges et qu'il a facturé à l'État, traité en client, le fer destiné à la restauration et à l'extension des grilles du Jardin.

Il ressort de documents nombreux que l'aménagement et l'agrandissement du Jardin du roi, s'ils bénéficient à la science et, par là, au public, ne sont pas sans profit pour Buffon. Les opérations auxquelles il se livre, pour faire avancer ses projets et les réaliser de la façon la plus avantageuse pour lui, sont d'une telle complexité que le détail en serait fastidieux ici. Il acquiert des terrains contigus au Jardin, en rétrocède une partie à l'État, lui loue l'autre, lui fait payer des intérêts sur l'argent qu'il a avancé, bref, il embrouille si bien les choses qu'il faut se livrer à une minutieuse analyse comptable pour établir, par exemple, que les transactions dont le clos Patouillet, terrain situé vers le bout de l'actuelle rue Buffon, du côté de la Seine, aura été l'objet, se seront soldées pour lui par un bénéfice important.

L'État est-il réellement volé? Dans beaucoup de cas, sans doute dépenserait-il autant d'argent pour ces acquisitions, si Buffon, avec son habileté – doit-on dire sa rouerie? – d'homme d'affaires ne s'entremettait. On objectera qu'il devrait mettre ce talent particulier au service de l'État, dont il est un serviteur appointé. Mais, voyant autour de lui l'effroyable gaspillage des deniers publics, les vertigineuses dépenses de la Maison du roi, le train de vie des ministres, il ne peut guère être tenté de s'imposer une rigueur qui ne rapporterait rien au pays. De plus, son orgueil ne peut manquer de l'amener à penser que les avantages qu'il tire de sa place ne constituent jamais que le salaire du génie qu'il y déploie. Enfin, en avançant de l'argent à l'État pour l'aménagement et l'agrandissement du Jardin, même si personne ne l'en a prié, il assume des risques, le royaume étant souvent au bord de la faillite, et cela appelle une compensation. Il ne s'agit pas là d'une justification sans fondement des combinaisons financières auxquelles Buffon se livre. A sa mort, l'État lui devra plus de quatre cent cinquante mille livres (près d'un milliard de centimes) et n'en remboursera qu'une centaine de milliers à son fils, son héritier, au cours de l'année suivante. Sous la Révolution, il restera ainsi trois cent cinquante mille livres impayées, et cette dette ne sera jamais, semble-t-il, complètement éteinte.

XI

« L'ANGE DE LUMIÈRE »

Paradoxalement, cet homme qui, à Paris, obtient à peu près tout ce qu'il désire, que le roi protège, à qui les ministres laissent toute liberté dans l'administration du Jardin du roi, qui, à l'Académie française, fait souvent les élections, que l'Église, à travers la Sorbonne, n'ose pas trop tourmenter, bien qu'il continue de professer en cosmogonie, en biologie et en anthropologie des thèses plus ou moins hérétiques, trouve à Montbard, dans sa petite ville natale, des gens qui, forts de leurs droits, ne se laissent pas impressionner par son prestige et ne plient pas sous son autorité. Sans cesse, des conflits en résultent, et Buffon, opposant son entêtement à celui de ses compatriotes, se trouve souvent engagé dans plusieurs procès à la fois. C'est la vérification du vieil adage : « Qui terre a guerre a. » L'étendue et la diversité des propriétés du philosophe-naturaliste à Montbard et aux alentours sont une constante source de litiges avec la municipalité de la ville et certains particuliers.

Ainsi, en faisant bâtir une maison destinée au curé, contre les terrasses du parc appartenant à Buffon, la municipalité aurait, aux dires de celui-ci, provoqué l'effondrement du mur de soutènement. Il réclame réparation du dommage. Le procureur-syndic et le second échevin nient la responsabilité de la municipalité. Buffon tempête. Excédé, le second échevin, un certain Mandonnet, fait une sortie contre Buffon, au cours d'une réunion des édiles : « L'avidité de M. de Buffon est si grande que, s'il pouvait atteindre au Père éternel, il lui prendrait son manteau et son chapeau... S'il était mort, au cours de sa dernière maladie, la ville de Montbard y aurait gagné. Dire que nous avons fait tirer le canon pour sa guérison! » Buffon, à qui ces propos sont naturellement rapportés, intente sur-le-champ un procès en diffamation contre le second échevin et, disposant de puissants appuis au Parlement de Bourgogne, notamment celui de de Brosses et de Ruffey, le gagne. Le sieur Mandonnet est destitué.

En même temps, Buffon est en procès avec la municipalité de Montbard, qui accuse les bûcherons travaillant pour lui de pratiquer des coupes dans les bois communaux limitrophes des siens. Il est également engagé dans une action en justice, dont le motif ne nous est pas connu et qui l'oppose aux Ursulines de Montbard, dont sa sœur Jeanne était jadis la supérieure et chez lesquelles il a trouvé femme. Enfin, il est sur le point de porter plainte contre les forestiers qui font flotter leur bois sur l'Armançon, d'où il gagne l'Yonne, au confluent de laquelle il est repêché et formé en trains. Les grumes, emportées par le courant, souvent rapide, heurtent et endommagent les vannes qui règlent le débit de l'eau utilisée par Buffon pour ses forges.

Soucieux de ses intérêts, rendu ombrageux par la gloire dont il jouit, imprégné de l'esprit procédurier du milieu dont il est issu, Buffon est porté à la chicane, mais il y est aussi entraîné, à Montbard, par la contestation dont, depuis quarante ans, ses titres de propriété sont l'objet. Bien que juridiquement fondée, comme on l'a vu plus haut, cette contestation est restée souterraine, car Buffon dispose de trop d'appuis pour qu'on ose l'affronter, à propos d'une affaire de cette importance. Ce vieux grief commence seulement à se faire jour, prudemment, par suite de l'évolution générale des esprits, qui annonce la Révolution, déjà proche, l'éveil du Tiers état.

Socialement, son rôle scientifique et son rôle d'écrivain mis à part, Buffon appartient à une bourgeoisie que sa récente accession à la noblesse, effet de son enrichissement et de sa position au sein des parlements, a conduit à souhaiter le maintien du pouvoir monarchique, sauf à y substituer le sien. Son conservatisme et son libéralisme équivoque l'exposeront particulièrement, et souvent même injustement, aux rigueurs révolutionnaires. Le fils de Buffon et le fils de Ruffey, plus ou moins héritiers des privilèges et des façons de penser de leurs pères, seront guillotinés. On peut voir les signes avant-coureurs de ce grand « règlement de comptes » dans l'extrême vigilance, voisine de la suspicion, dont les édiles et beaucoup d'habitants de Montbard font preuve dant tout ce qui a trait au comportement de Buffon propriétaire foncier et citoyen de la ville. Celui-ci, jaloux de ses intérêts, pointilleux sur ses droits, est loin de se conduire de façon à faire tomber leur méfiance. « M. de Buffon était un mauvais voisin, un méchant seigneur... Il est peu de personnes à Montbard à qui je me sois adressée qui ne se plaignent de lui », écrira l'auteur anonyme – une femme – d'un *Journal d'un voyage de Paris à Genève par la diligence, en 1791.*

Ces différends quasi permanents avec des habitants de Montbard finiraient par priver d'agrément les séjours de Buffon dans sa ville natale, où, pendant ses absences, sa demi-sœur, Mme Nadault, de quarante ans sa cadette, qui a épousé son cousin-germain Edme Nadault, conseiller au Parlement de Bourgogne (l'esprit de caste porte aux unions consanguines), veille sur la maison. Le père de Buffon, bientôt nonagénaire, y vit, ébloui par la gloire de ce fils auquel il ne s'est guère intéressé, à ses débuts. Pour sa part, Buffon, qui en a peut-être pâti moralement, comme l'attachement exclusif qu'il a eu pour sa mère tendrait à le prouver, assume beaucoup mieux sa paternité. Son fils, qu'il a surnommé « Buffonet », diminutif qui sent un peu trop l'orgueil du nom et l'esprit dynastique, vit avec lui, à Paris, où il fréquente le collège du Plessis (dans l'enceinte de l'actuel lycée Louis-le-Grand). Buffon a pour lui l'affection quasi maternelle des pères tardifs. De son côté, Marie Blesseau, à défaut d'être une mère, a presque encore l'âge d'être une grande sœur pour Buffonet.

Dans les loisirs, peu nombreux, que lui laisse l'administration du Jardin du roi, qu'il domine maintenant de son appartement de la nouvelle Intendance, Buffon, tout en continuant de rédiger en partie les volumes de l'*Histoire naturelle* consacrés aux oiseaux, de donner des directives à ceux, auteurs et illustrateurs, qui collaborent à cette œuvre, travaille à un ouvrage entièrement personnel, celui-là : *Des époques de la nature,* où il retourne, avec des vues neuves, à sa théorie de la terre, élaborée vingt-cinq ans plus tôt. C'est le sujet qui, plus que tout autre, n'a jamais cessé d'occuper son esprit. Pour lui, le naturaliste n'est pas seulement celui qui inventorie la nature, c'est aussi – et d'abord – celui qui en reconstitue l'histoire, et il constate maintenant, avec un peu de regret sans doute, que, dans son œuvre, la zoologie a pris peu à peu une place disproportionnée. Inévitable entraînement : à l'entrée de cette espèce d'Arche de Noé que l'*Histoire naturelle* va figurer dans les lettres françaises, les espèces animales se pressent, comme impatientes d'affirmer leur identité. Buffon ne serait pas un écrivain-né (avant même peut-être d'être un homme de science), s'il n'avait pas le sentiment que nommer, c'est créer. Mais, à la fin, il se lasse. « Ce travail (sur les oiseaux) me pèse beaucoup », en vient-il à écrire à son collaborateur l'abbé Bexon. « Je désire autant que vous en être quitte et ne plus travailler sur des plumes. »

Des époques de la nature est destiné à rétablir l'équilibre dans son œuvre, en y donnant plus de place aux origines du monde et en complétant, pour ce faire, la théorie de la terre qui en constitue le préambule. En corrigeant aussi les erreurs que celle-ci comporte et dont, en un quart de siècle, son auteur a eu le temps de prendre conscience. Buffon reconnaît maintenant que les sommets des montagnes émergeaient, à l'époque où la mer recouvrait la quasi-totalité de la surface du globe; que l'activité volcanique a été déterminante dans la formation du relief, etc. Mais ces rectifications n'empêcheront pas que le nouvel ouvrage, reposant, à son tour, sur de pures hypothèses, n'ait qu'une assez faible valeur scientifique.

Son intérêt, pour nous au moins, si nous oublions qu'au XVIIIe siècle tout brassage d'idées, même au prix d'une certaine confusion, est utile, se trouve ailleurs. Précisément dans ce tâtonnement de la pensée de Buffon, tâtonnement qui reflète la démarche intellectuelle des philosophes et des hommes de science de ce temps. La nature est devenue la grande affaire; les titres des ouvrages en témoignent : *Spectacle de la nature* de l'abbé Pluche (gros succès de librairie); *De l'interprétation de la nature* de Diderot; *Système de la nature* de d'Holbach; *Anecdotes de la nature* de N. A. Boullanger, auxquels s'ajoutera bientôt *Études de la nature* de Bernardin de Saint-Pierre. Il ne s'agit pas là – ou il ne s'agit pas là simplement – du sentiment de la nature dans lequel, plus tard, à l'instigation des romantiques, on enfermera le XVIIIe siècle, et dont Rousseau fournit le modèle. Ce mot « nature », qui est dans toutes les bouches et sous toutes les plumes, traduit une interrogation majeure : d'où est né et comment est né le monde où nous vivons? De quel principe résulte-t-il? La réponse que la religion apporte à cette question sent trop le mythe, et l'on substitue désormais la nature à la divinité, ce qui d'ailleurs laisse la question en l'état. « Lorsqu'on nomme la nature purement et simplement, on en fait une espèce d'être idéal auquel on a coutume de rapporter comme cause tous les effets constants, tous les phénomènes de l'univers », dit très bien Buffon.

Mais, après cette définition du déisme ou du panthéisme, dans laquelle on pourrait voir une profession de foi de l'auteur, Buffon, pour se garantir contre les critiques, voire contre les poursuites, se met à forger une argumentation dont il semble avoir emprunté la subtilité aux théologiens, c'est-à-dire à ses adversaires eux-mêmes. « Plus j'ai pénétré dans le sein de la nature, plus j'ai admiré et profondément respecté son auteur; mais un respect aveugle serait superstition; la vraie religion suppose au contraire un respect éclairé », écrit-il. Et, plus loin : « Toute raison, toute vérité, venant également de Dieu, il n'y a de différence entre les vérités qu'il nous a révélées et celles qu'il nous a permis de découvrir par nos observations et nos recherches, il n'y a, dis-je, d'autre différence que celle d'une première faveur faite gratuitement à une seconde grâce qu'il a voulu différer et nous faire mériter par nos travaux; et c'est par cette raison que son interprète n'a parlé aux premiers hommes, encore très ignorants, que dans le sens vulgaire, et qu'il ne s'est pas élevé au-dessus de leurs connaissances, qui, bien loin d'atteindre au vrai système du monde, ne s'étendaient pas même au-delà des notions communes, fondées sur le simple rapport des sens... »

Suit une exégèse de la Genèse où s'exprime le désir de Buffon de « concilier à jamais la science de la nature avec celle de la théologie », désir bien vain, on le constate ici. D'ailleurs, à la fin de *Des époques de la nature,* renonçant aux prouesses dialectiques et emporté par sa conviction, il saute des deux pieds dans l'hérésie, en affirmant, une nouvelle fois, que l'homme représente la mutation, l'avatar, le perfectionnement d'une quelconque espèce indéterminée éteinte. Autre affirmation, d'autant plus révélatrice de la philosophie de l'auteur qu'elle se trouve dans la dernière phrase de son livre et prend ainsi la valeur d'une profession de foi : « La vraie gloire de l'homme est la science. » « La gloire vient de Dieu seul », dit l'Écriture, où le mot gloire ne signifie rien d'autre que la grâce. D'une part, placer l'homme dans la chaîne des espèces vivantes et non pas le montrer sorti directement de la main de Dieu, d'autre part, exalter la science jusqu'à lui donner pour mission de combler les lacunes de l'enseignement divin, c'est là plus qu'il n'en faut pour exposer *Des époques de la nature* aux foudres de la Sorbonne.

L'ouvrage ne tarde pas à être dénoncé aux censeurs ecclésiastiques par un certain Ribalier, docteur en théologie, et des commissaires sont aussitôt nommés pour en examiner la substance. Mais le ministre Amelot du Chaillou, l'ami de Buffon, alerté par celui-ci, expose l'affaire à Louis XVI, qui exprime le désir que la commission ne se prononce pas avant d'avoir entendu l'accusé. C'est signifier aux censeurs qu'il souhaite que l'affaire en reste là, du moins le comprennent-ils ainsi. Et Bachaumont (plus exactement, le mémorialiste qui lui a succédé, en lui empruntant son nom) pourra écrire : « Vu la vieillesse de Buffon, vu la considération dont il jouit, vu la protection de la Cour, vu l'espèce d'hommage qu'il a rendu au dogme par des tournures dont ils ne sont point dupes, les commissaires ont cru devoir fermer les yeux sur ce nouvel attentat contre la foi, et regarder le système du philosophe comme un radotage de sa vieillesse. » Bien qu'ayant tourné court, l'offensive déclenchée contre lui par la Sorbonne a valu à Buffon le ralliement de certains de ceux dont sa grande prudence dans le débat d'idées du siècle l'avait éloigné. On voit ainsi Grimm, jusque-là si sévère à son égard, prendre sa défense.

Les critiques adressées à l'ouvrage viennent surtout des hommes de science. « Encore des buffonades, mon cher comte », lui écrit, assez cavalièrement, le géologue Jean-Étienne Guétard, qui considère comme des plus fantaisistes la théorie cosmogonique exposée dans *Des époques de la nature*. « Jusqu'à quand ferez-vous le Cyrano de Bergerac? » D'autres accusent Buffon de plagiat. Quelque temps auparavant, on lui a remis un texte manuscrit de N. A. Boullanger, l'auteur des *Anecdotes de la nature,* mort depuis une douzaine d'années, et certaines personnes affirment en retrouver l'essentiel dans l'ouvrage de Buffon. À son habitude, il se défend par le silence. « J'ai jeté le manuscrit comme papier très inutile, sans même l'avoir lu en entier, confie-t-il à l'abbé Bexon. Mais je ne vois pas qu'il est nécessaire d'en convenir aujourd'hui. Le seul fait d'avoir lu publiquement, en 1772, le premier discours des *Époques,* qui en renferme tout le plan, suffit pour confondre les calomniateurs, puisque le manuscrit Boullanger ne m'a été remis que trois ans après. » Au surplus, et son silence hautain le signifie, Buffon, confiant dans ses propres lumières, convaincu de sa supériorité intellectuelle, est bien le dernier homme à être tenté de s'approprier les idées d'un autre.

Que les théories exposées dans *Des époques de la nature* apparaissent souvent, et même à l'époque, parfaitement gratuites, n'empêche pas que le livre garde de la force et de la beauté. Les qualités du style n'en sont pas les seules causes; les tableaux que peint Buffon, au cours de son histoire de la formation de la terre, appartiennent à un grand visionnaire. Réinventer à sa façon la Genèse, faire rouler à travers l'espace des planètes encore en fusion et comme échappées de la masse du soleil, nous les montrer se refroidissant lentement et laissant surgir, solidifiées, les matières diverses qui les constituent, avant que la condensation des vapeurs environnantes ne les recouvre d'eau; plus tard, cette eau s'étant retirée dans les dépressions du globe, décrire l'activité volcanique, puis l'apparition des premières formes de vie, n'est peut-être pas servir la vérité scientifique, mais c'est servir, et quelquefois magnifiquement ici, la poésie.

Le seul mérite scientifique de *Des époques de la nature* réside dans les théories métallogéniques que l'auteur y esquisse et qu'il développe ailleurs. « Lorsque nous utilisons les locutions de roches éruptives, métamorphiques ou sédimentaires, nous restons les adeptes de la classification géogénique dont Buffon a été, sinon l'inventeur, du moins l'un des premiers à généraliser l'emploi », peut écrire un géographe moderne, Pierre Urbain. Autre mérite, d'ordre plutôt métaphysique, cette fois : dans son ouvrage, Buffon se livre à une évaluation de l'âge de la terre et de l'ancienneté des formes de vie qui se sont développées à sa surface, dans son sein ou au sein des mers, et impose une échelle du temps beaucoup plus étendue que celle sur laquelle on se basait jusqu'ici. Évaluation qui apparaît tout à fait dérisoire aujourd'hui, il va sans dire : soixante-quinze mille ans pour la terre, de trente à quarante mille pour les espèces vivantes, mais ces chiffres n'en sont pas moins plusieurs fois supérieurs à ceux qui avaient cours, chez les hommes de science et les théologiens. Ils ouvrent déjà au public (qui en était encore aux six mille ans de l'homme) un passé vertigineux qu'il va devoir s'habituer à concevoir, en acquérant le sentiment de la relativité de l'histoire humaine dans la vie de l'univers. Buffon, toujours un peu magister, l'initie à cette vision nouvelle ou, du moins, beaucoup plus large du temps : pour en avoir une juste notion, il faut, dit-il, le diviser en portions assimilables par l'esprit; l'éternité ne s'avale que morceau par morceau.

En invitant l'Église à ne pas chercher noise à Buffon, au sujet de son nouveau livre, Louis XVI n'a fait que confirmer l'esprit de semi-tolérance dont il semble vouloir marquer son règne commençant. Bien que très dévot, le jeune roi se montre moins sévère que son devancier, à l'égard des auteurs impies, d'ailleurs passablement assagis, depuis quelque temps. L'*Encyclopédie,* achevée, est devenue une œuvre de bibliothèque parmi d'autres et va commencer à s'empoussiérer, sur les rayons où elle est rangée; Voltaire a maintenant quatre-vingts ans, et son ironie commence à perdre de son mordant; Diderot, sexagénaire, est présentement aux pieds de Catherine II, à Saint-Pétersbourg; Helvétius est mort; Rousseau n'est plus que le promeneur solitaire... La génération qui vaudra à ce siècle le nom de siècle des lumières commence à s'effacer pour laisser la place, après un intermède d'une quinzaine d'années, à ses sanglants descendants.

Louis XVI manifeste aussi sa volonté – bien timide – de renouvellement et de libéralisation, en confiant à Turgot la direction de la politique économique et financière du royaume. Turgot a publié, vingt ans plus tôt, deux lettres sur la tolérance qui reprenaient en partie les revendications des philosophes, sur un ton modéré qui était loin d'en réduire la portée; aux yeux de beaucoup de Français, la présence de Turgot au gouvernement est un gage; sa conduite ne le fera jamais mentir. Depuis quelques années, ses fonctions d'intendant l'ont éloigné de la philosophie, mais lui ont fait affronter des réalités qui, d'une certaine manière, l'y ramènent. Ayant découvert l'insuffisance de la production agricole en France et la mauvaise répartition, à travers le pays, des produits du sol, qui, à elle seule, suffit à provoquer ici et là des disettes, il a imposé un certain nombre de mesures, dont la liberté de circulation des grains, susceptibles, selon lui, d'améliorer en peu de temps la vie de la population. Cela obtenu, les libertés civiles compatibles avec le système monarchique s'établiront sans heurts. Le despotisme s'étouffe de lui-même sous l'abondance des moissons.

Cependant, si l'intelligence, l'honnêteté du nouveau ministre et son dévouement à la chose publique ne sont niés par personne, certaines de ses initiatives d'un caractère purement technique sont discutées. La science économique naît à peine, mais a déjà ses écoles, ses sectes. Au « physiocrate » Turgot, qui applique le fameux précepte de Quesnay : « Laissez faire, laissez circuler », s'oppose notamment Necker, qui n'est encore qu'un banquier, mais qui vient d'exposer ses thèses dirigistes dans un ouvrage intitulé : *De la législation et du commerce des grains.* Les intellectuels, les philosophes, peu avertis des questions agricoles, commerciales et industrielles, mais désireux d'entrer dans un débat dont ils pressentent qu'il va bientôt dominer la vie publique, essaient, souvent assez gauchement, de prendre parti. Voltaire, propriétaire foncier, producteur de céréales, négociant et spéculateur, à l'occasion, donc autorisé, lui, à se prononcer sur ces questions, est pour Turgot. Diderot (le voici de retour en France) se déclare au contraire pour Necker, au moins dans la lettre qu'il adresse à celui-ci, à propos de son livre.

Buffon le rejoint. Écrivant, lui aussi, à Necker, il fustige « ces demandeurs d'aumônes[?] que nous appelons économistes » et condamne « cette invincible opiniâtreté de nos ministres ou sous-ministres pour la liberté absolue du commerce de la denrée de première nécessité ». Faut-il voir dans cette attaque contre Turgot, qui, ruiné dans l'esprit du roi, finira, on le sait, par être congédié, une riposte à la critique qu'il a faite, quelques années plus tôt, de la théorie de la terre de notre philosophe-naturaliste? Ce serait prêter à celui-ci plus de susceptibilité et plus de rancune qu'il n'en a montré jusqu'ici dans sa vie d'auteur. Il est plus probable que, seule, son amitié pour Necker infléchit son jugement dans une matière où il reconnaît ne pas comprendre grand-chose. En vérité, s'il se fait ainsi l'aveugle partisan du banquier suisse, c'est pour complaire à la femme de celui-ci, pour laquelle il éprouve, depuis quelque temps, un sentiment qui va croissant.

Il a fait la connaissance des Necker en 1774; il leur aurait été présenté par Mme Marchais, la maîtresse et future femme du comte d'Angiviller à qui doit être donnée, à la mort de Buffon, la charge d'intendant du Jardin du roi, en attendant que son fils ait atteint un âge suffisant pour en recevoir la survivance. Buffon, qui avait assez mal accepté que son fils fût privé de la survivance directe de la charge, entretient maintenant d'assez courtoises relations avec celui qui est appelé à être son successeur intérimaire. Il est peu vraisemblable cependant que l'homme le plus célèbre de France, avec Voltaire, après le roi, ait eu besoin d'une introductrice auprès des Necker, qui s'emploient à attirer dans leur hôtel de la rue de Cléry, l'hôtel Le Blanc (à l'angle de l'actuelle rue de Mulhouse), les hommes de lettres et les hommes de science les plus en vue. Necker, qui ne sera appelé aux affaires de l'État que dans deux ans, continue à faire de la banque et à spéculer sur les grains, activités auxquelles il doit son énorme fortune. Il écrit aussi des essais, où le financier prend la stature d'un homme politique, voire d'un homme d'État, et même quelquefois, vertu de la plume, le caractère d'un moraliste. Bien que le dernier de ses écrits, celui qu'il a consacré à la législation et au commerce des grains, ait eu un certain retentissement, il se tient un peu en retrait par rapport à sa femme, au milieu des brillants esprits qui se réunissent chez eux tous les vendredis. Il est fier d'elle, de son intelligence, de sa culture, et s'efface, afin de la mettre en valeur.

Suzanne Necker, née Churchod, est la fille d'un pasteur du Pays de Vaud, où elle est née en 1739, ce qui lui donne trente-cinq ans, au moment où Buffon fait sa connaissance. Jeune fille, elle a été amenée en France par la maréchale d'Anville, une amie de Voltaire, pour veiller à l'éducation des filles de la sœur d'une certaine Mme Thélusson, rôle bien au-dessous de celui auquel ses qualités d'esprit et l'étendue de ses connaissances la destinent. Il a, en tout cas, l'avantage de la placer dans une société choisie où elle va rencontrer celui qui deviendra son mari. Les qualités morales et intellectuelles de Suzanne Necker sont et seront diversement appréciées : « Savante sans pédanterie, animée dans la conversation », dit d'elle l'historien anglais Edward Gibbon, avec qui, en Suisse, elle a été fiancée; « elle était restée genevoise et institutrice », estiment les Goncourt, bons connaisseurs du XVIIIe siècle, mais souvent durs à l'égard des femmes. « Elle avait une politesse sans aisance, des grâces d'esprit sans abandon, des grâces de cœur pédantes. » Ses écrits tendent un peu, hélas, à justifier cette appréciation.

Les portraits de Suzanne Necker montrent une femme au visage agréable, mais un peu long et un peu austère, le visage d'une femme froide. Le peintre n'aurait-il pas su en rendre le charme? « Il y a ici une Mme Necker, jolie femme et bel esprit qui raffole de moi », écrit Diderot dans une lettre. Mais il se peut que la vanité ou le désir d'éveiller, par jeu, la jalousie de Sophie Volland, la destinatrice de la lettre, ait amené l'écrivain à prêter à Suzanne Necker plus de beauté qu'elle n'en a. Quelle qu'elle soit, elle n'en fait pas une arme de séduction. Sa rigueur morale, renforcée par sa foi religieuse, la détourne des manœuvres de la coquetterie. Elle ne veut briller et se gagner des adorateurs que par ses qualités d'esprit, ambition qui la conduit à s'exprimer quelquefois dans un langage digne des précieuses. Elle aime les maximes imagées, les sentences spirituelles, telles que celle-ci, assez réussie, qui définit sa conception du rôle des femmes dans la société : « Les femmes remplissent les intervalles de la conversation et de la vie, comme les duvets qu'on introduit dans les caisses de porcelaine. » La maxime rappelle le pacte tacite, l'espèce de code d'urbanité, que savent faire respecter toutes celles, Mme Goeffrin, Mme Marchais, Mlle de Lespinasse, parmi d'autres, qui, comme Suzanne Necker, sont parvenues, non sans efforts, intrigues et subtiles manœuvres, à se constituer un salon prestigieux. Les esprits brillants qu'il groupe doivent laisser leurs armes à la porte ou n'en introduire que de mouchetées : jamais de discussions trop vives, d'affrontements. Si, par accident, la menace s'en dessine, la maîtresse de maison fait dévier les propos.

Ainsi s'explique que des personnages aussi divers et quelquefois aussi opposés les uns aux autres que Diderot, Bernardin de Saint-Pierre, Marmontel, d'Alembert, Grimm, l'abbé Morellet (appelé « Mord-les! » par Voltaire, à cause de sa pugnacité), l'abbé Raynal, Naigeon, Galiani, Suard, Thomas, puissent dîner pacifiquement, tous les vendredis, à la table des Necker. Les salons, à l'exception de celui d'Holbach, où l'on ne craint pas de s'exprimer énergiquement, le maître de céans, d'un caractère emporté, en donnant l'exemple, sont plus des lieux de réunions mondaines que des foyers de discussions où seraient agitées les grandes idées du temps. Suzanne Necker, comme son mari, qui en donnera la preuve quand il sera appelé au gouvernement, est attachée au principe monarchique, bien qu'elle vienne d'un pays où les aspirations démocratiques sont très répandues. Elle souhaite certes une libéralisation du régime politique de la France, mais n'en regagnera pas moins son pays natal, au moment de la Révolution. Ce conservatisme, qui s'allie à une foi religieuse profonde, ne la met guère à l'unisson de la plupart de ses invités, et cette discordance muette se trahit inévitablement dans l'attitude un peu contrainte de beaucoup de ces derniers. Ils ne peuvent au surplus que souffrir de l'affectueuse commisération qu'ils lisent dans les yeux de la maîtresse de maison. « J'ai des amis athées, dit-elle. Pourquoi non? Ce sont des amis malheureux. » Enfin, détail qui achève de faire comprendre que les dîners, chez les Necker, manquent quelquefois d'entrain, la chère y est très médiocre (c'est Grimm qui l'affirme); ces dîners (ce seraient pour nous des déjeuners) ayant lieu le vendredi, on y fait maigre, et il faut croire que la marée n'est pas toujours de bonne qualité, à Paris... Pourquoi, alors, voit-on tant de beaux esprits, rue de Cléry? Les écrivains de l'époque, même ceux qui jouissent d'une grande notoriété, ont un public des plus restreints. Isolés et niés socialement, ils vont chercher le sentiment de leur existence parmi leurs confrères et les éléments éclairés de la noblesse ou de la bourgeoisie, c'est-à-dire parmi leurs semblables, complices ou rivaux, et leurs admirateurs : les familiers des salons.

Buffon ne se montre jamais aux vendredis de Suzanne Necker, et pas davantage à ses mardis, réservés à un petit cercle d'intimes. Il a droit à des rendez-vous particuliers qu'il a sollicités en raison de ses occupations, mais surtout, semble-t-il, pour ne pas rencontrer certains de ses confrères qui ne l'aiment pas et qui, par des voies diverses, ne le lui ont jamais laissé ignorer, Marmontel, d'Alembert et Grimm, notamment. Ils ne peuvent supporter sa suffisance, ses grands airs, dont ils lui reprochent de savoir se défaire devant le roi, il va sans dire (mais, cela, ils le lui passeraient), devant les ministres, les Grands, des bonnes grâces desquels il n'a cessé de vivre, à en croire ses détracteurs. Buffon, qui a toujours pris le parti d'ignorer ou de feindre d'ignorer les médisances dont il est l'objet, s'épargne cependant de rencontrer leurs auteurs dans un lieu où il est justement en train de découvrir une forme nouvelle du bonheur.

Car il a très vite éprouvé pour Suzanne Necker, qui a trente-deux ans de moins que lui, un vif sentiment. Dans les lettres qu'il lui adresse de Montbard, où il continue à se rendre assez souvent, la chaleur du ton a gagné en quelques mois. Hier, il en était aux hommages, qui sont bien dans sa manière et qui, chez lui, en général, ne tirent pas à conséquence; après être passé par la formule « mon adorable amie », il appelle maintenant Suzanne Necker « ange de mes lumières ». « Depuis vingt-quatre heures, je n'ai pas cessé de penser à vous », « je vous aime plus que moi-même » (ce qui, de sa part, n'est pas peu), lit-on dans presque chacune de ses lettres.

Se souvenant sans doute qu'il a écrit jadis, à propos de l'amour : « le moral n'en vaut rien », il en refuse le nom au sentiment qu'il éprouve; c'est, selon lui, de l'amitié : « L'amitié, explique-t-il à Suzanne, ce n'est point un sentiment sans feu; c'est au contraire une vraie chaleur de l'âme, une émotion, un mouvement plus doux, mais aussi vif que celui de toute autre passion... » Dévote et prude, Suzanne semble se satisfaire pleinement de ce vain bavardage, où entre un peu de tartuferie. Dès le premier instant, elle a été fascinée par Buffon, dont elle admirait déjà l'œuvre et qui, par sa stature, la majesté de son attitude, a, si l'on peut dire, le physique de son génie et le visage de sa gloire. À l'amitié amoureuse ou plutôt à l'amour tout court du grand homme, elle répond par des lettres pleines d'une exaltation toute littéraire qui, rencontrée chez une autre femme, ferait hausser les épaules à Buffon : « Puissiez-vous respirer en liberté dans votre tour enchantée! » (Il s'agit de la tour où se trouve le cabinet de travail de Buffon, à Montbard.) « Puisse mon image se mêler quelquefois aux grandes idées qui vous occupent, comme ces ombres légères qui venaient suspendre la marche du grand Hercule, lorsqu'il descendait aux enfers pour accomplir un de ses travaux immortels! »

On comprend que l'amour qu'il croit déceler dans les lettres de Suzanne fasse passer Buffon sur leur emphase; « pures circonlocutions de la pudeur », doit-il penser. Mais on est tenté de se dire qu'elle ne lui semblerait peut-être pas plus ridicule, s'il ne l'attribuait qu'à l'admiration. Plus il avance en âge et plus il gagne en célébrité, plus il cède au délire d'orgueil et devient la proie des flatteurs. Marmontel, son impitoyable censeur, le dira dans ses *Mémoires,* avec quelque outrance, il est vrai : « Buffon, mal à l'aise avec ses pairs [parce qu'il s'est tenu à l'écart du courant encyclopédiste?], s'enferma chez lui [c'est faux : il ne cessera d'avoir une vie très extérieure, officielle et mondaine], avec des commensaux ignorants et serviles. » De son côté, Chamfort, qui n'est pas un ennemi déclaré de Buffon, comme Marmontel, relate : « M. de Buffon s'environne de flatteurs et de sots qui le louent sans pudeur. Un homme avait dîné chez lui avec l'abbé Le Blanc, M. de Juvigny et deux autres hommes de cette force. Le soir, il dit qu'il avait vu dans le cœur de Paris quatre huîtres attachées à un rocher. On chercha longtemps le sens de l'énigme, dont il donna enfin le mot. »

Pour comble de malheur – de malheur pour la mémoire de Buffon – le poète Écouchard Le Brun, surnommé sans rire « Le Brun-Pindare », un des poètes les plus grandiloquents de l'époque, qui en compte beaucoup, écrit, à la gloire de Buffon, une ode qui se trouve être sa meilleure et qui résistera assez longtemps à l'oubli :

Buffon, dès que rompant ses voiles
Et fugitive du cercueil,
De ses palais peuplés d'étoiles
Ton âme aura franchi le seuil;
Du sein brillant de l'empyrée
Tu verras la France éplorée
T'offrir des honneurs immortels...

Allant au-devant du souhait secret de Buffon, à moins qu'il n'ait cédé à sa prière, le poète a associé Suzanne Necker à celui qu'il loue :

Ô de Buffon illustre et digne amie
Vous dont il a vanté l'âme et les agréments...

Flattée d'être ainsi publiquement présentée comme l'inspiratrice du grand homme, Suzanne prodigue à celui-ci les marques de tendresse; elle lui offre une petite boîte d'émail sur le couvercle de laquelle elle a fait peindre son portrait. Buffon, qui ne s'est jamais risqué à écrire de la poésie, jugeant que c'est là un vain exercice, y va d'un quatrain qui entourera l'image de sa bien-aimée :

Ce visage angélique avec un beau corsage
Annonce de Necker et l'âme et le génie.
De la divinité, vive et fidèle image
Tu sus aux malheureux rendre ou donner la vie.

Le dernier de ces vers laborieux est une allusion aux œuvres charitables de Suzanne Necker, qui a entrepris d'améliorer les conditions de vie des malades dans les hospices parisiens, et, pour commencer, d'y augmenter le nombre de lits. Ayant obtenu la participation financière de Louis XVI et du curé de Saint-Sulpice, qui, sûrs de ses sentiments religieux, ne lui tiennent pas rigueur de faire sa compagnie des « philosophes », elle va ainsi fonder l'hôpital auquel son nom restera attaché. Buffon, qui, sans avoir jamais cessé de se montrer humain, n'a, à aucun moment, donné véritablement dans l'altruisme, fond d'attendrissement devant les preuves répétées de la charité de son amie.

Mais il faut s'interroger plus avant sur la nature des sentiments que lui inspire « ce visage angélique avec un beau corsage ». Buffon n'a pas encore atteint l'âge de l'amour pur si, chez un homme, il vient jamais. La vigueur physique des Leclerc, ces solides Bourguignons, survivant chez les Buffon, sous leur mince vernis aristocratique, suffirait à le retarder. Le père de Buffon, Benjamin, qui vient de mourir à Montbard, âgé de quatre-vingt-onze ans, a montré une grande verdeur presque jusqu'à ses derniers jours. Sans doute Buffon est-il trop raisonnable pour ne pas commencer à mettre un frein aux ardeurs ultimes qu'il peut devoir à son tempérament. Il écrit à son ami de Brosses qui, récemment remarié à une très jeune femme, vient, à soixante-six ans, d'être père pour la sixième fois dans sa vie : « Vous voilà très suffisamment pourvu de postérité; il faut devenir économe et même avare de ces molécules organiques que nous pouvions autrefois prodiguer. »

Nous retrouvons ici sa conception de la sexualité masculine qui l'a toujours fait la réduire à une dépense de substance et qui relève de la sorte d'un matérialisme simpliste. Une fois pour toutes, dès sa jeunesse, il a refusé d'admettre la fusion du physique et du moral dans l'amour, ou plutôt leur indifférenciation, qui caractérise la passion; il obéissait ainsi au désir de garder l'esprit libre et le cœur paisible avec les femmes, et de ne rien leur céder qui fût volé, même indirectement, à son œuvre. Mais maintenant, alors même qu'il donne à de Brosses des conseils où ses vieux préjugés réapparaissent, il glisse lentement, dans ses rapports avec Suzanne, vers cette ambiguïté des sentiments qu'il a constamment dénoncée comme une sophistication de l'instinct génésique. Il en vient à écrire à sa « très chère et tendre amie » qui vient d'être assez gravement malade : « ... Il y a de plus (dans ma tristesse) un sentiment qui tient à votre personne; je ne pouvais me représenter cette maigreur, cette perte de votre embonpoint d'albâtre, sans pleurer de désespoir; ce n'est donc pas votre âme seule que j'aime; vous serez assez généreuse pour me pardonner cet aveu. »

Quelle femme ne le pardonnerait pas, même si, au lieu de l'émouvoir, il ne fait que la flatter? Suzanne Necker n'oublie pas l'âge de son adorateur : « Contrairement aux jeunes gens pour qui M. de Buffon est un phénomène céleste dont ils laissent l'observation aux astronomes, vous êtes pénétré de la lumière de ce bel astre », écrit-elle, avec sa simplicité habituelle, au chevalier Aude, un jeune écrivain qui servira quelque temps de secrétaire à Buffon. « Vous le voyez à son couchant, mais son disque est plus grand qu'il ne fut jamais à son midi. » Quelle que soit la beauté de la lumière crépusculaire émanant de Buffon, couchant il y a, et rien ne peut empêcher que Suzanne, malgré son admiration pour le grand homme, le traite gentiment en vieux galant. Le rôle, connu de tout le monde, que Marie Blesseau tient auprès du philosophe-naturaliste ne lui cause pas la moindre jalousie : « C'est une aimable fille au-dessus de son état », dit-elle de la « gouvernante ». Plus tard, elle déclarera : « Elle a servi M. de Buffon, mieux qu'il n'aurait pu l'être, s'il avait été sur un trône, dont il était digne. »

Tel que nous le connaissons, Buffon ne montrerait pas sans doute la même largeur d'esprit, s'il savait que Suzanne éprouve pour d'autres des sentiments d'une même nature, sinon d'une égale force, que ceux dont il est l'objet de sa part. Passe pour l'amour qu'elle porte à son mari, qui est dans l'ordre des choses et qui va à un homme dont Buffon est l'ami. Mais n'échange-t-elle pas avec Léonard Thomas, un écrivain des plus moyens, spécialisé dans les éloges, ce qui lui a ouvert très tôt l'Académie, des lettres dont le ton, même si l'on tient compte de l'enflure qu'il prend toujours chez Suzanne, est un peu au-delà de celui de la simple amitié? On objectera qu'un Thomas n'est pas de taille à concurrencer Buffon, dans quelque domaine que ce soit. Mais voici qu'un rival d'une tout autre stature se dresse : il ne s'agit de rien de moins que de Voltaire, heureusement toujours confiné à Ferney. Suzanne Necker, lors d'un de ses dîners du vendredi, a fait voter par ses invités le projet d'une souscription pour la commande au sculpteur Pigalle d'une statue de celui qui est l'autre grande gloire littéraire de la France, à côté de Buffon. C'est là, de la part de Suzanne Necker, femme sincèrement dévote et bien en cour, une manifestation de libéralisme, une preuve de courage, à laquelle tous les bons esprits devraient applaudir. Or, il ne semble pas que Buffon ait félicité son amie pour son initiative. La statue exécutée par Pigalle représente Voltaire dans une nudité à l'antique qui l'affranchit des époques, l'installe dans l'immortalité; elle ne peut apparaître, aux yeux de Buffon, que comme la muette proclamation des « prétentions à l'universalité » et à la première place dans le temple de la gloire qu'il reproche, depuis longtemps déjà, à son vieux confrère.

Nous sommes en 1778. Pour Buffon, « l'offensive voltairienne » prend soudain des proportions inquiétantes. Louis XVI, porté à la tolérance par l'esprit du temps, c'est-à-dire par politique, vient de lever l'interdiction implicite qui, depuis vingt-trois ans, empêchait Voltaire de se rendre à Paris. On y tresse déjà guirlandes et couronnes, en vue de son arrivée; on prépare, au Théâtre français, une cérémonie en son honneur, qui tournera immanquablement à l'apothéose. Buffon sent qu'il doit rappeler au public son existence, dans un moment où la primauté dont il jouit parmi les gloires nationales se trouve dangereusement menacée. Il lui revient alors à l'esprit que l'ode que Le Brun-Pindare lui a consacrée n'a pas encore été publiée. Il écrit aussitôt au poète, en recourant dans sa lettre à un argument d'une rouerie ingénue : « L'arrivée de M. de Voltaire va faire qu'on s'occupera et qu'on parlera de poésie plus que jamais; ce serait une raison de publier cette magnifique ode plus tôt que vous ne le comptiez; je parle ici plus pour votre gloire que pour la mienne. » Mais Le Brun-Pindare, qui n'entend pas s'associer à cette petite manœuvre dirigée contre Voltaire, le roi du jour, ne publiera l'ode que l'année suivante, comme il était prévu.

XII

À LA VEILLE DU « GRAND MOUVEMENT »

L'homme à qui une vanité enfantine inspire des ruses de cette sorte poursuit, dans le même moment, outre son œuvre écrite dont la qualité ne se démentira pas jusqu'à la fin, son action de pionnier des sciences, tant par ses recherches personnelles que par l'application qu'il apporte à découvrir de jeunes intelligences dans les diverses disciplines scientifiques représentées au Jardin du roi. L'entrée de Necker au gouvernement va lui permettre de soutenir plus efficacement encore les jeunes savants aux travaux desquels il s'intéresse. Il la salue dans une lettre à Suzanne : « Du jour où je vous ai connue, ma belle et noble amie, je date mon bonheur, et celui du royaume du jour que M. Necker en a pris les rênes. » Ainsi, au moment où l'arrivée de Voltaire à Paris, sous les acclamations, l'ulcère secrètement et le conduit à des démarches ridicules, il s'emploie, en intervenant auprès des hauts personnages de l'État, à tirer Lamarck, le futur père du transformisme, de son obscurité et de ses difficultés matérielles, intervention d'autant plus méritoire que le jeune savant (il n'a que trente-quatre ans), encore cantonné dans la botanique, a fondé une méthode de classification assez éloignée de la sienne, qu'il ne saurait d'ailleurs définir lui-même, tant elle est approximative. Il est vrai que dans sa *Flore française,* ouvrage qui va devoir sa publication à Buffon, Lamarck, avec ses « clefs dichotomiques », s'éloigne de Linné, ce qui ne peut que plaire à notre philosophe-naturaliste, adversaire irréductible du botaniste suédois. Dans la longue lettre qu'il adresse à son ami le ministre Amelot du Chaillou, de qui l'Imprimerie royale dépend, Buffon expose avec chaleur les idées de Lamarck, sans pouvoir s'empêcher de donner au passage un coup de patte à Linné; il semble qu'il faille toujours qu'il cède à certaines petitesses de son caractère dans les meilleures actions de sa vie.

Il apporte un réel appui à bien d'autres jeunes savants, au géologue dauphinois Faujas de Saint-Fond, notamment, qu'il fait venir à Paris et nommer adjoint aux travaux du Jardin du roi, après avoir entretenu avec lui une longue correspondance. Avant de mourir, il le désignera au ministre comme le successeur qu'il s'est choisi, pour ce qui concerne le prolongement de l'*Histoire naturelle,* qu'il sait ne pouvoir achever. Son comportement avec ses protégés est souvent empreint d'une sollicitude quasi paternelle. C'est notamment le cas pour ce qui a trait à ses relations avec l'abbé Bexon, jeune naturaliste impécunieux dont il a fait un de ses collaborateurs pour la partie de l'*Histoire naturelle* consacrée aux oiseaux. Buffon, si facilement impérieux et majestueux, devient, en dépit de son âge, un ami pour le jeune abbé, qu'il assiste, à l'occasion, jusque dans sa vie familiale, et à qui il se confie. Le ton intime de leurs échanges est indiqué par une lettre de Buffon à l'abbé Bexon, dans laquelle passe l'image d'une très jeune femme dont on découvre qu'il garde un souvenir attendri : Marie-Thérèse Monnier, la fille de son ami Richard de Ruffey, la célèbre Sophie de Mirabeau. Séparée de celui-ci, elle vit dans un couvent de Gien, où elle finira par se donner la mort, à la suite d'une peine de cœur. « Vous êtes bien heureux d'avoir vu l'adorable Sophie, écrit Buffon. Je la trouve bien malheureuse dans l'état où vous me la peignez. »

L'amour et l'intelligence des sciences, qui réduisent à des

proportions finalement négligeables, chez Buffon, l'orgueil, le sens du profit et un goût de la tranquillité souvent proche du manque de courage, l'ont conduit, depuis quarante ans, à faire du Jardin du roi, en même temps que le plus beau muséum d'histoire naturelle du monde, un important institut d'enseignement. Il a su constamment pourvoir les chaires de botanique, de chimie et d'anatomie qu'il comporte (il manque encore une chaire de minéralogie et une chaire de zoologie) des meilleurs professeurs. On se presse dans les amphithéâtres, mais l'assistance n'y est pas seulement composée d'étudiants : la science est à la mode. On vient voir notamment le chimiste Macquer faire brûler du diamant; il se consume sans laisser le moindre résidu dans l'oxygène (que Lavoisier vient de découvrir). À côté, Daubenton, qui a abandonné la dissection, expose, à l'aide d'un crâne, ses théories en crânométrie. Plus loin, Antoine-Laurent de Jussieu définit sa méthode de classification naturelle des plantes, dont le botaniste Adanson, personnage effacé qui se laisse piller, a trouvé le premier le principe.

Avec ses beaux arbres d'essences variées, ses plates-bandes où, à côté des innombrables spécimens de la flore indigène, les plantes à l'aspect étrange rapportées par des navigateurs et acclimatées ont trouvé place, avec ses arbustes dont les énormes palmes s'écartèlent contre l'envers du vitrage des serres, avec les lianes qui s'y enchevêtrent, avec les larges fleurs hérissées de bractées qui y éclatent, le Jardin du roi constitue de plus en plus un monde à part, où tous ces végétaux singuliers finissent par substituer une autre lumière à celle du ciel parisien, donner le sentiment que règne dans ce lieu un climat différent de celui qui résulte de la latitude, et que s'est arrêté à ses portes l'ordre habituel de la vie. La botanique, avec ses méthodes, son esprit de sélection, son souci de démonstration, a dépouillé ici la nature de ses caractères familiers, a fait de ce jardin une espèce de « jardin de sapience » baigné de la clarté crue des allégories et peuplé moins de plantes exotiques que de plantes emblématiques ou, mieux, de plantes savantes. Cela peut expliquer que Buffon, enfermé une grande partie du temps dans ce domaine un peu semblable à ceux qu'ont, au cours des âges, imaginés les utopistes, perde quelquefois la notion des réalités ou, pour le moins, le sens de la mesure, et forme des projets exagérément ambitieux concernant l'avenir du Jardin.

Ils sont inspirés en partie par un impatient désir d'accomplissement bien naturel chez un septuagénaire. Il veut à tout prix voir, avant de mourir, le Jardin s'ouvrir largement sur la Seine. Le souverain d'un pays réclamant un accès à la mer n'a jamais montré plus d'obstination. La part de l'idée fixe et de la tendance mégalomaniaque étant faite, on doit considérer ce qui justifie ce projet d'extension du Jardin. L'importance des collections, qui grossissent constamment, nécessite la construction de bâtiments nouveaux, où elles trouveront place, mais ceux-ci ne doivent pas réduire l'espace réclamé par les plantations, lesquelles sont également appelées à s'étendre. Buffon envisage aussi la création d'un grand bassin central qui permettrait la culture de plantes aquatiques. Enfin, le Jardin, avec ses allées d'arbres, ses plates-bandes, leur élégante géométrie, ouvre vers le fleuve une perspective que les constructions banales se dressant sur les terrains limitrophes doivent cesser de boucher.

La réalisation de ce plan d'extension va nécessiter une lutte âpre, procédurière, d'où la ruse, la mauvaise foi, le recours à l'arbitraire ne seront pas absents. Buffon va s'engager dans ce combat, en tirant avantage des appuis nombreux dont il dispose et en mettant en œuvre son art de les utiliser. Il ne s'y grandira pas et s'y fera peut-être, sans le savoir, l'artisan du plus grand de ses malheurs posthumes.

Une partie des terrains qui séparent encore le Jardin de la Seine dépendent de l'abbaye de Saint-Victor, située sur l'emplacement de l'actuelle Faculté des sciences et même un peu au delà. Ils ont été loués par les religieux à des particuliers qui y ont bâti ici et là des maisons d'habitation locatives. Lorsque Buffon obtient des moines de Saint-Victor qu'ils lui cèdent ces terrains contre une partie du clos Patouillet, à l'opposite, il se trouve dans l'obligation, pour réaliser son plan d'extension du Jardin, de démolir ces maisons, après en avoir expulsé les occupants. Pour lui permettre de le faire, sans contrevenir à la loi, les religieux ont, au préalable, demandé l'annulation, pour inexécution des conditions, du bail qui les liait aux locataires des terrains, les demoiselles Bouillon. L'annulation a été effectuée par l'autorité, en vertu d'un arrêt de 1671, qui interdit toute construction entre le Jardin du roi et la Seine. Le rappel de cette interdiction figurait-il dans le bail? Si oui, pourquoi les religieux n'ont-ils pas relevé la violation d'une de ses clauses, plusieurs années auparavant, quand la construction des maisons a été entreprise? La réponse est simple : ayant fermé les yeux sur l'existence de ces maisons, qui leur permettait peut-être de majorer le loyer des terrains, ils ont attendu que Buffon, désireux d'acquérir ceux-ci libres de tout occupant, les incite à demander l'annulation du bail. Cette mesure obtenue, la procédure d'expulsion, plus expéditive à l'époque que de nos jours, peut s'engager.

Les locataires, les demoiselles Bouillon, s'estimant injustement expulsées, déposent une demande d'indemnité devant le Lieutenant de police Lenoir. « Les demoiselles Bouillon ne peuvent prétendre à aucune indemnité pour les deux bâtiments que nous allons détruire, puisqu'ils ont été construits en contravention et qu'en second lieu ils m'ont été cédés avec le reste du terrain. Elles ne peuvent attaquer que Messieurs de Saint-Victor », écrit Buffon à André Thouin, son adjoint pour l'administration du Jardin. Argument spécieux : il est peu probable que les religieux aient établi le prix de cession de leur terrain (prix représenté par celui du clos Patouillet reçu en échange), en tenant compte de la valeur des bâtiments qui appartenaient à leurs locataires; l'acte établi en ferait mention. Buffon ajoute : « À l'égard du procès [avec les demoiselles Bouillon], je ne doute pas que le jugement favorable n'intervienne, dès que M. Lenoir voudra s'en occuper. » Le Lieutenant de police Lenoir est, en effet, un ami de Buffon, qui, à l'occasion, lui fournit, comme à d'autres, à Maurepas, à Breteuil notamment – le fait est attesté – des plantes et des arbres pour sa propriété à la campagne.

Sans plus attendre, Buffon ordonne la démolition des maisons. Elles sont occupées par des sous-locataires dont quelques-uns refusent de s'en aller. Buffon charge Thouin d'inciter les démolisseurs à passer outre. Quelques jours plus tard, celui-ci envoie à Montbard un rapport dans lequel on lit : « ... Enfin, vendredi 7 de ce mois, a fini le délai accordé au sieur Delaulne [le sous-locataire des demoiselles Bouillon le plus récalcitrant] et, dès le matin, les couvreurs ont monté sur le toit et la démolition se fait et ne discontinuera pas que tout soit fini, malgré les clameurs du sieur Delaulne et de sa femme qu'on est obligé de chasser de chambre en chambre, et qui ne partiront, selon les apparences, que quand il ne restera plus pierre sur pierre. »

Insuffisamment informés, beaucoup d'historiens du Jardin des plantes ont relaté cette scène en présentant les victimes de l'expulsion comme des religieux de Saint-Victor et non comme des particuliers. L'hostilité mal dissimulée de Buffon à l'égard des gens d'Église a favorisé cette confusion. Elle avait l'avantage de rendre moins blâmable la brutalité avec laquelle il a agi dans cette affaire : des religieux de Saint-Victor n'auraient pas manqué de locaux à proximité où se réfugier. Les sous-locataires des demoiselles Bouillon, eux, se retrouvent dans la rue. Ils se solidarisent avec leurs anciennes logeuses qui continuent de réclamer des indemnités à l'intendant du Jardin du roi, qui, selon son habitude, a acquis ce terrain pour son propre compte, avec le projet de le revendre, plus tard, à l'État. Au terme d'un long procès, elles seront déboutées. Les plaignants en demanderont la réouverture pendant la Révolution, époque où ceux qui ont souffert des dénis de justice de l'Ancien Régime pourront enfin faire entendre leurs voix. Buffon étant mort, son fils, son unique héritier, sera poursuivi en justice, pour répondre du préjudice causé aux plaignants par son père, lequel – il faut y insister – a agi, lors de l'expulsion, en son nom propre et non pas au nom de l'État. Cette action en justice expliquera-t-elle son incarcération à la prison du Luxembourg ou l'aura-t-elle seulement favorisée, son titre de comte et son attitude ayant déjà fait de lui un suspect? Englobé dans la prétendue conspiration du Luxembourg, prétexte d'une exécution de prisonniers procédant du vertige sanguinaire des dernières semaines de la Terreur, il sera guillotiné, avec près de cent cinquante de ses compagnons de captivité.

Au moment où Buffon acquiert le terrain appartenant à l'abbaye de Saint-Victor, moins de dix années nous séparent de la Révolution. Plus que jamais, la situation économique du pays, aggravée par les abus croissants de la Cour et l'incurie de l'administration royale, l'appelle. Découragé par l'opposition que son plan de réforme des finances, pourtant bien modéré, rencontre, Necker a dû se retirer. Buffon est trop attaché à cet homme, indépendamment des sentiments qu'il éprouve pour sa femme, pour ne pas partager son amertume. Ses vues d'avenir apparaissent soudain assombries, et ses avis prennent, du coup, un tour prophétique : « Je vois venir un grand mouvement, dit-il, et ne vois personne pour le diriger. » Il n'y a pas que l'injuste sort de son ami Necker qui nourrisse son pessimisme. On sort du terrible hiver de 1780-1781 qui, en les accentuant, a mis en lumière la misère du peuple et l'appauvrissement général des ressources du pays. Au plus fort du gel, le bois de chauffage a manqué dans beaucoup de villes, en particulier à Paris, où l'on a dû se livrer à des coupes sauvages dans les bois de Boulogne et de Vincennes. Cette pénurie a révélé l'ampleur des amputations subies, depuis un demi-siècle, par la forêt française; rien qu'au cours des quinze dernières années, on a défriché près d'un million d'arpents boisés, c'est-à-dire près de cinq cents kilomètres carrés, sans avoir replanté ailleurs. Ami des arbres et, de plus, forestier avisé qui a toujours exploité avec beaucoup d'intelligence ses quelque deux cents hectares de bois, Buffon est porté à voir dans cette rapide détérioration de la forêt française un des signes les plus alarmants du déclin de notre pays.

On pourrait lui faire observer que si la construction de notre flotte maintenant engagée dans la guerre d'indépendance des Américains du Nord est une des causes récentes de la dévastation de nos forêts, le prestige moral que nous retirons de notre participation à une juste cause tire un peu notre pays de l'avilissement dans lequel le régime monarchique le plonge de plus en plus. Mais Buffon, dont nous connaissons l'esprit réaliste, trouverait difficilement là un motif d'exaltation. Son mécontentement grandit et l'amène à dévoiler ses sentiments politiques, qu'il a constamment dissimulés, avec plus de soin encore que ses sentiments religieux. Mais, de la même façon que ceux-ci n'ont jamais trouvé leur expression que dans son inimitié à l'égard du clergé, ses sentiments politiques se traduisent tout au plus dans le jugement peu favorable qu'il porte sur l'ensemble des personnes royales. À propos du prince Frédéric-Henri-Louis de Prusse, qui vient de lui rendre visite au Jardin, il écrit : « Cet homme, quoique du sang des rois, a plus d'esprit et de connaissances qu'il n'en faut pour faire la réputation de plusieurs particuliers. » Un autre jour, parlant de l'abbé de Bourbon, fils aîné de Louis XV, il déclare : « J'aimais son père qui, bien que roi, était un homme aimable » (le mot est employé, à l'époque, dans son sens fort : digne d'être aimé). La prévention, pour porter moins sur l'institution monarchique que sur les individus qui la représentent, n'en sent pas moins son républicain ou, en tout cas, son « constitutionnaliste ».

L'évolution de ses opinions doit beaucoup apparemment aux Necker, dont on découvrira bientôt, lors du retour de Jacques Necker aux affaires, que, sans cesser d'être monarchistes, ils préconisent maintenant des mesures résolument libérales. Leur fille Germaine, la future Mme de Staël, génie politique précoce (elle n'a que seize ans), n'est pas tout à fait étrangère sans doute à leur conversion aux idées nouvelles et, par là, au tour pris par les idées de Buffon, ce familier de la maison. Cette maison, c'est maintenant, très souvent, le château que les Necker possèdent à Saint-Ouen, au-dessus de la Seine. Les habitués du salon de Suzanne s'y retrouvent, une fois par semaine, et Buffon, qui continue de les éviter, s'y rend les autres jours. Là, sur la terrasse du château, il va avoir, avec sa grande amie, les seules conversations au cours desquelles, dans toute son existence, il se sera vraiment livré sans détour, mais que Suzanne, soucieuse avant tout du salut de son grand homme, dont la vie approche de son terme, cherche inlassablement à orienter sur la question de la foi en Dieu.

« Je m'estimerais moi-même davantage si je pouvais penser en tout aussi bien que vous », lui déclare Buffon, avec une sincérité sur laquelle il est tout de même permis de s'interroger. Il s'empresse d'ailleurs d'ajouter : « Mais la première de toutes les religions est de garder chacun la sienne, et le plus grand bonheur est de la croire la meilleure. » Sous les protestations d'amour qu'il prodigue à Suzanne, il ne peut s'empêcher d'affirmer son doute religieux : « Je vous aimerai toute ma vie, et même dans l'autre et pour l'éternité, si, comme je le désire, votre opinion est meilleure que la mienne », écrit-il de Montbard à son amie.

Si celle-ci est attristée par l'incroyance ou le scepticisme de Buffon, ce n'est pas seulement parce qu'elle le voit compromettre ses chances dans l'au-delà, c'est aussi parce que, à cause de son impiété, elle ne peut le placer dans l'empyrée chrétien qu'elle s'est construit, l'accoler, sinon l'associer tout à fait à Dieu. Cela ressort clairement d'une des notes qu'elle écrit, au jour le jour, et qu'on rassemblera, après sa mort, sous le titre *Mélanges divers :* « Il me semble qu'un être plus grand que les autres, comme M. de Buffon, s'isolerait plus que les autres, s'il ne reconnaissait pas un être supérieur, car il semble en être plus près, et avoir plus de moyens pour en approcher. » Qu'elle se rassure cependant : Buffon lui a promis de mourir en chrétien; il n'a d'ailleurs jamais cessé de dire que, le moment venu, il demanderait les derniers sacrements. « Il faut, répète-t-il, respecter les idées reçues, quand elles sont utiles » (sous-entendu : utiles socialement; il ne veut pas que sa mémoire souffre, dans ce pays catholique, du handicap de l'impiété; il se donnera ainsi un avantage sur Voltaire, mort en athée). Suzanne se satisfait de cette promesse : il n'est pas un chrétien qui ne prête une certaine efficience aux sacrements même reçus sans conviction.

Les sentiments qui unissent Suzanne Necker et Buffon, loin de souffrir de leurs opinions philosophiques opposées, semblent s'en fortifier. Un amour purement cérébral, comme celui que Suzanne éprouve pour le grand homme, le « sublime vieillard » – c'est la formule qu'elle emploie couramment pour désigner Buffon, hors de sa présence, du moins on peut le penser, car le mot vieillard sonnerait désagréablement à ses oreilles –, se nourrit forcément de discussions portant sur de grands thèmes. Que Buffon, d'ordinaire ennemi des propos d'un caractère élevé – « Pardieu, nous ne sommes pas à l'Académie! », ne manque-t-il jamais de s'écrier, chez lui, dès que ses hôtes commencent à en échanger –, s'y laisse entraîner par Suzanne permet de mesurer l'amour qu'il a pour elle. Il se contenterait, en sa compagnie, de conversations détendues, voire futiles : sa seule présence n'est-elle pas tout, pour lui? Aussi il en vient à assurer à son amie que ses facultés intellectuelles décroissent, ce que toutes ses activités et ses écrits démentent, et qui n'est sans doute destiné qu'à la détourner d'aborder constamment avec lui des sujets philosophiques. « Chez moi, lui dit-il, seule, la tendresse de cœur augmente, au lieu de diminuer. »

Il y a là un peu de rouerie sans doute, mais la chose en soi n'est pas fausse. Si, tout au long de sa vie, il a beaucoup donné à l'amitié et en a également beaucoup reçu, son attachement de soixante ans pour de Brosses, pour l'abbé Le Blanc, tous les deux morts récemment, ou pour Ruffey en est la preuve, il y a toujours cependant apporté une certaine componction et une certaine réserve. Il n'a jamais été l'homme des épanchements et encore moins des effusions. On sait, par ailleurs, à quoi se sont réduites longtemps ses relations avec les femmes. Celle qu'il a épousée semble n'avoir pas été pour lui une vraie compagne et n'être jamais sortie, par sa faute à lui ou par la sienne, de son rôle officiel d'épouse, ce qui n'empêche pas Buffon d'affirmer que sa mort lui a laissé une plaie inguérissable au cœur. On peut donc parler, à son sujet – et il est le premier à le faire – d'un éveil de la tendresse, qui n'est pas dû seulement à l'entrée, hélas un peu tardive, de Suzanne Necker dans sa vie.

Buffon a pour son fils Louis-Marie, maintenant âgé de dix-huit ans, une affection profonde. Il lui a fait donner une éducation de jeune aristocrate, c'est-à-dire plutôt superficielle. Sachant le profit intellectuel qu'il a tiré, à ses débuts, de sa longue escapade à travers la France et l'Italie, en compagnie du duc de Kingston et de Hickman, il l'invite à voyager, au détriment des études qu'il pourrait poursuivre. Il a jugé sans doute que le jeune homme n'est pas fait pour y briller. C'est une tête légère, bon cavalier, grand chasseur, toujours en mouvement, montrant peu de goût pour les livres. Buffon lui a obtenu un brevet d'officier, puis un assez long congé, afin qu'il puisse visiter l'Europe.

Il le confie d'abord à Lamarck, guide sûr et mentor, qui, aux frais de Buffon, va le promener en Hollande et en Allemagne. À peine Louis-Marie est-il de retour que son père l'envoie, à sa place, à Saint-Pétersbourg, où Catherine II l'a invité, depuis quelque temps, à se rendre. On sait qu'elle passe son temps à racoler les intellectuels français pour essayer de faire oublier la barbarie dans laquelle elle maintient son peuple. Plus prudent que Diderot (à qui elle a, il est vrai, acheté sa bibliothèque, aubaine pour notre auteur sans fortune), Voltaire, tout en encensant dans les lettres qu'il lui envoie, celle qu'il a baptisée « l'étoile du nord », a allégué son grand âge pour ne pas faire le voyage de Saint-Pétersbourg : il ne faut pas se compromettre avec les despotes; ses déboires avec Frédéric-le-Grand l'ont rendu sage. Buffon l'imite, prudent comme toujours et prétextant sa mauvaise santé, ses forces déclinantes. Mais, pour se faire pardonner sa défection, il délègue à la souveraine son fils, son bien le plus cher (avec Suzanne). Sacrifice réel : ce long voyage comporte des dangers, à la pensée desquels Buffon va, pendant des mois, vivre dans l'inquiétude. Le courrier est lent entre Paris et Saint-Pétersbourg, et, comme pour en remplir les intervalles, il envoie à son fils les lettres les plus bavardes qu'il a jamais écrites. « L'inquiétude sur le retour de mon fils m'a ôté le sommeil et la force de penser », avouera-t-il. Cela ne l'empêche pas, dans ses lettres à Louis-Marie, de pousser souvent de profonds soupirs, à propos de la dépense considérable que ce voyage entraîne pour lui et que la prodigalité du jeune homme n'est pas faite pour atténuer.

Mais Buffon va rentrer dans ses frais, comme disent les bourgeois précautionneux auxquels son sens de l'économie l'apparente : Louis-Marie revient de Russie chargé de présents de l'impératrice pour son père, de fourrures, en particulier de zibeline, de médailles d'or, dont la valeur sera estimée à quarante mille livres, à quoi s'ajoute une chaîne en or massif trouvée dans les fouilles en Sibérie. Par ailleurs, en signe d'hommage, Catherine II a commandé à Houdon le buste du philosophe-naturaliste... Des caisses de minéraux destinés aux collections du Cabinet du roi suivent. Mais quelles vapeurs délétères y ont-elles été enfermées? Après avoir ouvert une de ces caisses, l'abbé Bexon, le collaborateur et l'ami de Buffon, se sent les poumons en feu; il s'alite et meurt au bout de quelques jours; « l'étoile du nord » tourne à la mauvaise étoile. Le jeune Buffon tombe gravement malade; Buffon, alors qu'il traverse une rue, à Paris, est renversé par une voiture et, selon ses propres termes, « traîné sur le pavé ». Il s'en tire sans aucune fracture, mais avec des contusions dangereuses chez un homme de son âge.

Peut-être favorisés par l'ébranlement de son organisme, les accès de la maladie de la pierre, dont il souffre depuis trente ans, se multiplient. La douleur l'empêche souvent de dormir plusieurs nuits de suite. Au premier répit, il gagne Montbard, où il a constamment vérifié qu'il se porte mieux qu'à Paris. Suzanne Necker l'y incite, en pensant aussi au profit qu'en tireront les facultés intellectuelles de son grand homme : « Il pense mieux et plus facilement dans la grande élévation de sa tour de Montbard, où l'air est plus pur », affirme-t-elle. Mais, très vite, Buffon ressent douloureusement l'absence de son amie : « Non, je ne passerai pas tout l'hiver à Montbard, lui écrit-il. Ce serait une saison de mort, si je n'avais pas le bonheur de vous voir. » Pour rendre moins éprouvants les voyages qu'il accomplit sans cesse entre Paris et Montbard, Suzanne lui offre une voiture fabriquée pour lui et pourvue d'une suspension particulièrement souple (on pense que les secousses font descendre les calculs rénaux). Il s'abstient de faire peindre ses armes sur les portières de la voiture. Mais qu'on ne voie pas là un accès de modestie! C'est un signe de dévotion à l'égard de Suzanne. Ce que nous recevons d'une personne aimée garde son empreinte immatérielle; nous n'allons pas la recouvrir de notre marque.

Bien qu'âgé de plus de soixante-quinze ans, souffrant fréquemment de stranguries ou de crises d'urémie provoquées par la maladie de la pierre, accaparé par les visiteurs, harcelé par les solliciteurs, Buffon travaille. Il a entrepris la rédaction de la partie de l'*Histoire naturelle* qui sera consacrée aux minéraux. Il y a quarante ans qu'il en rassemble les éléments, et il peut maintenant inventorier ces pierres de toute nature, ces cristaux, ces gemmes, ces concrétions, cette espèce de moraine accumulée au pied des grandes constructions cosmologiques, géologiques, qui dominent son œuvre. Ses considérations sur la structure des minéraux et notamment ses observations d'ordre cristallographique seront jugées sans grande valeur par les minéralogistes de son époque et, plus encore, par ceux des époques suivantes. Il le prévoit : « Quoique cette théorie sur la figuration des minéraux soit plus simple d'un degré que celle de l'organisation des animaux et des végétaux, puisque la nature ne travaille ici que dans deux dimensions au lieu de trois, et quoique cette idée ne soit qu'une extension ou même une conséquence de mes vues sur la nutrition, le développement et la reproduction des êtres, je ne m'attends pas à la voir universellement accueillie, ni même adoptée de sitôt par le plus grand nombre », écrit-il, avant de se livrer à un rappel de sa fameuse – trop fameuse – théorie des « moules intérieurs » concernant la formation des êtres vivants, et d'arriver à cette vérité première : les êtres vivants se développent par le dedans, les minéraux par le dehors (quand ils se développent; il pense aux concrétions, aux roches sédimentaires).

Ses textes sur les minéraux, s'ils sont, de l'avis des spécialistes, d'un intérêt scientifique assez faible, ne déparent nullement le monument composite, mais finalement majestueux et sans équivalent, que constitue l'*Histoire naturelle.* C'est qu'il y a un amour, mieux : un appétit du monde qui n'appartient qu'à Buffon, et qui, par la vertu d'un style dont la force est dans l'harmonie seule, non dans des débordements lyriques à la mode du temps, nous gagne, transfigurant, réhabilitant, à nos yeux, les objets naturels que nous ne savions plus voir. Le voici redonnant leur éclat aux minéraux que les études, savantes, celles-là, des vrais minéralogistes enfermaient jusque-là dans une sorte de gangue, recouvraient d'une terne patine. Quelle sensualité, qui se communique à nous, dans sa description de la sardoine! « ... cette couleur orangée de la sardoine, quoique moins vive, est plus suave, plus agréable à l'œil que le rouge dur et sec de la cornaline; mais comme ces pierres sont de la même essence, on passe par nuances de l'orangé le plus faible au rouge le plus intense, c'est-à-dire de la sardoine la moins jaune à la cornaline la plus rouge, et l'on ne distingue pas l'une de l'autre dans les teintes intermédiaires... » Plus loin, il prête à l'opale « des couleurs fugitives et mobiles qui ne sont que des *iris* [des arcs-en-ciel] ou spectres colorés ». Porté par son sentiment poétique, il ne se prive pas d'accorder une place aux légendes antiques, le plus souvent rapportées par Pline, ayant trait aux minéraux, mais on peut lui reprocher d'en tenir d'autres, plus récentes, pour des vérités scientifiques. Il écrit ainsi, à propos des turquoises : « Leur origine est bien connue : ce sont les os, les défenses, les dents des animaux terrestres et marins, qui se convertissent en turquoises lorsqu'ils se trouvent à portée de recevoir, avec le sel pétrifiant, la teinture métallique qui leur donne leur couleur. » Au sujet du grenat, il affirme que « lorsqu'on l'expose aux rayons du soleil, il conserve assez de temps la lumière dont il s'imbibe pour briller ensuite dans l'obscurité et luire encore pendant la nuit ». Par contre, il découvre le premier, semble-t-il, les curieuses propriétés électriques de la tourmaline...

De nouveau, nous rencontrons ainsi chez lui, confondus dans cet émerveillement devant la nature qui se développe, à mesure qu'elle cesse d'être attribuée à un Créateur et se trouve rendue à sa spontanéité, à sa liberté, d'une part, les croyances naïves, un certain goût du merveilleux, et, d'autre part, l'observation, l'analyse, la recherche des applications pratiques, alliance paradoxale dans laquelle l'esprit de ce temps se résume. Chez personne cependant autant que chez Buffon ce mélange d'imagination poétique, de rêve et de matérialisme scientifique n'est aussi marqué. À peine vient-il de faire jouer, sous nos yeux, le scintillement des gemmes les plus précieuses, avec les habituelles ressources de son style, qu'il nous entraîne dans les profondeurs des mines de charbon et nous donne un véritable traité de la houille, le meilleur sans doute de son temps.

Dans la partie de l'*Histoire naturelle* consacrée aux minéraux, le charbon et le fer fournissent la matière des chapitres les plus importants, signe que l'âge industriel est déjà là. Buffon y est entré, depuis quelques années, avec ses forges. Constatant et déplorant la faible production de houille dans notre pays (guère plus de deux cent mille tonnes par an), ce qui explique que la surface forestière s'y réduise, il vient de prendre des parts dans une société fondée à Paris pour l'exploitation et l'épuration de ce combustible encore mal apprécié. La relative modicité de sa participation financière (quarante mille livres), par rapport à sa fortune, indique qu'il ne cherche pas là d'abord une source de profits (d'ailleurs, il perdra presque entièrement cette somme, l'affaire ayant très vite périclité). Alors qu'il touche presque au terme de son existence, il tient à encourager les entreprises d'avenir; il envisage notamment de faire ouvrir une mine de charbon en Bourgogne.

Le mariage de son fils va coûter infiniment plus cher à Buffon que sa participation en partie purement patriotique au développement de l'exploitation de nos gisements houillers. Georges-Louis-Marie Leclerc de Buffon épouse la fille unique du marquis de Cepoy, dont la veuve est remariée au marquis de Castera, maréchal des camps et armées du roi. Marguerite-Françoise de Cepoy a seize ans à peine; elle est très jolie; elle est riche : quatre cent mille livres de dot (la moitié seulement en sera versée). Buffon ne peut faire moins que d'assurer à son fils une rente de vingt mille livres; c'est exactement, d'après ses calculs, le revenu des bois dits de Buffon et de La Mairie, à raison d'une coupe annuelle de cent cinquante arpents. Il s'engage également à fournir à son fils « équipage et faculté de logement pour lui et ses gens au Jardin du roi et à Montbard ». Au mariage, assistent les Necker, Malesherbes, le ministre d'État Amelot de Chaillou, le maréchal de Biron, appelé le duc de Lauzun, qui aurait été l'amant de Marie-Antoinette, etc.

XIII

« CITOYENS, JE M'APPELLE BUFFON ! »

Le mariage de son fils rameute une société mondaine autour de Buffon, qui, depuis quelque temps, s'était un peu isolé dans la compagnie des Necker, couple plus ou moins en disgrâce à la Cour et suspect de philosophie. Alourdi par l'âge et ralenti dans ses mouvements par la maladie de la pierre, dont les accès se font de plus en plus sévères et de plus en plus fréquents, Buffon est l'objet d'une admiration croissante, comme s'il acquérait peu à peu l'immobilité des idoles, devenait le poussah vivant de la renommée. Sa gloire, délivrée désormais de toute concurrence directe, Voltaire, Rousseau, d'Alembert, que Diderot vient de rejoindre à l'instant étant morts, n'a jamais été aussi grande. Au surplus, il vit, à Paris, dans un lieu où lui rendre visite a presque l'agrément d'une partie de campagne ou l'intérêt d'une heure passée avec le meilleur des guides dans un cabinet de « curiosités », terme en quoi, pour les gens du monde, les sciences naturelles se résument. Comme il est de bon ton de s'y intéresser, Buffon est plus qu'un grand homme : une mode.

Parmi les dames de la haute société qui viennent le voir au Jardin, Fanny de Beauharnais est celle qui déplace le plus d'air. Possédant un « salon », elle aussi, mais moins prestigieux que celui de Suzanne Necker, elle est toujours accompagnée d'un groupe d'écrivains de la génération nouvelle, dont

Laharpe, qui respecte, mais juge sans complaisance Buffon, lequel, d'une susceptibilité toujours en éveil, ne peut manquer de le sentir. Fanny de Beauharnais envahit de ses immenses robes à panier les salles, encore exiguës où s'entassent les collections, frôle les crocodiles momifiés suspendus au plafond des ornements superposés de ses chapeaux, parle haut, pousse des cris d'effroi ou d'admiration... Comment Buffon peut-il supporter ces intrusions? Serait-il en train de perdre cette autorité naturelle qui l'a si bien servi, sa vie durant, a consolidé son personnage, déjà physiquement imposant, et a contribué à lui ouvrir la voie de la réussite? Les louanges ont toujours pour effet de le rendre indulgent jusqu'à l'aveuglement pour ceux et celles qui les lui prodiguent. Mais, dans ce cas particulier, c'est aussi un autre sentiment, qui fait de lui un modèle de patience et de bénignité : Buffon est devenu amoureux des femmes, depuis qu'il a passé l'âge d'en user. Le désir le portait jadis vers des filles jeunes; assagi, il découvre les charmes des femmes d'âge mûr, telle que Fanny de Beauharnais.

En vérité, elle ne tient pas un rang primordial dans ses attachements; Suzanne Necker continue d'y dominer, en compagnie maintenant d'une autre femme, qui, tout en venant, elle aussi, après elle, va être très présente, et même quelquefois un peu trop, dans la vie du grand homme : Mme de Genlis. Elle est « gouverneur », titre qu'on a décidé de ne pas utiliser au féminin, pour lui laisser toute sa force, des enfants du duc de Chartres, qui bientôt, son père mort, prendra le nom de duc d'Orléans et deviendra, plus tard, Philippe-Égalité. Femme de lettres, comme Fanny de Beauharnais, mais avec plus de talent qu'elle, Mme de Genlis s'est liée avec Buffon, en lui soumettant humblement ses écrits. Les avis qu'elle a recueillis du philosophe-naturaliste n'ont jamais été marqués de la moindre réserve; déjà porté aux compliments par sociabilité et quelquefois par calcul, il donne, avec les femmes, dans tous les excès de la flatterie. « Je ne suis plus amant de la nature, je la quitte pour vous », a-t-il écrit à Mme de Genlis, après avoir lu son *Théâtre d'éducation,* œuvre pédagogique où la « gouverneur » des enfants de la famille princière la plus débauchée de France, depuis un siècle, en tout cas, exalte avec une ardeur bien justifiée les principes moraux et la piété. L'austérité des mœurs de Mme de Genlis, qui, de surcroît, est mariée (au marquis de Sillery, un des hommes-liges de Philippe d'Orléans), n'empêche pas Buffon de lui faire la cour, au moins dans ses lettres : « Pardonnez-moi, Madame, ce moment de délire et d'amour », lit-on dans l'une de celles-ci, où le vieux galant s'est laissé emporter par son lyrisme. Un peu plus tard, il décidera d'appeler Mme de Genlis « ma fille » ou, plus couramment, « mon adorable et noble fille », pensant sans doute qu'il est temps pour lui de donner les dehors de la tendresse paternelle à ses sentiments ambigus.

A peine a-t-il scellé une de ses lettres à Mme de Genlis, où il lui donne quelquefois aussi le nom d'« ange de lumière », qu'il reprend la plume pour adresser des protestations d'amour à Suzanne Necker, appelée, à son tour, « ange de lumière » (ou « de mes lumières ») : « Je viens de voir votre signature, mon adorable amie, et j'y ai porté mes lèvres. Que ne puis-je les porter sur vos mains! Je les baignerai de mes larmes! » (Suzanne est souffrante). Avec elle, il n'a pas besoin de jouer la tendresse paternelle; elle est allée au-devant, en le traitant d'elle-même avec une sollicitude vraiment filiale. La mauvaise santé de Buffon suffirait à la justifier; il est torturé par les calculs urinaires : « J'ai rendu six graviers plus gros que des balles de pistolet », note-t-il un jour (exagération, on le verra plus loin : jamais un calcul de cette taille ne pourrait passer par l'urètre. Sans doute l'aspect de l'organe expulseur a-t-il amené Buffon à recourir inconsciemment à cette comparaison). Comme la douleur l'empêche souvent d'écrire, Suzanne, afin d'avoir de ses nouvelles, a établi avec Marie Blesseau une correspondance que l'amélioration de la santé du « maître » n'interrompt jamais tout à fait. Une espèce d'amitié est née entre les deux femmes, et Suzanne, avec son habituel sens de la mesure, ira jusqu'à dire de Marie Blesseau qu'« elle est non seulement au-dessus de son état, mais au-dessus de l'humanité ». L'affection, le dévouement de ces deux femmes pour Buffon finissent par faire apparaître à la fois touchante et dérisoire la rage de galanterie de ce vieil homme à qui sa gloire d'écrivain, de philosophe et de naturaliste ne suffit plus et qui voudrait maintenant briller aussi dans le madrigal.

Il travaille un peu moins que jadis, mais ses ennuis de santé, ses occupations mondaines et son empressement auprès des femmes n'en sont pas les seules causes; le sentiment de son âge lui interdit de poursuivre la réalisation du vaste plan de l'*Histoire naturelle* qu'il a conçu, il y a quarante ans. La botanique reste tout entière à traiter; en zoologie, il faudrait en venir maintenant aux poissons, aux crustacés, aux mollusques; les insectes, en dépit de la répugnance qu'ils inspirent à l'auteur, attendent, eux aussi, leur place dans ce tableau général de la vie. Comment Buffon pourrait-il s'atteler à l'un de ces grands chapitres encore manquants, en sachant qu'il ne pourra pas le mener à son terme? Souvent, l'impuissance de la vieillesse est moins dans la diminution des forces que dans la conscience d'un avenir étroitement borné. Buffon ne perd nullement de vue la proximité de l'échéance. Un jour, il va rendre visite à Guéneau de Montbéliard, malade à Semur; les deux hommes, qui ont travaillé si longtemps ensemble, s'étreignent et pleurent dans les bras l'un de l'autre; Guéneau de Montbéliard meurt peu de temps après.

Laissant à ceux en qui il voit ses continuateurs, à Faujas de Saint-Fond et à Lacépède notamment, le soin de compléter l'*Histoire naturelle*, Buffon se cantonne dans des ouvrages de peu d'étendue, tel que ce *Traité de l'aimant*, dans lequel il retourne à la ratiocination scientifique pure, qui a toujours été un de ses délices. Il y examine, pour la rejeter, la théorie de Descartes sur la structure interne des corps magnétiques, approuve au passage Cardan, salue Bernouilli, mais, alors que les expériences de Mesmer font sensation à Paris, néglige d'évoquer le magnétisme animal auquel le psychothérapeute allemand affirme devoir la guérison de ses hystériques.

Dans son traité, Buffon fait état de guérisons obtenues par l'action de l'aimant, mais il ne les attribue qu'au magnétisme terrestre et, dans les cas qu'il cite, les montre limitées au physiologique. La fuite devant le psychique, devant les comportements irrationnels et inconscients de l'individu, même quand on y voit simplement un dysfonctionnement du système nerveux, est manifeste chez tous les philosophes du XVIIIe siècle; Buffon ne croit pas davantage à Mesmer que Voltaire, Rousseau ou Diderot n'y auraient cru. Le *Traité de l'aimant* n'en reste pas moins un ouvrage où la curiosité et l'agilité d'esprit de Buffon apparaissent intactes et où, à travers des développements quelquefois pesants, une forte pensée scientifique s'affirme; la première phrase du traité la révèle : « Il n'y a dans la nature qu'une seule force primitive, c'est l'attraction réciproque entre toutes les parties de la matière » : une vérité neuve, en ce temps.

Buffon abandonne de plus en plus à André Thouin l'administration du Jardin, et va jusqu'à s'en remettre à lui – qu'il a, il est vrai, formé à ses conceptions, au long des années – pour les projets d'aménagement et d'extension. « Certainement la perfection du Jardin vous sera due plus qu'à moi », lui écrit-il. Monsieur l'Intendant n'est plus que ce vieil homme vêtu, dans la mauvaise saison, d'une pelisse de zibeline, don de Catherine II de Russie, et se promenant dans les allées qu'il a lui-même dessinées et plantées de tilleuls et de marronniers. Il n'est jamais seul; des femmes élégantes l'entourent, et des jeunes gens empressés, qui échangent à la dérobée des plaisanteries visant peut-être sa personne. Car, on le constate dans certains écrits du temps, Buffon a atteint ce sommet de la renommée qui attire l'irrévérence de la jeunesse, légitimement désireuse de ne pas se laisser écraser sous le poids des valeurs et des réputations établies.

Se déchargeant ainsi de plus en plus de ses fonctions sur Thouin, Buffon peut prolonger ses séjours à Montbard, où, d'ailleurs, il arrive souvent que les accès de sa maladie l'immobilisent. Les longs voyages lui sont contraires; il redoute surtout, quand il regagne Paris ou en revient, la section de route entre Fontainebleau et la capitale, chaussée royale, comme celle qui relie Paris à Versailles, et, à ce titre, faite de gros pavés : les calculs urinaires sautent dans la vessie du voyageur, comme des billes dans un sac qu'on agite. Mais, à Montbard, tout n'est pas qu'air pur, silence et repos; il y retrouve ses soucis de propriétaire foncier et de maître de forges, et replonge dans les procès. Il a été ainsi contraint d'en engager un contre le fermier de ses terres et le locataire de ses forges, un certain Chesneau de Lauberdière, qui ne lui a pas payé ses fermages depuis trois ans. Saisie, appel interjeté par la partie adverse, etc. Buffon n'en verra pas la fin.

Il faut observer cependant que, dans bien des cas, le souci extrême qu'il a de ses intérêts le conduit à réveiller inopportunément les vieux griefs que la population locale garde à l'endroit des Leclerc, depuis le début du siècle, à cause de l'illégitimité de leur titre de propriétaires de la terre de Buffon, à cause de l'annexion des ruines du château des ducs de Bourgogne par le père de Buffon et à cause d'un nombre important de cas, où Buffon lui-même a montré une conception très extensive de ses droits. De nouveau, usant de ses hautes relations, il s'emploie à faire modifier le tracé de la future route entre Avallon et Montbard, afin qu'elle passe par le village de Buffon, ce qui ne peut que mécontenter les habitants des endroits qu'elle devait traverser, selon le plan initial.

Les séjours assez fréquents à Montbard de sa jeune belle-fille, Marguerite, viennent distraire un peu Buffon de ses chicanes. Officier, Louis-Marie de Buffon est retenu dans son régiment stationné loin de Paris et également loin de la Bourgogne. Ce sera, lui a-t-on fait espérer, la rançon d'un avancement rapide; grâce à l'appui du duc d'Orléans, dont sa belle-mère est une amie et auprès de qui Mme de Genlis, à la demande de Buffon, n'a pas manqué d'intervenir, sans doute, le jeune capitaine pense obtenir bientôt une charge de colonel, perspective excitante pour un garçon de vingt-deux ans; cela vaut bien d'être séparé quelque temps d'une épouse, aussi jolie soit-elle. Elle est effectivement séduisante au plus haut point. Buffon se montre très empressé auprès d'elle : « Je suis très content de ma belle-fille, écrit-il, et je l'aime déjà beaucoup. Elle n'a point d'airs [pas de manières arrogantes] et beaucoup de candeur. »

Des ennemis de Buffon, s'autorisant, pour répandre leurs ragots, de la réputation de vieux galant que le philosophe-naturaliste s'est ingénié, depuis quelques années, à acquérir, vont affirmer qu'il importune sa belle-fille de ses assiduités. Le comte Armand d'Allonville (1764-1853), dans ses *Mémoires tirés des papiers d'un homme d'État,* ouvrage commencé par un certain Alphonse de Beauchamp, policier destitué pour indiscrétion, écrit : « Buffon, devenu amoureux fou de sa belle-fille, aurait essayé de la séduire et aurait provoqué à dessein la brouille des époux. » Les faits vont bientôt prouver qu'il n'en a rien été. Il se peut que Buffon, qui a le compliment facile, fatigue un peu « sa petite Bourguignonne » – c'est ainsi qu'il a surnommé sa jeune belle-fille – de ses galanteries. C'est comme un passe-temps de son vieil âge, et il n'est pas une femme de son entourage qui n'en reçoive autant.

Mme de Genlis la première ou, du moins, à égalité avec Suzanne Necker. Elle est loin d'y être insensible et, en retour, elle a mis en musique l'ode à la gloire de Buffon écrite, quelques années plus tôt, par Écouchard-Le Brun. S'accompagnant à la harpe, elle l'a chantée devant son ami, qui a fondu en larmes. Elle est ensuite retournée à ses fonctions de moraliste et vient de publier *La religion considérée comme l'unique base du bonheur et de la véritable philosophie,* ouvrage qui se présente comme une réfutation définitive des théories de ceux qu'on appelait hier – ils sont tous morts – les « philosophes ». Voltaire y est aussi malmené qu'il l'était jadis par les jésuites. Est-ce cette attaque contre l'homme dont la gloire posthume lui semble nuire à la sienne qui explique les louanges que Buffon adresse à Mme de Genlis? « Prédicateur aussi persuasif qu'éloquent, lorsque vous présentez la religion et toutes les vertus avec le style de Fénelon et la majesté des livres inspirés par Dieu même, vous êtes un ange de lumière... Lorsque vous avez peint certains prétendus philosophes, vous avez joint la finesse des couleurs à la vigueur du pinceau... » Pleine de fierté, après avoir lu cette lettre, Mme de Genlis s'empresse de la faire connaître autour d'elle et déclenche, sans le vouloir, un petit tohu-bohu littéraire que, sans cette caution de Buffon, son livre n'aurait pas suffi à provoquer.

Nombreux sont ceux, les Grimm, les Marmontel, les Morellet, qui savent que Buffon a toujours partagé, pour l'essentiel, les idées des « philosophes », même si, pour diverses raisons, (son désir de se consacrer entièrement à la science de la nature en toute paix n'étant pas la moindre), il ne s'est jamais réellement engagé dans leur combat. Beaucoup d'entre eux, Diderot le premier, se sont constamment gardés de lui reprocher sa prudence, considérant que l'esprit de son œuvre rejoignait finalement celui de l'*Encyclopédie* et des autres œuvres des « frères », nom que Voltaire donnait à ses amis. L'Église ne s'y est pas trompée d'ailleurs, et, à deux reprises, a condamné plus ou moins formellement certains de ses écrits. Comment peut-il maintenant renier des principes auxquels, malgré ses attitudes souvent déconcertantes et son jeu social, on le savait attaché, depuis sa jeunesse?

La palinodie de Buffon, dans sa lettre à Mme de Genlis, est si choquante qu'elle excite même les sarcasmes de ceux qui devraient y applaudir, les jeunes écrivains monarchistes, parmi lesquels Rivarol, le plus brillant. Ils s'en prennent aussi, dans leurs pamphlets, à Mme de Genlis, bien que les principes moraux et religieux qu'elle exalte dans son livre soient tout à fait les leurs. C'est que, appartenant, par ses fonctions au Palais-Royal, au clan orléaniste, ennemi de la Cour et surtout de Marie-Antoinette, elle ne peut être ménagée par des royalistes de stricte obédience. Ses liens avec Buffon deviennent prétexte à des satires publiées en feuilles volantes, qui ont un certain succès. La plus appréciée est due à Champcenetz, futur collaborateur du journal monarchiste *Les Actes des apôtres*, qui sera guillotiné sous la Révolution, et constitue une parodie du *Songe d'Athalie* :

C'était dans le repos du travail et la nuit,
L'image de Buffon devant moi s'est montrée
Comme au Jardin du roi pompeusement parée.
Ses erreurs n'avaient point abattu sa fierté :
Même il usait encore de ce style apprêté
Dont il eut soin de peindre et d'orner son ouvrage
Pour éviter des ans l'inévitable outrage.
Tremble, ma noble fille, et trop digne de moi
Le parti de Voltaire a prévalu sur toi;
Je te plains de tomber dans ses mains redoutables,
Ma fille!.. En achevant ces mots épouvantables,
*L'*Histoire naturelle *a paru se baisser,*
Et moi, je lui tendais les mains pour la presser.
Mais je n'ai plus trouvé qu'un horrible mélange
De quadrupèdes morts et traînés dans la fange,
De reptiles, d'oiseaux et d'insectes affreux,
Que Bexon et Guéneau se disputaient entre eux.

Buffon sait-il qu'il est brocardé de la sorte, à cause de ses attaches indirectes avec le duc d'Orléans? Elles sont, en fait, beaucoup plus importantes qu'il ne le croit.

Philippe d'Orléans est l'amant de la « candide » Marguerite-Françoise de Buffon. Leur liaison s'est nouée on ne sait combien de temps après le mariage de la jeune femme, lors d'une rencontre en Angleterre, où Marguerite-Françoise voyageait en compagnie de sa mère. Le prince, un libertin, selon la tradition familiale, n'a peut-être vu là d'abord qu'une conquête sans lendemain à ajouter aux autres, puis, de retour en France, s'est senti réellement épris et a revu la jeune femme. Il a décidé de l'appeler Fanny, comme Mirabeau a appelé Sophie sa maîtresse Marie-Thérèse de Monnier, née Ruffey, à la grâce de laquelle Buffon était si sensible; besoin, chez les grands amoureux de l'époque, de donner à leur bien-aimée un prénom de roman... Fanny, alias Marguerite-Françoise, est mariée, mais, par bonheur, son mari est officier dans un régiment, le régiment de Chartres, qui appartient au duc d'Orléans. Rien de plus facile pour celui-ci que d'envoyer ce corps à la frontière du nord, en faisant espérer au jeune capitaine Louis-Marie de Buffon le grade de colonel, afin qu'il se montre assidu à son poste. En vérité, on ne sait si le régiment de Chartres n'était pas déjà à la frontière, avant que Philippe d'Orléans ne devînt l'amant de Marguerite-Françoise; le diable était peut-être aussi de la partie...

Reste le beau-père de la jeune femme, Buffon, empressé, exigeant, réclamant sans cesse sa présence à Montbard, comme s'il voulait la surveiller, l'y retenant, quand elle y séjourne. Il n'importe! Le duc d'Orléans fera, à plusieurs reprises, le voyage de Montbard, sous des déguisements divers (encore du romanesque); on apprendra plus tard qu'il a emprunté, un jour, la place et la livrée d'un postillon du duc de Fitz-James qui, effectuant un voyage, devait s'arrêter chez Buffon. La mère de Marguerite-Françoise, complice de sa fille, qu'elle accompagne toujours à Montbard, protège vraisemblablement les rencontres des amants. (Par la suite, elle ne blâmera jamais, au moins dans ses lettres, la conduite de sa fille.) Buffon ne s'aperçoit de rien. En 1786, il donne une grande fête, dans son parc, à l'occasion du départ de sa belle-fille pour Paris. Des pots à feu garnis de verres de couleur sont suspendus sous les arbres; on a fait venir des musiciens et aménagé deux salles pour la danse; la population de Montbard et des alentours a été conviée à ces réjouissances, et on a mis en perce pour elle des tonneaux de vin. Seule, Marguerite-Françoise montre un visage mélancolique, au milieu de la liesse bourguignonne, et Buffon s'interroge sur les causes de cette maussaderie. La jeune femme est réellement attachée à Philippe d'Orléans, et la joie de le retrouver à Paris ne suffit pas à lui faire oublier le piège conjugal dans lequel elle reste prise. De son côté, le duc éprouve pour « Fanny » des sentiments profonds qui nous seront révélés plus tard, par les lettres qu'il lui adressera de la prison où il attendra la mort. Cela doit être précisé au moment où, cette liaison, enfin découverte par Louis-Marie de Buffon, va faire scandale et va être présentée par l'entourage du mari trompé, la réputation de Philippe d'Orléans aidant, comme une affaire de pur libertinage.

Selon certains contemporains de Buffon, celui-ci aurait été le premier informé des relations existant entre sa belle-fille et le duc d'Orléans. Mme de Genlis ne peut guère les ignorer, vivant au Palais-Royal, où Marguerite-Françoise est très souvent présente, quand elle ne séjourne pas à Montbard. Buffon aurait-il été averti par sa vertueuse amie? Des rumeurs circulant dans le milieu parisien qu'il fréquente auraient pu aussi lui parvenir; ennemi de la Cour, bête noire de la reine, Philippe d'Orléans est constamment espionné, et sa mollesse, son épicurisme ne sont pas faits pour le rendre vigilant. Si l'on en croit la marquise de Boufflers, réduite par l'âge à tenir la chronique des affaires galantes, où elle a longtemps figuré comme protagoniste, le jeune Buffon, mû par un soupçon ou averti (par son père?) de son « infortune », serait arrivé inopinément chez lui, rue Verte (rue de Penthièvre), et y aurait découvert de quoi se convaincre de l'infidélité de sa femme. Celle-ci semble même être allée au-devant des questions qu'il s'apprêtait à lui poser. Elle aime Philippe d'Orléans et souhaite se rendre libre.

Le jeune Buffon n'a, visiblement, jamais éprouvé un grand amour pour Marguerite-Françoise; leur mariage, comme il arrive souvent à l'époque, dans leur monde, a été arrangé par leurs familles. Aussi sa rupture ne va pas jeter Louis-Marie de Buffon – ses lettres le prouvent – dans le désespoir. Il souffre seulement dans son amour-propre et se remettrait peut-être assez vite de ses déboires conjugaux, si son père, blessé, lui, dans son orgueil familial, ne s'appliquait pas à les lui présenter comme une offense sanglante, une atteinte mortelle portée à son honneur. Cet excès de susceptibilité paternelle, qui nous montre un Buffon ayant sacralisé son nom à un point tel que le voir dans la chronique du cocuage lui est intolérable, finira par nuire à celui pour le bien de qui il est censé se manifester. Fils docile, Louis-Marie suivra exactement les directives que Buffon lui donne par écrit : « 1° L'honneur vous commande *avec moi* de donner votre démission et de sortir de votre régiment pour n'y jamais rentrer. 2° Vous quitterez tout de suite, en disant que les circonstances vous y obligent et vous ferez cette même réponse à tout le monde sans exception. 3° Vous ne viendrez pas à Paris avant mon retour. 4° Vous irez voyager où il vous plaira... Conformez-vous en entier pour tout le reste aux avis de M. de Faujas qui vous fera part de toutes mes intentions. Il vous remettra vingt-cinq louis de ma part, et si vous avez besoin des trois mille livres que vous devez recevoir le 4 août, je les donnerai à M. Boursier dès à présent. Vous savez qu'il doit remettre quinze cents francs dans le même temps à *feu votre femme.* Ce sont là, mon très cher fils, les volontés absolues de votre bon et tendre père. »

Cette lettre fera une forte impression sur ceux qui, longtemps après la mort de Buffon et de son fils, en auront connaissance. « Quelle noble lettre! écrira Sainte-Beuve. Le père de famille antique et presque romain se lève ici dans toute sa hauteur et commande avec l'autorité de ses cheveux blancs. Tout ce que cette admirable lettre a d'impérieux est puisé dans la tendresse même, dans l'amour paternel le mieux entendu, qui n'est pas séparable du sentiment de l'honneur et de la dignité. » On voit unanimement un trait d'implacable grandeur dans l'expression « feu votre femme » : le sage de Montbard renvoie au néant celle qui, à ses yeux, a porté atteinte à l'honneur de son nom.

Ses ordres exécutés, il ne reste plus à Buffon, après avoir laissé passer un peu de temps, qu'à se mettre en campagne pour faire réintégrer son fils dans l'armée. La chose n'apparaissant pas très facile, malgré l'intervention des amis de Buffon, de Malesherbes notamment, Buffon, qui ne s'attend pas à vivre encore bien longtemps, envisage de faire rétablir pour son fils la survivance de sa charge d'intendant du Jardin du roi que Louis XV lui avait accordée, pour la lui retirer en 1771. En attendant, impatient de contempler ce qui sera, il le sait, la dernière de ses réalisations dans le Jardin, à savoir le grand amphithéâtre conçu par l'architecte Verniquet, Buffon, de Montbard, presse Thouin; « Je vois que malgré l'augmentation des ouvriers notre nouvel amphithéâtre n'avance guère. C'est cependant l'objet le plus essentiel et sur lequel il faut porter toutes nos forces. » Pour hâter les travaux, et bien que Marie Blesseau, sachant combien maintenant les voyages l'éprouvent, essaie de l'en dissuader, il se rend sur place, au pied de la butte aux Copeaux, qu'il a fait planter d'arbres de diverses essences. Mais il ne peut assumer bien longtemps les fonctions de directeur de chantier; les douleurs atroces de la lithiase, qui le privent de sommeil une semaine durant quelquefois, le tiennent alité ou prostré dans sa maison, à l'autre bout du Jardin.

Sa santé déclinant, il convoque chez lui, au début du printemps de 1788, deux notaires pour leur faire enregistrer la requête qu'il adresse à Versailles pour le rétablissement de la survivance, en faveur de son fils, de sa charge d'intendant; il affirme, dans cette requête, n'avoir jamais rédigé une lettre de démission valable à sa mort, par laquelle il aurait donné officiellement son agrément au retrait de la survivance de sa charge. Trou de mémoire imputable à l'âge ou à la maladie? Selon le fils de Buffon, qui le découvre, dit-il, après l'envoi de la requête, cette démission a été effectivement donnée. Il écrit aussitôt à Versailles, en demandant qu'on veuille bien considérer comme nulle et non avenue la requête de son père. Le jeune Buffon est assez raisonnable pour ne pas vouloir lui succéder; il est conscient de l'insuffisance de ses capacités. En outre, souffler cette charge au comte d'Angiviller, à qui elle est promise depuis dix-sept ans et qui, membre de l'Académie des sciences, ainsi que de l'Académie de peinture et de sculpture, possède tous les titres souhaitables pour la remplir, serait à la fois odieux et absurde. Aussi on peut se demander si, en invoquant l'existence de cette lettre de démission qui ne sera jamais produite, le fils de Buffon n'a pas simplement inventé un prétexte pour annuler la requête inconsidérée de son père.

D'ailleurs, pourquoi celui-ci se tourmente-t-il, au sujet de l'avenir de son fils? Il lui laisse des biens considérables, des terres, des maisons, des forges, des objets d'art, dont une collection de porcelaine, constituée pour l'essentiel des cadeaux de presque tous les souverains d'Europe et dont la vente, quelques années plus tard, produira deux cent mille francs (quatre millions de nos francs), des livres précieux, des fonds liquides (Buffon a calculé lui-même, en 1787, que ses revenus annuels s'élevaient à cent neuf mille francs)... Seul, l'instinct dynastique, que ne vient plus combattre, chez cet homme affaibli, le sens de la primauté à accorder à la compétence, explique que Buffon souhaite que son fils prenne sa succession. Mais il faut voir aussi que le Jardin, tout en étant l'institution scientifique de première utilité qu'il en a fait, reste sa chose, garde en tout endroit sa marque.

Le Jardin, c'est Buffon. Aujourd'hui encore, tout l'y rappelle, maintient présents cet homme, ses proches, reflets de lui-même, et son temps. Le néo-classicisme de l'amphithéâtre, que Buffon ne verra pas achevé, est dans la manière de l'auteur de l'*Histoire naturelle,* équilibré, de lignes sobres, un peu pompeux. Mais les petits bâtiments voisins, situés vers l'actuelle rue Cuvier, avec leurs toits de tuiles, leurs étroites fenêtres que de la vigne vierge encadre, leur aspect campagnard, ne lui sont pas non plus étrangers et traduisent le goût de la rusticité que Buffon et son siècle mêlent à leur emphase. Plus buffoniens encore que ce voisinage de constructions symbolisant les alliances surprenantes de l'époque ou que cette butte touffue où l'on joue à se perdre et où Watteau pourrait placer la scène d'une de ses toiles, sont les arbres commémoratifs qui s'élèvent à cet endroit. D'abord, le platane planté par Buffon lui-même, trois ans avant sa mort, ce qui ne donne pas une très grande taille à cet arbre, au moment où elle se produit. Depuis, de ce côté-ci, le Jardin a gagné en ombrages et s'est comme approfondi, d'où peut-être la force de cette « présence »... Le cèdre de Jussieu a encore poussé, au bas de la butte du labyrinthe, et il n'est jusqu'à la colonne de pierre dressée à la mémoire de Daubenton qui ne s'apparente à ces arbres du souvenir. Certains ont, fixée à leur tronc, une pancarte indiquant le nom de celui qui continue de vivre en eux et qu'ils semblent, en poursuivant leur croissance, élever toujours un peu plus vers la lumière, au-dessus des ombres confuses de la vie. Cette fusion de l'homme dans la nature, pour sommairement suggérée qu'elle soit ici, définit assez bien la philosophie de Buffon et de son époque, et donne un charme étrange, nostalgique, à cette partie du Jardin.

Buffon meurt sans avoir pu regagner Montbard. Il meurt moins paisiblement que ne le lui avait fait espérer le silence qui en général, dans le reste de la nature, accompagne cet instant. Suzanne Necker, informée de l'état de plus en plus critique de Buffon s'installe, le 11 avril 1788, à son chevet, où, pendant quatre jours, jusqu'à sa mort, elle se relaiera avec Marie Blesseau.

– Que de bonté! lui dit Buffon, en la voyant entrer dans sa chambre. Vous venez me voir mourir. Quel spectacle pour un cœur sensible!

Secondant ou remplaçant Marie Blesseau, Suzanne Necker va, selon les termes d'un témoin, rendre à son grand homme les soins intimes qu'une fille pourrait rendre à son père. « Je vous trouve encore charmante, dans un moment où l'on ne trouve plus rien de charmant », lui dit-il, pendant un répit de ses souffrances, en lui prenant la main.

Il a demandé un prêtre, et il reçoit les derniers sacrements avec le recueillement que montrerait un homme pieux. Soumission aux usages, à l'ordre établi, qu'il a toujours respecté, ou précaution à tout hasard, comme dans le pari de Pascal? Quoi qu'il en soit, il avait promis à Suzanne cette « régularisation »; elle a bien mérité sa récompense. La voici rivée au chevet du mourant, à côté de Marie Blesseau, dont elle dira : « Elle a tout surmonté, jusqu'à la douleur, quand M. de Buffon pouvait l'apercevoir; et jamais je n'oublierai l'image touchante qu'elle m'a présentée sans cesse, lorsque dans le silence, assise jour et nuit à la même place, les yeux fixés sur un même objet, elle n'avait de mouvement que celui qu'il lui imprimait, de sensibilité que pour ses souffrances, et de pensée que pour aller au-devant de tout ce qui pouvait être utile, et prévenir ce qui pouvait déplaire. »

Nous sommes maintenant le 15 avril. L'agonie de Buffon commence. Voici le récit que Suzanne en fera, un peu plus tard : « A sept heures du soir, la sueur de la veille l'ayant encore affaibli, il a été pris tout à coup par des nausées et des douleurs dans la vessie qui ne lui laissaient aucun repos; il tremblait et suait, en même temps, de tous ses membres. Dans moins d'une heure et demie, il a mouillé trois chemises. Ses forces semblaient renaître avec le mal; il aidait à passer la chemise qu'on lui changeait. Il demandait presque à chaque moment à boire, tantôt de l'eau, un bouillon ou quelques gouttes de vin d'Alicante, disant sans cesse : " J'étouffe! " On le soulevait sur son lit, et, au milieu de ces terribles angoisses de la mort, je l'ai entendu dire : " A-t-on fait quelque chose pour mon fils? " [Il vient de retrouver une place dans un régiment, avec le grade de major en second.]

« Vers les neuf heures et demie du soir, cet état d'angoisse se soutenant, il portait constamment la main vers la vessie et je l'ai entendu dans un mouvement d'impatience prononcer ces mots : " Sors donc, vilaine pierre! Sors donc! "

« Ce terrible spasme de la mort s'est ensuite calmé en partie, mais il lui est resté une suffocation excessive. Sa respiration était fréquente et gênée; son corps glacé était réchauffé à l'aide de linges chauds. Il a encore trouvé la force de se soulever à l'aide de ses deux bras et il a bu trois cuillerées à bouche de vin d'Alicante. Puis le pouls a diminué graduellement, sa bouche est demeurée ouverte; les extrémités se refroidissaient; la respiration devint presque insensible et, à minuit quarante, il a rendu le dernier soupir. »

L'autopsie et l'embaumement du corps de Buffon sont pratiqués dans la matinée même du 16 avril 1788. On trouve dans la vessie une trentaine de pierres de la taille d'un gros pois et d'autres, plus petites, de la dureté du silex. Le cerveau, qui est prélevé, ainsi que le cœur, semble aux chirurgiens plus volumineux que celui de la plupart des individus, mais c'est peut-être là simplement un compliment de circonstance à l'intention des proches du mort. A leur demande, les chirurgiens séparent le cervelet du cerveau, afin de multiplier les reliques du grand homme. Mis de côté, les calculs trouvés dans la vessie s'y ajouteront.

Buffon a légué son cœur à Faujas de Saint-Fond, mais le fils du défunt prie celui-ci de le lui laisser; Faujas reçoit en échange le cervelet du philosophe-naturaliste, qui sera placé dans une urne de cristal portant l'inscription : « Cervelet de Buffon préparé à la manière des Égyptiens. » Le cerveau lui-même ne semble pas avoir été conservé. Les calculs urinaires sont distribués à Daubenton, au savant hollandais Van Mussem, qui était très lié avec le défunt, à Lucas, natif de Montbard et employé au Jardin depuis de nombreuses années, ainsi qu'aux chirurgiens. Ce prélèvement de viscères, qui était opéré seulement jadis sur la dépouille des monarques ou des membres de leur famille, l'est couramment, depuis un certain temps, sur celle des simples grands hommes – si l'on peut ainsi s'exprimer; l'extension de cette coutume marque l'avènement de la royauté de l'esprit.

Mais les cœurs disparaissent; les urnes d'or ou d'argent dans lesquelles ils sont enfermés tentent les voleurs; on ne comptera plus, jusqu'au milieu du siècle suivant, où cette coutume mortuaire est abandonnée, les cœurs volés. Ainsi, on ne saura jamais ce qu'est devenu celui de Buffon, après la Révolution. Selon certains, le fils de Buffon l'aurait donné à Suzanne Necker, mais on ne l'a pas retrouvé à Coppet, sa dernière résidence. Le cervelet, conservé par les descendants de Faujas de Saint-Fond, sera remis au Muséum d'histoire naturelle, en 1870, et placé dans le socle de la statue de Buffon qui s'y trouve.

Les obsèques de Buffon ont lieu, le 18 avril, à Paris. Comme l'a souhaité le défunt, son corps sera transporté à Montbard pour y être inhumé. Une foule considérable, vingt mille personnes, d'après les journaux, accompagne Buffon dans sa dernière promenade parisienne. Beaucoup de gens sont aux fenêtres; d'autres sont même montés sur les toits. Sa dépouille prend ensuite la route, précédée par des courriers qui annoncent son arrivée aux habitants des localités que le convoi va traverser. Il y est accueilli par des sonneries de cloches et des groupes de curieux plus ou moins importants, car le nom de Buffon n'a pas encore pénétré dans les campagnes, la Bourgogne exceptée. Quand on l'atteint, après trois jours de voyage, la foule se fait considérable et son recueillement réel. A Montbard, le cercueil de plomb est descendu dans le tombeau des Buffon, dans la petite chapelle que Buffon a fait construire contre l'église paroissiale. Il en sera retiré pendant la Révolution pour être fondu, car la patrie, envahie, aura besoin de plomb pour fabriquer des balles; mise dans un cercueil de bois, la dépouille de Buffon reprendra sa place dans le tombeau et s'y trouve toujours.

La Révolution ne laissera pas la mémoire de Buffon plus en paix que ses restes. Jugée « seigneuriale », la manière dont il a administré le Jardin va lui valoir d'être considéré comme un représentant de l'Ancien Régime. La Révolution ne tient l'amour de la nature ni pour une vertu républicaine ni pour une philosophie en soi. Aux yeux de certains révolutionnaires, le Jardin du roi s'apparente à l'orangerie de Versailles et à la ferme de Marie-Antoinette. L'enseignement scientifique qu'on y donne ne soustrait pas ce lieu à la suspicion des patriotes. A sa mort, Buffon a été remplacé non par le comte d'Angiviller, comme il était prévu, mais par le frère de celui-ci, le marquis Flahaut de la Billarderie, qui ne tardera pas à émigrer. Alors qu'il occupe encore son poste, en 1790, le Jardin est l'objet d'un rapport présenté devant la Constituante par Charles-François Lebrun, qui l'accompagne d'un projet de réforme. Sentant leur situation menacée et voulant manifester leur civisme, ceux qu'on appelle les « officiers » du Jardin, les professeurs et les principaux employés, demandent qu'il soit placé sous la protection, c'est-à-dire sous le contrôle, des représentants de la nation. Il prend alors le nom de Jardin des plantes, et sa direction est confiée à Bernardin de Saint-Pierre, qui va le pourvoir d'une ménagerie.

Mais, gagnant en rigueur, la Révolution exige des citoyens qu'ils expriment clairement leur foi républicaine. Ceux dont les déclarations de loyalisme se font attendre sont considérés comme des ennemis du peuple. Parmi ces derniers, se trouvent nombre d'hommes de science complètement absorbés par leurs travaux et ayant oublié de se mettre à l'heure de la politique. Le paisible Daubenton n'échappe aux poursuites que parce que les sans-culottes chargés d'enquêter sur ses activités apprennent qu'il s'intéresse à l'élevage – il a écrit plusieurs mémoires sur cette question – et le désignent dans leur rapport par la formule « le berger Daubenton ». La Révolution, pour dogmatique et violente qu'elle soit, appartient à un siècle nourri de poésie bucolique; qui oserait toucher à un berger? Le minéralogiste René-Just Haüy, qui a, lui aussi, une chaire au Jardin, ne jouit pas d'une pareille immunité; il est arrêté, on ne sait sur quelle dénonciation ou quels faux indices, et ne devra qu'au courage et à l'habileté du jeune Geoffroy Saint-Hilaire de ne pas finir sur l'échafaud. Lavoisier, lui, y montera, en tant, il est vrai, qu'ancien fermier général jugé, à tort, solidaire de ses semblables. Ses amis chimistes du Jardin, Guyton de Morveau et Fourcroy, tous deux Conventionnels, le premier, de surcroît, membre du Comité de salut public, car il y a aussi des savants engagés dans le combat révolutionnaire, ne feront rien ou ne pourront rien faire pour le sauver.

Pendant ce temps, une jeune femme qui, légalement, s'appelle encore Mme de Buffon (son divorce ne sera prononcé qu'en 1793) figure en bonne place parmi les Égéries de la

Révolution. Elle vit publiquement avec Philippe d'Orléans qui, devenu Philippe-Égalité et membre de la Convention, va voter la mort de son cousin Louis XVI. Elle montre une haine égale à celle de son amant pour le couple royal et leur ancien entourage : « Le complot de la Cour était atroce et gauche, comme à l'ordinaire », écrit-elle, au lendemain de l'insurrection du 10 août 1792. Et, plus loin : « La ci-devant princesse de Lamballe est sans femme de chambre [à la prison de la Force]; elle se soigne elle-même; pour une femme qui se trouve mal devant un *oumard* en peinture, c'est une rude position. »

Tirée de son cachot, la princesse de Lamballe trouve, on le sait, la mort, au cours des massacres de Septembre. Les massacreurs promènent sa tête dans Paris, au bout d'une pique; à la prison du Temple, d'abord, sous les yeux du roi, puis au Palais-Royal : « ...le duc d'Orléans, qui était à table, fut obligé de se lever, de venir au balcon, de saluer les assassins, écrira Michelet. C'était une amie de la reine, une ennemie par conséquent qu'il voyait dans Mme de Lamballe. Il y vit aussi l'avenir et ce que lui-même il devait bientôt attendre; il rentra terrifié. Sa maîtresse, Mme de Buffon, s'écriait, joignant les mains : " Mon Dieu, on portera aussi bientôt ma tête dans les rues! " »

Faux pressentiment : elle traversera la Révolution sans être inquiétée, même après la mise en accusation de Philippe-Égalité, qui sera exécuté en décembre 1793. Il devance de peu sur l'échafaud Georges-Louis-Marie Leclerc, alias Buffon, impliqué, comme on l'a vu, dans le prétendu complot de la prison du Luxembourg. C'est sur une dénonciation comme il en parvient, chaque jour, un grand nombre au Comité de sûreté générale qu'il a été incarcéré dans ce palais transformé en maison d'arrêt. On ignorera toujours la nature des accusations portées contre lui par son dénonciateur, qui, étant mort au cours de l'instruction – si instruction il y a eu – n'a pu les confirmer, au cours d'une confrontation. Ont-elles trouvé plus de crédit auprès des juges révolutionnaires, parce qu'elles venaient s'ajouter aux plaintes déposées contre l'héritier de Buffon par les locataires ou les propriétaires des terrains et maisons acquis, frauduleusement, selon eux, par son père, en bordure du Jardin? Aux demoiselles Bouillon et à leurs sous-locataires expulsés, lors de la cession à Buffon par les religieux de Saint-Victor de certains terrains situés vers la Seine, s'est joint, se considérant spolié, lui aussi, un nommé Verdier, qui a vendu à Buffon l'hôtel de Magny (aujourd'hui occupé par l'administration du Muséum d'histoire naturelle). Il affirme que Buffon, à la faveur de cette opération réalisée avec ses fonds personnels, aurait, en se faisant rembourser une somme supérieure, détourné les deniers du roi, qui sont devenus, depuis la Révolution, ceux de la nation.

Mais ce n'est peut-être pas en tant qu'héritier de Buffon et, à ce titre, bénéficiaire des combinaisons financières de son père, mais surtout en tant que fils d'un homme plein de superbe, ami de plusieurs ministres, protégé par le roi et riche, que Georges-Louis-Marie Leclerc est rangé parmi les suspects. Les jacobins de Montbard, dont l'ardeur révolutionnaire se nourrit des vieux griefs de la population locale à l'endroit des Buffon, ont déjà obligé Georges-Louis-Marie à reprendre son nom de Leclerc. Instruits de ces griefs, les Conventionnels de la Côte d'Or auront sans doute concouru à ruiner, à Paris, la réputation du philosophe-naturaliste, « seigneur » de Montbard, comme il était, à Paris, « seigneur » du Jardin du roi. Au moment d'être poussé sous le couperet, Louis-Marie Leclerc se retourne vers la foule et s'écrie : « Citoyens, je m'appelle Buffon! », comme pour faire de sa mort un crime national. Cri sans écho : Buffon n'a pas encore pris sa taille historique.

Il l'acquerra au siècle suivant, et depuis il la conserve. Elle fait de lui un personnage un peu monolithique, une de ces gloires nationales sur lesquelles on ne s'interroge pas, négligeant de juger sur pièces et confiant dans les témoignages dont elle peut se prévaloir. Pur ornement de nos bibliothèques, Buffon n'en sort que de loin en loin, juste le temps de nous remettre sous les yeux le pangolin ou la pie-grièche de ces gravures sur acier du début du siècle dernier, qui gardent dans leur grisaille la couleur des jours d'ennui de notre enfance. Derrière ce Buffon des vieilles images ou des « morceaux choisis », il en est un autre dont Lamarck, Cuvier et Darwin répondent. Mais on n'y va pas voir; on s'en remet à eux. De telles cautions dispensent de sonder une renommée. On n'éprouve pas davantage le besoin de vérifier le bien-fondé de celle de Buffon écrivain, en qui Chateaubriand, Hugo et Balzac, parmi d'autres, voient un maître du style qu'on doit admirer, sinon imiter.

Il se peut que cette dualité du personnage ou plutôt son ambiguïté, car, en lui, le savant et l'homme de lettres se confondent, l'ait rendu moins accessible que s'il ne représentait qu'une de ces deux activités de l'esprit. Pourtant, dans cette démarche intellectuelle qui allie la sensibilité, l'amour du beau et la connaissance, c'est tout le XVIIIe siècle qui se définit. Buffon est le personnage le plus momifié de l'histoire de la science et de la littérature française; honoré, presque sacré, mais hermétiquement enfermé dans sa gloire, il tient pour nous, tout entier, dans son nom. J'ai voulu lui rendre sa présence.